문화원형 콘텐츠의 재발견

이야기로 세상을 바꾼다. 스토리하우스

문화원형 콘텐츠의 재발견

우동우 지음

스토리하우스

목 차

제1장

—

프롤로그

제1장 프롤로그

　인터넷의 보급과 디지털 기술의 발전으로 인하여 지식과 정보가 확산되고 있고, 지식과 정보의 창의적 활용에 따른 부가가치 창출은 더욱 중요해지고 있다. 이러한 사회현상을 특징으로 하는 사회는 다양한 성격으로 규정되는데, 일반적으로 디지털 사회, 지식정보사회, 지식기반사회 등으로 불러왔다. 이러한 용어들은 모두 인간의 삶을 규정하는 핵심 요소로 지식과 정보를 들고 있고, 지식과 정보의 다양하고 신속한 변환과 그에 따른 가치 창조를 강조한다는 공통점을 가지고 있다.[1]

　실제로 인터넷의 보급과 디지털 기술의 발전은 사이버공간과 현실세계의 간격을 급격하게 좁혀가면서 우리의 삶을 빠르게 변화시키고 있다. 우선 사회적 측면에서 사이버공간은 다양한 정보를 공유하고, 사회적 문제에 대한 공론의 장을 제공하고 있다. 또한 급속한 세계화와 정보통신기술의 발전은 어디서나 네트워크로 연결되는 경제 및 사회를 창출하고 있으며, 정보의 가공ㆍ처리 비용을 감소시키면서도 지식의 확산을 촉진시키고 있다.[2] 이에 따라 일반 대중의 힘은 정치, 경제, 사회, 문화 등의 사회의 각각의 분야에 큰 영향력을 미칠 수 있게 되었다.

　이러한 인터넷의 보급과 디지털 기술의 발전은 특히 경제적인 측면에서 큰 변화를 보여주었다. 디지털 네트워크 기반의 전자상거래의 출현과 확대는 기업 간의 경쟁력을 심화시키고 있으며, 글로벌 경쟁력을 갖춘 기업들이 더욱 성장할 수 있는 길을 열어 놓았다. 전자상거래는 단순히 기업 행위에만 국한되는 것이 아니라 의료, 교육, 문화 등 시장의 개념이 들어갈 수 있는 모든 분야에 큰 영향을 주고 있다. 이에 따라 1990년대 후반부터 "지식기반경제*"라는 용어가 빈번히 사용되기 시작하였고, 오늘날 21세기에는 지식이 경제의 가장 큰 생산요소가 될 것이라고 보고 있다. 이와 같은 흐름은 향후 한걸음 더 발전한 형태인 '창조경제시대'로의 전환까지 이어지리라고 예상하고 있다. 이에 따라 '예술', '문화'와 같은 지적자본은 디지털 기술과 결합해 새로운 시장을 창조하는 주요한 요소로서 주목받고 있다.**

오늘날 창조경제시대로 접어들면서 세계 각국은 소프트웨어 및 지식산업에 관심을 기울이고 있으며, 특히 문화콘텐츠 산업에 주목하고 있다. 미국의 경우, 문화산업은 군수산업과 더불어 미국 산업을 이끄는 2대 산업으로 자리잡았으며, 영국은 문화산업을 창조산업Creative industry으로 명명하고 고부가가치 산업으로 적극 육성하

* 지식기반경제란 지식이 성장의 새로운 엔진역할을 하는 경제를 일컫는 용어로써, OECD에서는 이 용어를 "지식, 정보와 높은 기술 수준에 대한 의존도와 비즈니스와 공공 분야에서 이러한 모든 것에 대한 접근 요구가 증가하는 선진 경제의 동향을 설명하기 위한 표현"이라고 정의하고 있다.; http://stats.oecd.org/glossary/detail.asp?ID=6864

** 창조경제는 문화예술과 경제, 기술이 접목된 것으로 각종 문화유산, 회화와 조각 등 작품, 공연예술, 출판, 영화, 비디오게임, 뉴미디어, 디자인 등 창조적 상품과 서비스를 포괄한다. 문화콘텐츠는 아이디어와 기획으로부터 출발하는 창조산업으로 점차 고도화되고 있는 글로벌 지구촌의 사회커뮤니케이션 욕구를 충족시켜 다양한 형태로 발전될 것이다.; 임명환, 「문화콘텐츠산업의 동향과 전망 및 기술혁신 전략」, 『전자통신동향분석』, 제24권 제2호, 한국전자통신연구원, 2009. p. 44.

고 있다. 캐나다 역시 '캐나다 문화포트폴리오'를 통해 애니메이션 및 디지털 콘텐츠에 대한 지원을 하고 있으며, '캐나다 뉴미디어기금' 등 다양한 문화산업 진흥기금을 운영하고 있다.

세계 IT 강국임을 자부하는 한국도 "지식기반 서비스 산업기술개발 강화"에 초점을 맞추어 서비스 사이언스 기술Service Science and Technology의 개발을 통해 문화콘텐츠 산업을 적극 육성하고 있다. 2009년에는 콘텐츠 분야를 17개 신 성장동력 산업 중의 하나로 포함시켜 기본계획 및 시행계획을 마련했고[3], 학계, 산업계, 전문연구기관 등을 망라한 "콘텐츠코리아 추진위원회"와 "문화기술 R&D 기획단"을 구성하여 문화 강국 비전 및 CT R&D 전략을 수립하여 왔다.[4]

그러나 국내의 콘텐츠 산업은 주목과 노력에 비해 저평가 되어 있고, 빠르게 성장하고 있는 세계 콘텐츠산업을 아직은 힘겹게 추격 중이라 할 수 있다. 이에 대한 진단과 처방은 다양하게 제시되고 있는데, 그 가운데 비중 있게 제시되는 원인으로 창의력 있고 시장성이 큰 콘텐츠의 부재가 가장 많이 언급되고 있다. 또한 콘텐츠 산업 규모의 영세성, 낙후된 투자환경 등 구조적인 문제도 함께 근원적인 문제로 제기되고 있다. 이 책에서는 위와 같은 국내에서의 다양한 콘텐츠 부재, 규모의 영세성, 낙후된 투자환경을 극복하기 위한 기본적인 방향 등에 초점을 두고자 한다.

최근 'N-Screen'이라는 용어가 콘텐츠 산업 영역에서 많이 등장하고 있다. 'N-Screen'이란 하나의 멀티미디어 콘텐츠를 N개의

디바이스에서 연속적으로 재생할 수 있는 기술 혹은 서비스를 말한
다. 예를 들면, 퇴근 중 이동하면서 스마트폰이나 태블릿 PC로 시
청하던 방송을 집에 도착해서는 바로 TV로 볼 수 있도록 하는 서비
스를 말한다. 이러한 유비쿼터스 기술과 서비스의 등장으로 아날로
그 공간과 시간의 한계를 뛰어넘어 디지털 세상의 즐거움을 향유하
려는 경향이 증가하고 있다. 또한 최근 전자책 시장의 팽창 역시 이
러한 경향을 대표적으로 보여준다고 할 수 있다. 그래서 다양한 디
지털 디바이스의 증가와 보급은 디지털 콘텐츠 소비로 직결되고, 콘
텐츠 소비의 양을 급증시키고 있다.

따라서 오늘날과 같은 '창조경제시대'에서는 제품의 성능보다는
감성을 파는 것이 더 중요해졌다. 즉 우수한 디지털 기기보다는 그
기기를 갖고 즐길 수 있는 다양한 콘텐츠의 대량 생산과 신속한 유
통이 절실히 요구되고 있다. 이어령은 IT와 인간관계와의 만남, 가
상세계와 현실세계와의 결합, 차가운 기술과 따뜻한 정情의 만남,
이성과 감성과의 만남이라는 개념을 디지털과 아날로그의 합성어
인 '디지로그'라는 용어로 제시하였다. 이어령의 '디지로그'는 그렇
기에 디지털과 아날로그 기술과 서비스는 이제 서로 대립되는 개념
이 아닌 상호보완적인 관계 속에서 인간의 삶을 온전히 구현할 수
있게 된 것이다.

이러한 추세에 따라 디지털 문화에서 향유 가능한 콘텐츠 생
산 증진을 위해 전 세계적으로 공공자원의 대중적 활용을 위한 서
비스가 기획 및 제공되고 있다. 2005년도 유럽집행위원회European

Commission에 따르면 유럽의 전자상거래에서 이용되는 총 데이터의 15% 내지 25%가 공공저작물을 바탕으로 하고 있었다.[5]

국내의 공공기관이 보유하고 있는 정보를 민간에서 적극적으로 활용될 수 있도록 하는 것은 콘텐츠산업의 발전에 큰 도움을 줄 수 있을 것으로 판단해, 한국도 이러한 추세에 따라 공공기관이 보유한 공공정보들을 대중에게 개방하려는 제도를 준비하여 시도하고 있다.

이러한 콘텐츠 산업의 수요가 집중되고 있는 공공정보에는 영상, 사진, 음향, 전시물 등이 있으며, 이 자료들은 저작권법상으로 창작성의 요건을 충족시켜서 저작권이 인정되는 정보가 상당수 차지하고 있다. 문화체육관광부는 이러한 공공정보를 '공공저작물'이라 하여 "공공기관이 업무상 창작하거나 또는 취득하여 관리하고 있는 저작물을 말한다."[6]라고 정의하고 있다. 이러한 정의에 따르면 공공저작물은 공공기관의 직원이 업무상 창작하여 원시적으로 저작권이 해당 공공기관에게 귀속 되는 경우와 계약, 기부 등에 의하여 제3자의 저작권이 공공기관에게 이전된 경우에도 공공저작물로 간주된다.[7] 위와 같은 공공저작물이 산업에서 적극적으로 활용될 수 있도록 환경과 제도를 마련하는 것은 국내 콘텐츠산업의 발전에 큰 기여를 할 수 있다.

※ 한국콘텐츠진흥원은 2009년 5월 17일에 설립된 문화체육관광수 산하의 특수 법인으로, 위탁집행형 준정부기관 중 하나이다. 콘텐츠 전 분야를 아우르는 총괄 진흥기관으로서 콘텐츠산업 육성을 위한 종합 지원체제를 구축하여 콘텐츠강국 실현을 위해 기존의 한국문화콘텐츠진흥원, (재)한국방송영상산업진흥원, (재)한국게임산업진흥원, (재)문화콘텐츠센터, 한국소프트웨어진흥원 디지털콘텐츠사업단을 통합하였다. 한국콘텐츠진흥원이 설립되기 이전에는 한국문화콘텐츠진흥원에서 문화원형 디지털 콘텐츠 사업을 수행하였다.

한편, 문화산업을 21세기 우리 경제의 성장을 이끌어갈 고부가가치 성장산업으로 보고 있는 지금의 시점에서, 한국콘텐츠진흥원※의 문화원형 디지털콘텐츠의 지속적인 생산과 민간 활용은 한국의 문화산업 발전에 큰 의의가 있다고 할 수 있다. 한국콘텐츠진흥원은 2002년부터 2010년까지 문화원형 디지털콘텐츠 사업을 수행했었다. 이 사업은 순수예술 및 인문학의 연구 성과를 소재로 삼아, 테마별로 디지털 콘텐츠화하여 창작소재로 제공하고자 하는 사업이었다. 문화적 요소가 담긴 전통문화, 문화예술, 생활양식, 이야기 등 문화원형 창작콘텐츠를 캐릭터, 게임, 영화, 에듀테인먼트, 음악, 만화, 공연, 방송, 애니메이션 등 다양한 문화산업 분야에 활용하기 위한 목적으로 추진된 핵심 사업이라 할 수 있다.

문화원형 디지털콘텐츠화 사업은 두 부문으로 나뉜다. 2002년부터 2010년까지 진행된 '문화원형 창작소재 개발사업'은 다양한 분야의 우리문화원형을 디지털화하여 산업적 활용을 활성화하기 위한 창작소재를 제공하는 사업이었으며, 2006년부터 2009년까지 진행된 '민족 문화원형 발굴 및 정체성 정립사업'은 전통문화의 복원/보전/창달을 위한 콘텐츠화를 통하여 민족 정체성을 확립하기 위한 사업이었다. 2002년부터 2010년간 654억 원을 투입하여, 237개의 과제와 약 30만 건의 문화원형콘텐츠를 개발하였다.[8]

2002년부터 시작된 수행과제의 결과물들을 사용자들에게 서비스하기 위하여 2005년도부터 '문화콘텐츠닷컴www.culturecontent.com'을 구축하여 일괄 서비스하기 시작하였다. 그리고 '문화콘텐츠닷컴'

은 문화원형 디지털콘텐츠 사업에 따라 양질의 결과물들을 지속적으로 올리고 서비스해왔다. 그러나 이용 편의성의 부족과 유료화로 인한 활용 제약이라는 두 가지 문제가 꾸준히 제기되어왔다.

먼저 이용 편의성 측면에서 살펴보면, 문화콘텐츠닷컴은 초기에 연도와 과제에 따라 개별적으로 구성되어 있어서 전체 과제를 포괄하는 통합검색이 어려웠고 개별 주제별로 해당 사이트에 들어가 열람하는 방식으로 구축되어 있었다. 따라서 결과적으로 이용자들이 원하는 정보를 쉽게 찾기가 어려웠고 여러 사이트를 동시에 이용하기가 곤란했었다. 이에 따라 지난 2012년 2월 1일 한국콘텐츠진흥원은 운영 중인 포털 '문화콘텐츠닷컴'을 정치/경제/생업, 종교/신앙, 인물, 문학 등 14개 주제별로 사이트를 개편하여 통합 검색을 지원하였다.

한편, 유료화에 따른 활용 제약이라는 측면은 저작권 문제와 함께 살펴봐야 한다. 국내의 공공저작물을 활용하려면 우선 저작권이란 장애물이 나타난다. 공공저작물은 공공기관이 저작권을 갖고 있기 때문에 이를 활용하려면 해당 공공기관의 이용허락을 받아야 한다. '문화콘텐츠닷컴' 역시 2012년 2월에 사이트를 개편하면서 비상업적 용도에 대해서는 전면 무료로 개방을 하였지만, 상업적 용도로는 여전히 유료화 정책을 유지하고 있다. 따라서 산업적 개발을 위해서는 실질적으로 콘텐츠를 구매해야 하며, 또한 구매 후에도 매체별, 장르별, 용도별의 목적에 따라 추가로 개발을 해야 한다. 이러한 구매비용과 재개발에 따른 추가비용 지출은 개인이나 문화콘텐츠산업에 종사하는 대다수의 중소기업에는 상당한 부담이어서 현실적으로 문화원형사업의 결과물을 활용하기란 쉽지가 않다. 특히 최근 다양한 모바일 애플리케이션을 개발하는 개인 개발자와 중소 소프트웨어 기업의 입장에서는 개발 소재에 대한 추가 투자비용은 큰 문제로 부각되고 있다.

또한 문화원형 디지털콘텐츠 사업의 결과물들이 널리 활용되기 위해서는 이 사업의 결과물들이 어떠한 것들이 있는지 꾸준하게 대중에게 홍보될 필요가 있다. 현재 포털 사이트인 "다음"에서는 '문화원형'이라는 코너를 만들어 결과물의 일부를 서비스하고 있지만,[9] 사전 형태로 서비스하고 첫화면에서 거의 노출되지 않기에 문화콘텐츠 기획자나 개발자들이 접할 수 있는 기회는 거의 없다고 할 수 있다. 따라서 문화원형 디지털콘텐츠 사업의 결과물들이 널리 활용되기 위해서는 이 사업의 결과물들을 문화콘텐츠 기획자나 개발자들에게 지속적으로 알려줄 수 있는 보다 향상된 방안이 절실하게 필요하다.

이러한 상황에 대한 인식의 바탕에서 문화원형 디지털콘텐츠 사업의 재조명과 검토가 필요하다. 지금까지 문화원형 디지털콘텐츠 사업은 주로 결과물의 산업적 활용에만 초점을 맞추고 평가되어 왔다. 따라서 경제적 성과에만 집중했지 그 사업 자체가 갖고 있는 가치와 보존 효과에 대해서는 평가받지 못하였다. 이에 국가가 수행한 사업의 결과물이 폭넓고 다양하게 활용될 수 있도록 대중에게 널리 개방 및 공유하고 있는 오늘날의 추세를 고려한다면 '문화원형 디지털콘텐츠화 사업'에 대한 새로운 활성화 모델이 필요하다.

문화원형 디지털콘텐츠 사업에 관한 선행연구 결과 중에서 결과물의 가치와 산업적 활용을 중점으로 살펴보면, 우선 옥성수는 조건부 가치평가법*을 적용하여 문화원형 디지털콘텐츠화 사업의 총가치를 추정하였다.[10] 그는 이 논문에서 문화원형사업은 명백한 공공재이며, 공공재 중에서도 재산권이 집합적으로 소유되는 순수공공재에 속한다고 하였으며, 공공재는 사적 재화와는 다르게 사용가치**만이 아니라 다양한 비사용가치를 발생시킨다고 하였다. 옥성수가 제시한 문화원형 디지털콘텐츠화 사업의 총가치는 [표 1-1]과 같다.

구분		항목세분	주요내용
사용 가치	직접사용 가치	무료 이용	인터넷을 통한 사용, 지식의 습득, 자녀교육
		상업적 이용	공모참여
	간접사용 가치	공공적 사용	드라마, 교과서 등의 내용 향상 문화산업, 관광산업의 발전
비사용 가치	비사용가치	유산 가치	직계자손 및 후세대에 전통문화 내용 전달
		사회적 기여	타인의 이용지원, 전통문화 관심제고

[표 1-1] 문화원형 디지털콘텐츠화 사업의 총가치 정리

옥성수의 논문에서 흥미 있는 부분은 문화원형사업이 민간의 가격기구를 통하여 사업의 결과가 드러나지 않는 순수한 공공재적 성격을 띠고 있으며, 집단적으로 조달되고, 집단적으로 비용이 지불되는 집합적 재산권의 성격을 가지는 순수공공재***라고 본 것이다.

유동환은 '문화콘텐츠닷컴'을 분석하여 이 사이트의 개선방안을 제안한 바 있다.[11] 그는 전략적 측면에서 공공 문화콘텐츠 유통시스템의 구축 목표를 구체적으로 단계화할 필요성이 있다고 보았다. 또한 '문화콘텐츠닷컴'이 공공기관이 운영하는 유통시스템이기 때문에 디지털 콘텐츠의 저작권 보호 장치를 마련하는데 많은 노력을 기울였는데, 디지털 저작권의 특성상 리소스 간 결합을 촉진하여 보다 많은 2차적 저작물이 탄생할 수 있는 유연한 저작권 정책을 수립하여야 한다고 하였다.

한편, 임학순은 애니메이션 산업을 중심으로 우리문화원형 디지털콘텐츠화 사업의 산업적 활용도 증진을 위한 정책방안을 제시하였다.[12] 그는 이 논문에서 현재의 공급자 중심의 개발방식을 수요자 중심의 개발방식이라고 할 수 있는 문화콘텐츠 창작 연계형 개발방

* 조건부 가치평가법이란 일종의 설문조사에 의한 가치측정방법으로서, 화폐적 가치로 측정하기 어려운 비시장재화의 가치를 평가하는데 유용한 방법이다.

** 사용가치란 어떤 상품이 구체적으로 사용될 때 나타나는 유용성을 말하며, 가치와 더불어 물건이 상품이 될 수 있는 2대 요인 중 하나이다.

*** 순수공공재란 국방이나 외교, 깨끗한 공기와 같이 비배제성의 특성이 강한 공공재를 말한다. 순수공공재는 일반적으로 정부 또는 공공 부문이 예산을 통해 전적으로 생산·공급을 담당한다. 이와 대비되는 개념은 준공공재로서 시장경제에서도 생산·공급이 가능한 공공재를 말하며, 민간 부문에서도 생산·공급될 수 있다.

식을 병행하여 실시하는 방안을 제안하였다. 그리고 문화콘텐츠산업 관점에서 문화원형 창작소재의 표준 분류체계를 개발하고, 산업계 수요와 활용도가 높은 핵심소재를 중심으로 집중 개발함으로써 문화원형 창작소재의 통합체계를 구축할 필요가 있음을 제시하였다. 또한 문화원형 창작소재와 연관되어 있는 지식정보체계를 연계하여 이용자들에게 창작소재 정보를 통합적으로 제공할 수 있는 네트워크 환경을 구축할 필요가 있음을 제시하였다. 그리고 '우리 문화원형의 디지털콘텐츠화 사업'의 산출물을 문화콘텐츠로 활용하기 위한 시범사업을 추진함으로써 문화원형 창작소재의 문화콘텐츠 개발사례를 실증적으로 보여줄 필요가 있다고 하였다. 그러나 임학순이 제시한 방안들은 거시적인 수준에 머물렀을 뿐, 사용자 입장에서의 접근은 부족하다고 볼 수 있다.

심상민 역시 문화원형 디지털콘텐츠화 사업의 산업적 활용방안을 위한 연구를 하였는데, 그는 콘텐츠 비즈니스 모델 개발을 중심으로 접근하였다.[13] 심상민은 문화원형 사업이 성공하기 위한 조건으로 '가치 흐름'을 통하여 문화원형 사업을 재해석해야 하고, 수요자 그룹을 명확히 해야 하며, 또한 미디어를 통하여 시장을 창출해야 한다고 하였다. 이 논문에서 중요하게 보아야 할 점은 문화원형 사업을 국민들이 바라볼 수 있도록 매스미디어를 통한 대대적인 홍보와 마케팅이 요구된다고 한 점이다.

최근 논문으로는 김기헌의 「문화원형 디지털콘텐츠화 사업의 발전방안 연구」가 있다.[14] 이 논문 중 문화원형 디지털콘텐츠 사업의 발전방안에서 김기헌은 문화원형에 대한 사업이 일반 사용자들에 의한 융합형 소비가 확산될 수 있도록 해야 한다고 하면서, 저작권 관리 문제와 한국형 스토리텔링 구축이 필요하다고 보았다. 또한 문화원형의 수익화 모델은 그 자체로서 수익화하기보다는 2차, 3차의 작품의 수익화가 더 적합하다고 하였다. 한편 문화원형 디지털콘텐츠 사업이 발전하기 위해 개선되어야 할 사항으로는 공공성을 강화시키고, 개방과 공유를 통한 문화원형 아카이브를 구축하며, '웰 메이드 스토리'를 집중 개발하는 한편 문화원형 거버넌스를 구축하여 공급자 중심의 사업을 수용자 중심의 과제를 발굴하고 디지털화 해야 한다고 주장하였다.

이 책에서는 문화원형 디지털콘텐츠 사업의 결과물들이 대중이 공유하고 참여하는 가운데 문화산업에서도 널리 활용되어 국내 문화콘텐츠 산업을 발전시킬 수 있는 기본적인 방안을 제안해 본다.

첫째, 문화원형 디지털콘텐츠 사업은 어떠한 취지에서 시작되었고, 사업이 기획되었을 당시 기술적, 사회적 환경은 어떠했는가? 그리고 그동안 사업의 결과물인 문화원형콘텐츠는 어떻게 관리되고 서비스되고 있는가? 문화원형 사업이 추진된 상황과 입장을 전반적으로 재검토하고 그에 따른 문제점을 파악한다.

둘째, 급속하게 진행된 디지털 기술의 발전으로 나타난 환경의 변화는 무엇이고, 이러한 환경의 변화는 문화원형 사업에 어떠한 영향을 끼쳤는가? 문화원형 사업이 시작되고 진행되는 동안, 디지털 기술과 환경은 지속적으로 급변하였다. 따라서 문화원형 사업의 결과물의 유연하고 폭넓은 활용을 위해서는 변화된 환경의 특성을 파악하는 것이 필요하다.

셋째, 그럼 이렇게 변화된 환경을 토대로 이제 문화원형 사업은 어떠한 측면에서 바라봐야 하는가? 이 사업은 결과물의 산업적 활용을 매우 중시하면서 비즈니스 측면에 중점을 두었다. 그러나 문화원형 사업은 국가기관이 발주하고 관리하는 사업이었기에 처음부터 공공성에 보다 비중을 두고 진행되어야 하는 것은 아니었는가라는 의문을 갖게 된다. 이에 국가가 추진하는 사업의 결과물인 공공저작물의 성격을 좀 더 구체적으로 살펴봐야 한다.

넷째, 위와 관련하여 문화원형 사업의 공공적 측면은 어떻게 하면 살려낼 수 있는가? 여기서는 문화원형 사업 결과물의 비즈니스 활용과 그에 따른 평가라는 좁은 입장에서 벗어나서, 사업의 공공적 성격을 살리면서도 활용의 폭을 확장할 수 있는 방법을 찾고자 하며, 법적, 제도적 측면에서의 개선책도 살펴봐야 한다.

다섯째, 또한 공공저작물의 민간개방과 활용에 있어서 해외 각국은 어떠한 입장을 갖고 있는가? 여기서는 해외 사례를 벤치마킹하여 새로운 모델을 구성하고 제도 개선을 위한 제안사항을 도출하고자 한다.

우선 이 책의 중심적인 소재가 되는 문화원형 디지털콘텐츠 사업의 문제점이 발생하게 된 원인을 분석할 필요가 있다. 따라서 한국콘텐츠진흥원에서 발간한 보고서들을 중심으로 문화원형 디지털콘텐츠 사업의 목적과 추진절차, 결과물 등을 언급하면서 사업의 문제점들을 명확히 제시한다.

이후 사업이 진행되는 동안 환경적인 요소가 어떻게 변화하였는지를 살펴보려 한다. 앞서 언급된 연구 논문을 보면 대부분 공통적으로 문화원형 디지털콘텐츠 사업의 결과물들을 공공재로 보고 있다. 따라서 우선적으로 공공재가 가지고 있는 속성인 공공성에 대하여 살펴볼 필요가 있다. 오늘날은 모든 정보가 빠르게 전달되고 공유됨에 따라 전통적인 시장의 의미가 빠르게 변화하고 있다. 이러한 변화 속에서 사유재산권에 대한 논의와 공공성에 대한 논의들이 이루어지고 있지만, 공공성에 대한 개념이 아직까지 뚜렷하게 확립되지 않은 것으로 보인다. 따라서 우선 시장의 변화와 이 변화가 문화에 주는 영향력, 공공성에 대해 검토할 필요가 있다. 이 책에서는 이를 위해 엘빈 토플러, 제러미 리피킨의 저서와 공공성에 대한 다양한 자료를 활용할 것이다.

다음으로는 문화원형 디지털콘텐츠 사업의 결과물과 같은 공공 정보들이 국내법상 어떻게 정의되고 관리되고 있는지를 살펴보겠다. 문화원형 디지털콘텐츠 사업의 결과물들이 환경의 변화 속에서 기대한 만큼 활용이 되지 못하고 있는 큰 요인 중에 하나는 바로 콘텐츠의 저작권과 관련된 법 제도이다. 따라서 「국가정보화 기본법」, 「국유재산법」, 「공공기관의 정보공개에 관한 법률」, 「공공저작물 제공 지침」, 「공공저작물 저작권 관리 지침」, 「국유재산법」, 「공유재산법」, 「공유재산 및 물품 관리법」, 「발명진흥법」, 「저작권법」, 「전자정부법」, 「콘텐츠산업 진흥법」 등과 같은 법률 조항들을 살펴볼 것이다. 그리고 공공정보의 활용을 위해 정부가 어떠한 노력을 하고 있는지를 검토하기 위하여 정부가 최근까지 구축하고 있는 시스템들을 살펴보며, 문화원형 디지털콘텐츠 사업의 결과물들이 어떻게 공개·활용되고 있는지 '문화콘텐츠닷컴' 및 한국문화콘텐츠진흥원에서 발간한 자료들을 가지고 살펴본다.

다음으로는 외국은 공공정보를 법적으로 어떻게 다루고 있고, 그 활용을 위해 어떻게 법 제정 및 개정을 하고 있는지를 조사해 볼 것이다. 대상 국가 및 지역은 유럽연합, 영국, 미국 등으로서 이들 국가들은 문화콘텐츠 산업의 활성화를 위해 정부 차원에서 빠르게 움직이고 있는 선진국들이다. 이러한 외국의 사례를 바탕으로 문화원형 디지털콘텐츠 사업의 결과물들이 보다 잘 활용되고 활성화될 수 있는 방안을 제시한다.

위와 같은 방법을 통하여 본서는 다음과 같이 구성될 것이다. 먼저 제 2장에서는 문화원형 디지털콘텐츠 사업에 대하여 개괄적으로 살펴볼 것이다. 사업의 목적과 추진 과정 등을 살펴보고 그 결과에 대하여 어떠한 논의들이 있었는지 살펴본다.

제 3장에서는 환경적인 변화로서 문화산업 시장에 대하여 이론적으로 고찰하고 공공성과 공공정보에 대한 논의들을 살펴보도록 하겠다. 또한 문화산업 시장이 어떻게 변화하고 있는지를 살펴보고, 문화산업 시장 속에서 공공정보들이 활용되기 위한 이론적 토대로 공공성에 대한 논의들을 연구하고 공공성의 속성들을 알아본다.

제 4장에서는 공공저작물 활용에 대한 국내현황들을 분석할 것이다. 우선 공공정보에 대한 법률적인 검토를 한 후, 공공정보의 활

용을 위한 정부의 노력들을 살펴보겠다. 그리고 문화원형 디지털콘텐츠 사업의 결과물들이 어느 정도 활용되고 있고, 공개되고 있는지를 살펴본다.

제 5장에서는 공공정보의 활용을 위한 해외 사례들을 분석하도록 하겠다. 해외의 법률 개정 및 문화산업으로의 활용을 위해 어떠한 노력들을 하고 있는지 자세하게 다루면서 문화원형 디지털콘텐츠 사업의 결과물들의 활용이 잘 이루어지기 위하여 어떤 부분들을 도입해야 하는지 살펴본다.

제 6장에서는 제 4장과 제 5장의 내용들을 토대로 문화원형 디지털콘텐츠 사업의 민간 활용 활성화 방안을 제시하도록 하겠다. 공공정보에 대한 국내의 제도적 현황과 해외 제도를 비교한 뒤 보다 나은 방향으로 국내제도가 바뀌어야 한다는 발전된 방향을 제시하도록 하겠다. 마지막으로 문화원형 디지털콘텐츠 사업의 결과물들을 마케팅하고 홍보할 수 있는 방안들을 제시한다.

장주

1) 김용주, 「지식정보사회에서의 지식의 의미와 학교교육」, 「교육철학」, 제22권, 2002, p. 43.
2) 추기능, 「연구보고서 2008-지식기반경제의 이해」, 한국발명진흥회, 2008. p. 3. 참조
3) 국가과학기술위원회, 미래기획위원회, 「신성장동력 비전 및 발전전략, 특별보고」, 2009. 1. 13. 참조
4) 문화체육관광부, 「CT R&D 기획단, 문화기술(CT) R&D 기본계획(안)」, 2008. 12. 29. 참조
5) PUBLIC SECTOR INFORMATION – UNLOCKING COMMERCIAL POTENTIAL; http://www.nationalarchives.gov.uk/documents/information-management/psi-information-industry.pdf.
6) 문화체육관광부 고시 2010-41호, 「공공저작물 저작권 관리 지침」 제2조 제2호
7) 이헌묵, 「공공기관이 보유하고 있는 저작물의 자유이용허락에 관한 법제도 연구」, 「문화, 미디어, 엔터테인먼트 법」, 5권 1호, 중앙대학교 문화미디어엔터테인먼트법연구소, 2011, p. 50.
8) 한국콘텐츠진흥원, 「문화원형 디지털콘텐츠화 사업의 평가와 향후 발전방향」, 「코카포커스」, 통권 50호, 2012, pp. 3~4 참조.
9) http://culturedic.daum.net/dictionary_main.asp?nil_profile=title&nil_src=culturedic
10) 옥성수, 「문화원형디지털콘텐츠화사업의 총가치 추정-조건부가치평가법의 적용」, 「인문콘텐츠」, 제13권, 인문콘텐츠학회, 2008.
11) 유동환, 「문화콘텐츠닷컴 사이트 분석과 활성화 방안 제안」, 「인문콘텐츠」, 제5권, 인문콘텐츠 학회, 2005.
12) 임학순, 「우리문화원형 디지털콘텐츠화 사업의 산업적 활용도 증진을 위한 정책방안 개발」, 「한국사회와 행정연구」, 제16권, 서울행정학회, 2006.
13) 심상민, 「문화원형 디지털콘텐츠화 사업의 산업적 활용방안을 위한 기초연구—콘텐츠 비즈니스 모델 개발을 중심으로」, 「인문콘텐츠」, 제5권, 인문콘텐츠학회, 2005.
14) 김기헌, 「문화원형 디지털콘텐츠화 사업의 발전방안 연구」, 중앙대학교 예술대학원, 석사학위논문, 2010.

제2장

문화원형 디지털콘텐츠 사업

제2장 문화원형 디지털콘텐츠 사업

제1절 문화원형 디지털콘텐츠 사업이란?

콘텐츠는 과거의 문화유산과 현재의 가치체계가 결합하면서 발전하는 매우 역동적인 창조적 산물로서 콘텐츠의 창작과 이용은 곧 의미체계의 시공간적 재구성을 뜻하며, 이를 통해 얻게 되는 현재적 가치는 미래유산으로서의 가치를 동시에 지니게 된다. 우리의 전통문화 유산을 디지털콘텐츠화 하게 되면 다양한 분야에서 다목적으로 활용할 수 있게 된다. 그러나 전통문화를 콘텐츠화하여 활용하기 위해서는 DB 구축이 필요했다. 또한 우리나라는 CT기술, 제작 인력 등의 면에서는 강점을 가지고 있지만, 기획 및 상품화에 필요한 독창적인 창작소재는 부족했다. 따라서 글로벌 시장에서 국가경쟁력을 확보하기 위해서는 차별성 있는 소재 발굴 및 개발이 필수적인데, 흥미롭고 창의적인 소재 발굴에는 대규모 투자가 반드시 필요하기 때문에 국가적 차원에서 전략적으로 추진할 필요가 있었다.

문화원형 디지털콘텐츠 사업은 위와 같은 전통문화와 관련한 소재를 디지털화하여 문화콘텐츠 창작 소재로 시장 및 공공적 경로로 제공하기 위한 국가적 차원의 창작기반구축 사업이다. 고유의 이야기, 고유의 색채, 고유의 소리 등 순수예술 및 인문학에 바탕을 둔 문화원형을 디지털콘텐츠화 하고, 문화콘텐츠산업의 기획, 시나리오, 디자인, 상품화 단계에서 필요한 독창적인 창작 및 기획소재를 제공하여 장기적 성장기반을 마련하는 한편, 창의력과 경쟁력의 보고이자 잠재적 자원인 역사를 디지털화하여 차별화된 창작소재를 제공하고, 세계 문화콘텐츠 산업에서 경쟁력을 강화하려는 것이 이 사업의 목적이었다.[1]

'문화원형'이라는 용어는 1999년에 제정된 '문화산업진흥기본법'의 2002년 개정판에서 처음 등장하였다.*

'문화원형'이라는 표현 속에는 문화는 역사적 과정, 즉 시간 및 공간에 따라 변화될 수 있으며, 그 본모습을 찾을 수 있다는 생각을 담고 있다. 따라서 문화원형 속에서는 다음과 같은 개념들이 담겨 있다고 볼 수 있다.[2]

① 역사적 과정을 거쳐 변형된 모습으로
   나타나기 이전의 본래 모습
② 여러 가지 다양한 모습으로 나타난
   문화현상들의 공통분모로서의 전형성
③ 지역 또는 민족 범주의 특징을
   잘 드러내는 정체성
④ 다른 민족이나 지역의 문화와
   구별되는 고유성
⑤ 위의 요소들을 잘 간직한 전통문화

* 2002년 1월 26일에 개정되어 2002년 7월에 시행된 「문화산업진흥기본법」에서 한국문화콘텐츠진흥원설립에 관한 제 31조 제4항의 8번에 "공공기관의 정보공개에 관한 법률 제2조제3호의 규정에 의한 공공기관 및 박물관 및 미술관진흥법 제3조의 규정에 의한 국립박물관 · 공립박물관 · 국립미술관 · 공립미술관에서 구축한 문화유산 데이터베이스 등 문화원형 자료에 대한 저작권 · 사용료 등 제반 권리의 위탁 관리"라는 부분과 10번에 "민속 · 설화 등 문화원형의 데이터베이스 구축과 저작권 · 사용료 등 제반 권리의 관리 및 관련 사업자 지원"이라는 부분에 문화원형이라는 용어가 처음 등장한다.

김기덕은 시간 및 공간에 따라 변화하는 문화원형의 다양한 범주를 '문화원형의 층위'로 표현하여 설명하였다.[3] 그는 본질적인 원형에서 지역적, 시대적으로 확산된 것들도 전부 문화원형이라고 보았으며, 문화원형은 본질적인 핵심 코어에서 점차 시간축, 공간축, 주제축의 세 가지 지표로 확산된다고 할 수 있다고 하였다. 여기에서 핵심 코어는 근본질서, 음양론, 터문화 등과 같은 원초적 문화원형이다. 여기에서 시간축 확산은 원시, 고대, 중세, 근대, 현대, 초월시간대 등 시간의 변화를 통해 확산되는 문화원형이라고 할 수 있으며, 공간축 확산은 개인, 가문, 마을, 지역, 국가, 문화권, 글로벌 등 공간의 변화를 통해 확산되는 문화원형을 말한다. 또한 주제축 확산은 인물, 배경, 사건, 아이템 등 다양한 주제와 그 하위 주제 등

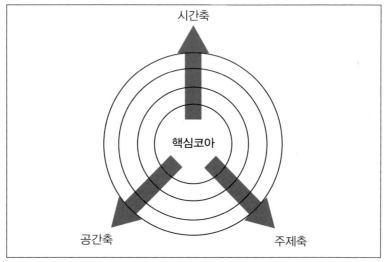

[그림 2-1] 문화원형의 층위[4]

으로 계속 확산되는 문화원형이다. 이와 같은 문화원형의 층위를 김기덕은 [그림 2-1]과 같이 나타내었다.

김기덕은 모든 층위가 전부 3개의 축으로 확산되는 것은 아니지만, 어떠한 문화원형이든 3개축의 요소를 가지고 있으면서, 그 중 보다 중심이 되는 하나의 축을 가지고 있다고 보았다.

문화원형은 크게 정신적인 부분과 물질적인 부분으로 구분이 가능하다. 정신적인 부분은 학문, 예술, 종교나 한, 풍류와 같은 정서가 해당되며, 물질적인 것은 전해져 오는 모든 물질적 요소들이 해당된다. 문화원형은 반드시 오래된 것을 뜻하는 것이 아니다. 서구 세력과의 갈등을 보인 근대에서도 얼마든지 문화원형을 찾을 수 있다. 문화원형을 찾는 이유는 과거 문화유산을 보존하기 위한 것이기도 하지만, 전통과 현대를 연결하여 바람직한 미래의 문화 발전을 모색하기 위한 것이기도 하며 아울러 오늘날의 풍요로운 삶을 위한 산업적 의미가 함께 담겨 있기 때문이다.[5]

한편 콘텐트Content는 본래 '내용' 또는 '의미 있는 내용물' 정도의 개념이었으나, 오늘날은 테크놀로지의 상대 개념으로서 미디어 기기 등에 담긴 '중요 의미를 지닌 내용물'이란 뜻에서 콘텐츠 Contents라고 사용하고 있다. 지금은 디지털 기술의 보편화에 힘입어 '미디어를 통해 표현된 내용물로서 저작권 등의 권리관계를 주장할 수 있는 지적 재산'이라는 의미를 담고 있다. 콘텐츠의 분야는 게임, 애니메이션, 음반, 영상, 공연, 모바일 등 모든 분야에 걸쳐 있으며 그 사용 목적에 따라 크게 산업용과 공공용으로 나눌 수

도 있고, 표현 방식에 따라 온라인 방식과 오프라인 방식으로 나눌 수 있다.[6]

문화콘텐츠에 대한 정의는 사람들마다 의견이 분분해왔다. 한국행정연구원은 문화콘텐츠를 '문화유산, 생활양식, 창의적 아이디어, 가치관 등 문화적 요소들이 창의력과 상상력을 원천으로 체화되어 경제적 가치를 창출하는 문화상품[7]'이라고 정의하였고, 김기덕은 '문화적 요소와 콘텐츠가 결합된 문화콘텐츠의 주된 내용물의 원천은 인문학에 바탕을 둔 교양적 요소'라고 언급하였다.[8]

또한 백승국은 '문화기호들의 연쇄적 조합이 창출한 결과물로, 커뮤니케이션의 다양한 채널을 통해 상업화될 수 있는 재화[9]'로 정의하였으며, 심승구는 문화콘텐츠를 '문화의 원형 또는 문화적 요소를 발굴하고 그 속에 담긴 의미와 가치를 찾아내어 매체에 결합하는 새로운 문화의 창조 과정'으로 정의하였다.[10]

이와 같은 문화원형과 콘텐츠, 문화콘텐츠에 대한 논의들을 거치면서 문화원형 디지털콘텐츠 사업이 추진되었다. "문화원형 디지털콘텐츠화 사업"은 인문학과 예술, 기술의 만남을 통한 문화콘텐츠의 진화를 지향하였고, 2002년부터 전통문화 콘텐츠 발굴, 개발 관련 정부 차원의 핵심 사업으로 추진되었다. 문화원형 디지털화 사업은 크게 문화원형 창작소재 개발사업과 민족 문화원형 발굴 및 정체성 정립사업으로 나누어질 수 있다. 문화원형 창작소재 개발사업은 다양한 분야의 우리 문화원형을 디지털화하여 우리 고유의 문화원형 보존 및 문화콘텐츠 제작에 필요한 창작소재로 제공하여 산업적 활용을 활성화하기 위한 사업으로 2002년부터 2010년까지 추진되었다. 민족 문화원형 발굴 및 정체성 정립 사업은 전통문화의 복원, 보전, 창달을 위한 콘텐츠화를 통해 민족 정체성을 확립하기 위한 사업으로 2006년에 시작하여 2009년까지 이루어졌고, 2010년부터는 문화원형 창작소재 개발사업과 통합되었다.

문화원형 디지털콘텐츠 사업의 주요 추진 과제들로는 창작인프라 지속 강화, 기획·창작 연계 지원, 창작소재 수요 확산, 혁신체계 마련 등이 있었다.[11]

우선 창작인프라 지속 강화에는 우리 문화원형콘텐츠 개발, 동북아 문화원형콘텐츠 개발, 문화기관 보유 전통문화자원의 문화원형콘텐츠화 개발이 있었다.

우리 문화원형콘텐츠 개발은 시대별·소재별 미개발 분야 문화원형을 발굴하고 보완적 신규 개발로 창작소재 완성도를 제고하기 위한 사업이었다. 근·현대 상징적 생활문화공간을 콘텐츠화하고 개발된 문화원형 창작소재의 서비스를 위한 체계화를 개발하였다. 따라서 이야기형, 디자인형, 정보자료형 등 창작소재의 활용유형을 기준으로 체계화 기준을 수립하였다.

동북아 문화원형콘텐츠 개발은 문화콘텐츠 국제경쟁력 확대를 위하여 산업적 접근 및 활용 가능한 동북아 지역의 문화원형을 발굴, 개발하기 위한 사업이었다. 중국, 일본, 북한 등 동북아 지역의 우리 문화원형을 발굴·개발하여 각국의 고유한 문화와 비교하였다.

문화기관 보유 전통문화자원의 문화원형콘텐츠화 개발은 우리 전통문화, 민속 등 각 문화기관별 보유중인 전통문화자원의 산업화를 위한 개발 및 활용방안을 강구하기 위한 것이었다. 문화체육관광부 산하 문화예술 관련 기관을 비롯하여 지자체, 타 부처 소속 유관기관 등을 대상으로 공동사업을 추진하여 공동사업 결과물 및 기관별 보유 디지털 콘텐츠의 산업적 활용을 추진하였다.

　　두 번째로 기획 · 창작 연계 지원에는 문화원형 창작소재 활용 파일럿 제작 지원, 한국형 스토리텔링 발굴 · 개발, 유형별 문화상품 기획 · 창작 연계 지원, 공공분야 활용 지원이 있었다.

　　문화원형 창작소재 활용 파일럿 제작 지원은 파일럿 작품 창작과 연계된 문화원형 창작소재의 개발 및 활용을 지원하는 것으로서, 작품에 필요한 문화원형 창작소재를 조사, 분석, 정리하였고 파일럿 제작시기에 개발된 문화원형 창작소재를 활용하였다.

　　한국형 스토리텔링 발굴 · 개발은 한국형 스토리텔링 개발을 지원한기 위한 것이었다. 기존 문화원형 소재의 스토리 요소모티프를 추출, 개발하였고, 유형에 따른 분류 및 관련 기존 작품영화, 드라마 등 사례 등을 제시하였다.

　　유형별 문화상품 기획 · 창작 연계 지원은 문화원형콘텐츠를 활용하여 다양한 유형별 문화상품을 개발하기 위한 사업이었다. 패션, 공연 등 분야별 산업에 적합한 상품화 기획, 컨설팅 및 문화원형콘텐츠를 제공하였고, 상품화를 조건으로 문화원형콘텐츠를 무상 활용 지원하였으며, 상품 판매에 따른 수익배분 형태로 추진하였다. 또한 문화원형콘텐츠와 지역별 특화된 산업을 연계한 상품 개발과 마케팅도 추진하였는데, 지역 문화산업지원센터와 연계, 문화원형콘텐츠 마케팅 및 상업화 연계 등을 수행하였다.

공공분야 활용 지원은 문화원형콘텐츠의 공공분야 활용 확대를 통해 공공재로서의 의미를 제고하기 위한 것으로 문화원형콘텐츠를 활용한 해외 홍보 등으로 공공적 활용 확대 및 교육 분야 등에서 우리 역사와 문화를 폭넓게 활용할 수 있도록 하였다. 또한 한국대사관, 문화원 및 관련 해외 주재 기관에 문화원형콘텐츠를 제공하였고, 교육 분야와 문화원형 연계를 강화하여 국정교과서 등 정규 교육과정에 활용 가능하도록 추진하는 한편 대학의 문화콘텐츠학과 등에서 교재로 활용할 수 있도록 연계하였고 다양한 관련 문화예술교육분야와 폭넓게 연계하였으며 기타 공영적 · 교육적 방송프로그램 등에서 활용을 도모하였다.

세 번째 창작소재 수요 확산을 위해서는 창작소재_{리소스 콘텐츠} 시장 육성, 문화원형 국제 컨퍼런스 개최, 창작 네트워크 포럼 운영, 문화원형 창작콘텐츠 공모전 개최, 문화원형 창작소재 활용 마케팅과 같은 사업을 추진하였다.

창작소재 시장 육성 사업을 통하여 문화원형 콘텐츠통합관리 사업자 육성 지원을 통한 민간의 창작 소재 제작과 시장 육성을 동시에 촉진하였으며, 저작권 보호, 소비자 보호 등 시장 확대를 위한 방안을 연구하였다.

문화원형 국제 컨퍼런스 개최를 통해서는 문화원형 창작소재의 중요성과 가능성을 공유하고 세계적 문화콘텐츠 창작의 계기를 마련하기 위한 것이었고, 세계 각국의 문화원형 기반 콘텐츠 스토리 관련 국제 학회 및 콘텐츠 전시회로 확대, 발전하려 하였다.

창작 네트워크 포럼 운영은 참여자간 소통과 문화원형 창작소재에 대한 이론적·학술적 토대를 마련하고 문화원형 창작소재 기획, 개발, 활용의 주체로 포럼을 구성, 운영하기 위한 것이었다. 이를 위하여 문화원형 창작소재 관련 전문인력 DB 활용한 네트워크 포럼을 결성하였다.

문화원형 창작콘텐츠 공모전은 정례적으로 공모를 통해 문화원형 창작소재를 활용한 창작콘텐츠 공모하기 위한 것이었다. 공모전 활성화를 위한 다양한 홍보를 진행하였으며, 향후 UCC 공모를 포함하여 진행하였다. 공모전을 통해 선정된 창작콘텐츠당선작는 서비스하도록 계획되었다.

문화원형 창작소재 활용 마케팅으로는 문화원형 활용가이드북을 제작하고 배포하여 문화원형 창작소재의 유형에 따른 산업장르별 활용방안을 제시하였다. 또한 문화원형콘텐츠총람을 제작하고 배포하여 개발된 문화원형 창작소재에 대한 도록 형태의 안내서를 제시하였다.

마지막으로 혁신체계 마련을 위해서는 (가칭)문화원형진흥위원회 구성, 운영, 문화원형콘텐츠 종합아카이브 체계 구축, 성과관리 체계 구축, 수익사업화 방안 마련과 같은 추진 계획이 있었다.

문화원형진흥위원회는 문화원형 창작소재의 활용을 위해 각계 전문가로 위원회를 구성하여 산업계의 수요를 포괄적·지속적으로 수렴할 수 있는 공식 채널을 확보하는 한편 문화원형 활용 관련 국내외 학회, 세미나 등과 같은 참가 활동을 지원하고, 관련 협회, 학회 등을 통한 문화원형 관련 수요조사 기획 및 실시하기 위한 것이었다.

문화원형콘텐츠 종합아카이브 체계 구축은 체계화된 창작소재로 활용하기 위한 표준분류, 아카이빙 서비스를 구현하기 위한 것으로 민간 창작소재 콘텐츠 등의 소재정보, 지식정보 등도 포함하여 창작소재로 활용 가능한 관련 콘텐츠 및 정보 등을 함께 제공하기 위한 것이었다. 또한 '문화콘텐츠닷컴'의 콘텐츠를 고도화하기 위하여 창작자와 이용자가 동시 접근, 활용 가능한 쌍방향 시스템을 구현하려 하였다.

성과관리 체계 구축은 성과분석과 평가를 위한 평가시스템을 구축하자는 것으로 성과지표를 다양화하고, 성과관리 세부실행지침 제정 등과 같은 추진 방안이 모색되었다.

수익사업화 방안 마련을 위한 추진 방향으로는 문화원형 2차 사업 종료 이후 사업의 궁극적 위상과 방향을 정립하기 위하여 민간 주도적 사업으로, 자체적인 시장 생성과 수익 창출로 민간 이양이 가능한 모델을 모색하려 하였다. 또한 문화원형콘텐츠 수익사업화 모델을 연구하려 하였는데 여기에는 공급자와 수요자 연결 및 중개 모델 등에 대한 연구, 문화원형콘텐츠 운영 전문회사 설립 등과 같은 자립화 방안 연구 등이 포함되었다.

이렇게 개발된 문화원형 디지털콘텐츠들은 문화콘텐츠닷컴을 통해 다운로드 받을 수 있도록 하였고, 오프라인 활용은 사업자간 계약을 통해 이루어졌다. 2006년 4월부터는 포털사이트인 "다음www.daum.net"의 '백과사전'에 「문화원형」코너를 신설하여 서비스하였고, 일반인들에게 문화원형의 중요성에 대한 인식을 확산시켰다.[12)]

이와 같은 문화원형 디지털콘텐츠 사업의 단계별 추진전략을 구체적으로 살펴보면 [표 2-1]과 같다.

단계	연도	추진전략
1단계	2002~2006	문화원형 창작소재 개발
2단계	2007~2011	문화원형 활용 활성화 및 마켓영역 구축
3단계	2012~2016	문화원형 기반 문화콘텐츠산업의 지속적 성장

[표 2-1] 문화원형 디지털콘텐츠화 사업의 단계별 추진전략

[표 2-1]에서 보다시피 1단계 사업은 2002년에서 2006년까지 추진되었는데, 문화원형의 활용 가능성을 제시하였을 뿐만 아니라, 인문, 예술, 지역문화와 문화콘텐츠산업 간의 교류와 소통을 가능하도록 유도하였다는 평가를 받았다. 1단계 사업 동안 60개 과제의 약 60만개 아이템이 개발되었으며, 인문학·순수예술 등 기초학문분야와의 산업적 연계기반을 구축하였다. 특히, 인터넷 환경에서 콘텐츠를 투명하게 유통하고 저작권 관리를 체계화하

여 디지털시대에 적합한 저작권 기반의 유통환경을 조성하고자 문화체육관광부와 한국콘텐츠진흥원이 주관, 온라인 유통시스템인 문화콘텐츠닷컴을 구축하였다.[13]

이와 같은 제1단계 사업 종료 후 지속적인 사업 추진의 필요에 따라, 제2차 문화원형 디지털콘텐츠화사업 기본계획을 수립하여, 문화콘텐츠 창작의 핵심 동인 및 자원으로 지속적 활용 가능한 환경을 조성하려 하였다. 제2단계 사업의 추진 로드맵은 [표 2-2]와 같았다.[14]

목표	사업 추진 로드맵				
	2007	2008	2009	2010	2011
창작 인프라 지속 강화	우리 문화원형콘텐츠 개발				
	신규 · 생활문화공간 개발 및 체계화				
	동북아 문화원형콘텐츠 개발				
	실행전략 수립, 콘텐츠 개발				
	문화기관 보유 전통문화자원 문화원형콘텐츠화 개발 · 활용				
	기관협의체 구성 · 운영			국가적 사업추진모델화	
기획, 창작 연계 지원	문화원형 창작소재 활용 파일럿 제작 지원				
	파일럿 제작 지원 및 서비스			지원, 서비스 확대	
	한국형 스토리텔링 발굴 · 개발				
	한국형 스토리텔링		점진적 확대 추진		
	유형별 문화상품 기획 · 창작 연계				
	전략 수립	산업분야별, 지역별 연계 지원			

목표	사업 추진 로드맵				
	2007	2008	2009	2010	2011
	공공 분야 활용 지원				
	연계 및 시스템 구축		연계 활용 지원		
창작소재 수요 확산			창작소재(리소스콘텐츠) 시장 육성		
			환경조성 연구	육성 및 지원	
	문화원형 국제 컨퍼런스 개최				
	컨퍼런스 개최		학회 발족 및 행사 확대		
	문화콘텐츠 창작 네트워크 포럼 운영				
	포럼 구성 및 운영		운영 확대(행사 다양화)		
	문화원형 창작콘텐츠 공모전				
	공모전 실시 및 당선작 서비스				
	문화원형 창작소재 활용 마케팅				
	활용가이드북, 총람, 저널 발간 및 정례화				
혁신체계 구축	문화원형진흥위원회 구성				
	위원회 구성	운영(자문, 컨설팅, 수요조사 등)			
	문화원형콘텐츠 종합 아카이브 체계 구축				
	아카이브 구축	운영 활성화		DPS 도입	
	성과관리 체계 구축				
	시스템 구축	평가 시행, 실적 평가 및 데이터 구축			
	수익사업화 모델 연구(3단계 사업 준비)				
	모델 연구				

[표 2-2] 2단계 사업 추진 로드맵

이와 같은 2단계 사업 종료 후 2012년 시작되는 3단계 사업은 신 시장 창출과 재정적 운영체계 혁신을 위해 창작소재 및 창작의 경제적 가치를 구현하고, 새로운 시장 정착과 수요와 공급의 선순환구조 정착을 통한 수익사업화 방안 마련을 계획하고 있었다. 전통문화 보존, 복원 등의 공공적 영역을 시장과 산업으로 확대시키고, 국내, 동북아에서 글로벌 무대로 영역을 확장시키며, 발생된 수익을 사업에 재투자하여 자생적 운영기조를 확립하고자 하였다.[15]

그러나 2단계 사업은 로드맵대로 이루어지지 못하였을 뿐만 아니라, 3단계 사업은 시도되지 못하였다. 다음에 다시 언급하겠지만 3단계 사업방향에서 "발생된 수익을 사업에 재투자하여 자생적 운영기조 확립"하겠다는 것은 잘못된 계획이라고 할 수 있다. 공공저작물인 문화원형 디지털콘텐츠 사업을 통하여 수익을 얻으려는 것이 오늘날의 추세와 맞지 않기 때문이다.

2002년부터 2010년도까지 선정된 과제들을 살펴보면, 다음 [표 2-3]과 같다.[16]

연도	선정작	개수
2002	*조선시대 검안기록, 제주도, 신화전설 등 9가지 이야기형 소재 *고려시대 전통복식, 한국의 소리은행 등 14가지 예술형 소재 *조선시대 전투기술, 전통놀이 문화원형 등 8가지 경영 및 전략형 소재 *사이버 한옥세트, 전통한선 라이브러리 등 8가지 기술형 소재	39
2003	*조선시대 기녀문화, 신라화랑 창작소재 등 5가지 이야기형 소재 *한국미술 길상이미지, 국악선율 배경음악 등 9가지 예술형 소재 *조선후기 상업활동, 한국무예 무과시험 등 4가지 ·경영 및 전략형 소재 *사찰건축 디지털 세트 절집, 조선시대 식문화원형 등 4가지 기술형 소재	22
2004	*건국설화, 인귀설화, 불교설화 등 14가지 이야기형 소재 *전통음악, 고구려, 고분벽화 등 17가지 예술형 소재 *조선시대 수영, 발해의 영역 확장 등 3가지 경영 및 전략형 소재 *전통수렵, 조선시대 과학문화유산 등 11가지 기술형 소재	45
2005	*전래동요, 한국 호랑이 등 13가지 이야기형 소재 *범종, 백제문화 등 7가지 예술형 소재 *궁술, 신호전달체계 등 5가지 경영 및 전략형 소재 *궁궐조경, 전통 다리 건축 등 9가지 기술형 소재	34
2006	*선덕여왕, 정변 등 11가지 이야기형 소재 *정원과 정자, 수마단 등 3가지 예술형 소재 *줄타기 원형, 택견 등 3가지 경영 및 전략형 소재 *전통시대 수상교통:뱃길, 한강 등 3가지 기술형 소재	20
2007	*처용설화, 왕오천축국전 등 5가지 이야기형 소재 *고려가요, 근대 극장 등 2가지 예술형 소재 *구한말 외국공간 정동 등 2가지 경영 및 전략형 소재 *근·현대 나루와 주막문화 등 3가지 기술형 소재	10
2008	*간이역과 사람들 등 1가지 이야기형 소재 *한국외초 요릿집 등 1가지 예술형 소재 *고려시대 화약무기 등 1가지 경영 및 전략형 소재 *고려시재 주거공간, 한국의 고택 등 3가지 기술형 소재	6

연도	선정작	개수
2009	*경성의 유흥문화공간 등 1가지 이야기형 소재 *조선시대 악인 등 1가지 예술형 소재	
2009	*모던보이 이철의 꿈 등 1가지 예술형 소재 *화해와 소통의 자유인 원효대사 스토리뱅크 등 1가지 이야기형 소재 *조선시대 자연재해와 인간생활 등 1가지 이야기형 소재 *세계 속의 한반도 해양문화 원형 등 1가지 이야기형 소재	6
2010	*한글 창제의 기본원리 등 1가지 이야기형 소재 *온천에 관련한 창작소재 등 1가지 이야기형 소재 *재미있는 세시음식 이야기 등 1가지 이야기형 소재 *숨쉬는 갈색 도자기 옹기 등 1가지 예술형 소재 *우리나라 꽃문화 등 1가지 예술형 소재 *서울 문화재 기념표석 등 1가지 이야기형 소재	6

[표 2-3] 연도별 문화원형 과제 선정작

이와 같은 문화원형 디지털콘텐츠 사업을 수행하는데 2002년에서 2010년간 투입된 예산은 654억 원으로 연간 투입된 비용은 [표 2-4]와 같다.[17)]

구분	연차별 예산규모(단위: 백만 원)									계
	2002	2003	2004	2005	2006	2007	2008	2009	2010	
문화원형	15,000	7,000	12,000	12,000	4,400	3,980	3,600	3,420	2,140	63,540
민족문화원형	–	–	–	–	–	654	650	650	–	1,954
계	15,000	7,000	12,000	12,000	4,400	4,634	4,250	4,070	2,140	65,494

[표 2-4] 문화원형 디지털콘텐츠화 사업의 연도별 투자 예산

위의 [표 2-2]와 [표 2-3]을 비교해보면 문화원형 디지털콘텐츠 사업은 2002년부터 2007년까지 활발히 이루어지다가 2008년도부터 사양 사업이 되기 시작했음을 알 수 있다. 이는 막대한 예산이 들어갔음에도 불구하고, 크게 산업적으로 활용되지 못하자 국회 국정감사 등에서 지적을 받아 사업의 내용과 목적 자체에 대하여 재검토가 진행되었고, 또한 한국콘텐츠진흥원 문화원형팀의 해체와 담당자의 잦은 교체에 따라 전문성이 약화되었기 때문인 것으로 보인다. 이에 따라 2011년부터 신규과제 개발을 중단하고 문화콘텐츠닷컴 서비스의 재정비와 대국민 홍보에만 역점을 두게 되었다.

제2절 문화원형 디지털콘텐츠 사업 가치와 평가

앞에서 언급했다시피 문화원형 디지털콘텐츠 사업이 사양 산업이 된 이유는 이 사업을 바라보는 관점이 문화원형이 가지고 있는 인문성을 간과한 채 경제 논리로만 사업을 평가해왔기 때문이다.

2010년 10월 국정감사에서 민주당 최문순 의원은 문화원형 디지털콘텐츠 사업을 "속 빈 강정"으로 전락시켰다. 그는 "문화원형 디지털화 콘텐츠의 활용도가 떨어지는 것은 근본적으로 개별 과제 단위로 이뤄지는 해당 사업이 이를 활용하려는 업체들의 개발 프로젝트와는 무관하게 만들어지기 때문"이라며 "더 이상 막대한 국가 예산이 낭비되지 않도록 종합적인 재검토가 하루빨리 이뤄져야 한다."고 지적했다.[18]

최문순 의원이 제출한 보도자료에 따르면 "지난 2002년부터 올해까지 9년 동안 무려 635억4000만원이 투입됐지만 이를 활용한 콘텐츠 매출액은 고작 7억 4200만원에 불과한 것으로 집계됐다."고 했으며, "활용건수가 단 한 번도 없는 과제 또한 전체 181개 과제 가운데 52개 과제29%나 됐다"고 지적하였다.[19]

그러나 이와 같이 산업적 활용이 저조하다고 하여 문화원형 디지털콘텐츠 사업자체가 문제가 있기 때문에 사업을 중단한다고 하는 것은 옳지 않은 견해이다. 뒤에서 구체적으로 활용 사례를 언급하겠지만, 문화원형 활용 사례는 일부 디자인 요소를 직접 상용화한 사례를 제외하면 대체로 사실정보와 복원정보에 치중되어 있다. 이러한 정보들은 직접적인 매출효과를 따지기에는 매우 어렵다. 가령 영화 〈왕의 남자〉에 활용된 경복궁 무대세트의 경우, 문화콘텐츠닷컴에서 올린 매출은 얼마 되지 않지만, 실제 무대세트의 복원과 설치 등에 소요된 막대한 기회비용을 감안할 때, 문화원형의 가치에 포함시켜서 평가를 해야 한다. 아울러 교육교재 활용이나 드라마 소재의 활용 역시 정확한 경제적 가치로 환산하기 어려운 점이 있다. 예를 들어, 드라마 〈별순검〉은 〈증수무원록〉 등 검안기록이 문화원형으로 구축되지 않았다면 탄생하기 어려웠을 것이지만, 그 경제적 가치를 산출할 근거와 방법이 모호하다. 그러나 이와 같은 긍정적인 효과에도 불구하고 문화원형 디지털콘텐츠화 사업을 바라보는 시각은 여전히 결과물들의 매출액에만 치중하고 있는 것이 현실이다.[20]

문화원형콘텐츠의 가치는 현금흐름을 중심으로 하는 B/C분석보다는 가상시장가치법CMV으로 추정되어야 한다. 가상시장가치법CMV은 환경, 문화유산 등 공공재의 가치평가를 위해서 널리 사용되고 있다. 학술적인 논의는 1940년대부터 시작되었지만, 1993년 NOAA보고서가 정책적인 적용의 계기가 되었다. 우리나라 예산기획처 예비타당성조사에서도 문화 · 과학시설 등 공공재에 대한 가상시장가치법의 적용을 적극 권장하고 있다.[21]

문화원형콘텐츠사업은 문화콘텐츠산업의 장기적 성장기반의 마련을 위하여 한국의 전통적인 스토리, 색채, 소리 등을 디지털화하여 창작 및 기획을 위한 기초적 공공재로 제공하는 사업이다. 문화원형콘텐츠사업은 자체적인 수익을 목표로 하는 사업이 아니므로 영리 목적의 사업에 적용되는 현금흐름을 중심으로 하는 B/C분석은 적합하지 않다. 가상시장가치법은 문화원형콘텐츠사업의 시장적 가치와 비시장적 가치를 포함하는 전체적 가치를 추정할 수 있다.[22)]

문화원형은 일반적으로 과거로부터 내려오는 문화유산의 무형적인 부분을 지칭하며, 무형문화재보다는 넓은 개념이다. 문화원형은 "우리 전통문화에 숨어 있는 이야깃거리나, 우리고유의 색채, 우리 고유의 소리 등"으로 정의[23)]할 수 있는데 비하여 무형문화재는 문화원형 중 그 가치가 특별히 인정되어 보호 및 지원의 대상으로 지정된 것이다. 따라서 문화유산의 가치와 문화원형의 가치 혹은 문화원형디지털콘텐츠화사업의 가치는 동일한 맥락에서 논의될 수 있다.

문화원형, 문화원형콘텐츠, 문화원형콘텐츠사업의 가치는 밀접하게 상호 연관되어 있다. 문화원형 디지털콘텐츠화 사업의 가치는 문화원형에 대한 암묵적 가치부여를 전제로 하고 있으며, 문화원형 디지털콘텐츠화 사업의 가치는 집합적인 의미에서 문화원형디지털콘텐츠의 가치와 동일한 개념으로 간주될 수 있다. 단기적으로 개발된 문화원형 디지털콘텐츠의 사회적 가치는 개별 사업자가 시장을 통하여 실현할 수 있는 시장가치를 초과한다. 이는 개발된 문화원형콘텐츠가 문화산업 및 다른 부문에 미치는 외부경제효과가 크며, 문화원형 디지털콘텐츠의 개발 및 확산이 공동체적 유대감 형성에 미치는 가치재로서의 속성이 중요하다는 것을 의미한다. 그러나 문화원형 디지털콘텐츠의 개발은 초기투입비용이 큰 비중을 차지하는 규모의 경제가 존재하여 조기에 시장의 형성이 어렵다는 단점이 있다는 것은 사실이다.

　시장가치가 형성되는 경우를 포함하여 모든 경우에 문화원형 디지털콘텐츠의 중요한 가치는 시장 밖에서 결정된다. 대부분의 경우 문화원형 디지털콘텐츠의 가치를 결정하는 사람들이 시장거래의 당사자가 아니다. 문화원형 디지털콘텐츠의 가치를 결정하는 사람들은 다음과 같다.

　· 문화원형 디지털콘텐츠를 활용하는 전문연구자
　· 문화원형 디지털콘텐츠를 교육 및 지식욕구 충족 등의
　　목적으로 활용하는 일반 국민들
　· 문화원형 디지털콘텐츠에서 창작아이디어를 얻는
　　문화산업기획, 창작 업무 종사자
　· 문화원형의 확산으로 인한 공동체적 결속강화로 인한
　　사회적 효용의 증진
　· 개발된 문화원형 디지털콘텐츠로 인한 문화산업의 발전,
　　사회결속력의 강화 등으로부터 이익으로 누리는 미래 세대

　문화원형 디지털콘텐츠의 비시장가치는 일반적인 문화유산과 마찬가지로 옵션가치, 유산가치, 존재가치를 포함하고 있다.[24] 옵션가치는 자신 혹은 남을 위하여 그 재화를 유지하여 미래의 어느 시점에 이득을 보고 싶은 개인의 열망으로부터 도출되는 것이며, 유산가치는 다음의 세대에 유산으로 물려줄 가치이다. 또한 존재가치는 개인이 그것을 사용하든 하지 않든 그 유산이 존재하는 것 자체를 아

는 것으로서 누리는 가치를 의미한다.

현재 세계 각 나라의 정부는 문화유산의 보존 및 활용정책에 적극적으로 개입하고 있다. 정부지원의 근거는 집단적인 행동이 없이는 문화유산은 자유경제에서 사회적인 최적수준과 비교할 때 과소공급되는 경향이 있기 때문이다. 이는 문화유산의 가치의 많은 부분이 공공재를 구성하고 있고, 혹은 최소한 외부효과가 중요하다는 것을 의미한다. 따라서 문화유산의 정부지원에 관련한 과제는 이론적이기보다는 실증적인 측면이 중요하다. 소비자 잉여에 대한 객관적인 자료가 필요하고, 소비자들의 지불의사를 계산하고 적정공급량에 대하여 결정하는 것이 필요하다. 물론 시장실패를 치료하는 방법으로서 집단적 공급은 정부개입 외에 자원봉사를 포함하는 기부활동 등이 있으나, 당분간 문화유산에 대한 지원에 있어서 정부의 주도적인 역할은 변함이 없을 것으로 보인다.

문화유산에 대한 논의와 마찬가지로 문화원형의 가치에 대한 논의는 필연적으로 문화자본과 연결되어 있다. 문화자본은 문화유산에 대한 사회적, 역사적 문화적 차원에서의 공동체의 가치부여를 구체화하는 개념인데, 이 개념과 더불어 투자, 감가상각, 유지, 수익률, 스톡과 플로의 구분 등 자본이론을 문화유산 보존 및 활용의 영역에 적용하는 것이 가능하다. 문화자본은 그것이 담긴 물질적인 자본처럼 방치되면 쇠퇴하는 것이다. 현존하는 문화자본은 관리 및 향상에 대한 투자를 통하여 자산 가치가 증대될 수 있으며, 투자를 통하여 새로운 문화자본이 창조될 수도 있다. 이러한 해석과 더불어

문화자본에 대한 사회적 의사결정의 문제는 사회적 B/C분석의 틀 안으로 들어올 수 있다. 사회적 수익률에 따라 순서를 매길 수도 있으며 이 분야에서의 의사결정은 친숙한 투자분석의 기제를 활용하는 것도 가능하다. 즉 사회적 관점에서, 투자자원이 공적인 부문에서 제공되는가, 사적인 부문에서 제공되는가, 혹은 양쪽에서 동시에 제공되는가 하는 것은 적절한 수익률이 단지 가시적인 금전적인 측면에서 계산되는가, 혹은 공공재 측면의 혹은 외부경제적인 측면의 비가시적인 효과 측면에서도 계산되는가 하는 점들을 활용할 수 있다. 문화유산 정책에 이러한 경제적인 평가를 적용하는 것은 계산에 있어서 비시장적인 요소가 매우 중요한 경우에 특히 중요하다. 만일 문화재 가치의 가시적인, 비가시적인 이득을 계산하는 객관적인 수단이 존재한다면, 문화재에 대한 경제적인 정의는 질적인 보존가치에 대한 합의에 이르는 어려운 과정을 우회하는 것이 가능하다.[25]

[표 2-5]는 무형문화유산전당 운영을 기준으로 비용과 수익을 나타낸 것이다.

비용	가치	
개발 비용 대중화 비용	비시장가치	옵션가치 유산가치 존재가치
	시장가치	

[표 2-5] 무형문화유산전당 운영을 기준으로 한 비용과 수익

비용은 문화원형 디지털콘텐츠의 개발을 위한 비용과 개발된 콘텐츠의 유통을 통한 대중화 비용이 있다. 문화원형 디지털콘텐츠의 가치는 시장가치와 비시장가치가 있으며, 앞에서 살펴본 바처럼, 전체적 가치의 많은 부분이 옵션가치. 유산가치, 존재가치 등 비시장가치로부터 나온다.

문화콘텐츠산업의 창작기반 조성을 위한 '문화원형콘텐츠사업'은 가치와 비용의 측면이 있다. '문화원형콘텐츠'의 개발을 통한 문화원형의 보존 · 전승 및 활성화를 위하여 비용이 필요하다. '문화원형콘텐츠'의 가치는 시장가치와 비시장가치가 있으며 시장가치의 대부분은 업체에 수익으로 발생한다. 초기단계에 '문화원형콘텐츠사업'의 수익은 발생하지 않지만, 저작권 관리를 통하여 수익이 발생할 수 있다. '문화원형콘텐츠'의 대중화는 저작권 관리를 통한 사업수익과 관련되어 있으며, '문화원형콘텐츠사업' 운영 수익이 운영비용에 미치지 못하는 부분은 국민의 세금을 통하여 공공비용으로 조달된다.

그러나 문화원형콘텐츠의 가치는 저작권 수익보다는 투입비용의 경제적 파급효과에 있다. '문화원형콘텐츠사업'의 수행은 지역 및 산업의 각 부문에 걸쳐 생산 · 부가가치 · 고용 측면에 자원재배분의 효과를 유발시킨다. 무형문화유산전당의 건립을 위하여 각 부분별로 유발되는 최종 수요가 각 부문별로 중간투입의 연쇄를 통하여 산업전반에 걸쳐 발생시키는 생산 · 부가가치 · 고용 측면의 효과를 분석한 산업연관분석이 필요하다. 전국적인 산업연관분석을 각 지역별 파급효과로 분해하는 모형이 다지역산업연관모형MRIO인데, 다지역산업연관모형 분석을 위해서는 산업별 투입금액의 내역과 지역기술 계수 및 지역교역계수에 대한 자료가 필요하다.

문화원형 디지털콘텐츠 사업의 수행은 다른 산업부문에 기회비용을 발생시키므로 해석에 유의해야 한다. 생산유발계수, 부가가치유발계수 등은 타부문과의 비교에 참고자료일 뿐 B/C분석과는 관계가 없으며, 개별 산업부문 및 각 지역 간에 자원의 재배분 효과에 보다 주의를 기울이는 것이 바람직하다.[26]

이러한 차원에서 보았을 때, 문화원형 디지털콘텐츠 사업에서 가장 큰 문제가 되는 것은 현재의 경제적 수익이 아니라 산업적 활용이 잘 이루어지지 않는다는 점에 있다. 한국콘텐츠진흥원은 산업적 활용이 잘 이루어지지 않는 원인을 콘텐츠의 내용과 직결되어 있다고 보았다. 현재 문화원형 디지털사업의 콘텐츠들은 사실정보, 복원정보, 부가정보 등으로 이루어져 있으며, 그 중 부가정보들은 주로 문화원형 과제 수행기관에서 반 창작 형태로 가공한 캐릭터, 일러스트레이션, 다큐영상, 시놉시스, 시나리오 등이다. 실제 이 자료들은 문화산업계에서 이미 창작의 요소가 가미되어 사용이 거의 되지 않는 요소들이다.[27] 이에 따라 한국콘텐츠진흥원은 문화원형 디지털콘텐츠화 사업의 개선 방안에서 소재발굴과 전문조사 영역이 사업에서 제공해야 할 대상으로 보고, 트리트먼트와 시놉시스, 시나리오 창작 등은 산업계에서 담당해야 할 영역으로 분류하였다.[28]

여기에서 한 가지 문제점은 한국콘텐츠진흥원이 단순히 소재를 발굴하고 전문조사를 하여 이를 웹사이트에 올리고, 홍보를 하기만 하면 산업계에서 활용이 바로 이루어질 수 있는가 하는 점이다. 한국콘텐츠진흥원에서도 발굴 개발된 콘텐츠들도 많은 문제점을 갖고 있는데, 우선 한국의 문화원형 전반을 포괄한다고 표방한 문화콘텐츠닷컴이지만, 흥미로운 테마 위주로 개별 사이트들이 구축되다 보니 한국 문화원형 전반을 아우르지 못하는 문제점이 있다고 하고 있다. 또한 콘텐츠의 내용 또한 역사적인 사실정보와 반 창작 형태의 재가공 정보가 혼재되어 있어 내용들을 재분류 및 정리할 필요가 있다고 본다. 예를 들어, 중 · 고교 역사 수업에 재가공 정보를 활용할 수 있는 여지는 거의 없다는 것이다. 한편 멀티미디어 정보는 텍스트나 이미지로 그 내용을 충분히 이해하기 어려울 때 한하여 활용되어야 하나 현재는 불필요한 멀티미디어 정보들이 많다고 보고 있다. 예를 들어, 입체감이 반드시 필요한 부분에 3D가 제작되어야 하며, 동영상 등이 있는 경우에는 굳이 3D 애니메이션을 제작할 필요가 없다. 여기에 사용된 미디어들도 10년이 경과하여 이제는 활용할 수 없을 정도로 콘텐츠의 품질이 떨어지는 사례도 존재한다.[29] 이에 대한 해결 방안은 제6장에서 다루기로 하겠다.

한국콘텐츠진흥원이 제시한 산업적 활용이 잘 이루어지지 않는 두 번째 원인은 콘텐츠의 품질에 있다. 콘텐츠의 품질은 문화원형 특성상 전문가의 고증이 매우 중요한 요소임에도 불구하고 전문가들이 참여하지 않은 콘텐츠들, 즉 학문적으로 검증이 미흡한 사례가 존재하고 있다.[30] 이는 문화원형 디지털콘텐츠 사업이 개발 주체를 활용과 수익에 중점을 두어 산업계를 우선시하였기 때문이다. 이로 인하여 개발 환경 측면에서 인문학자와 기술전문가들의 소통과 협업이 많이 부족하였고, 국가 산하기관이 개발 사업 참여에 제한을 받는 문제 등이 있었다.

산업적 활용이 잘 이루어지지 않는 또 다른 문제는 저작권 문제이다. 산업적 활용의 핵심은 1차와 2차 상품화에 있으며, 그 중 2차 상품의 시장규모가 더 크지만, 현재 저작권 체계로는 2차 상품화가 불가능한 콘텐츠들이 많다. 저작권 문제는 상품의 유료화 정책과 관련이 많은데, 이에 관한 국내 제도적 문제는 제4장에서 자세히 다루도록 하겠다.

장주

1) 옥성수, 「문화원형 디지털콘텐츠화사업의 경제적 가치 분석」, 한국문화관광연구원, 2007, p. 11.

2) 최혜실 외, 「문화원형 창작소재 개발 중장기 로드맵」, 2005, p. 23.

3) 김기덕, 「문화원형의 층위와 새로운 원형 개념」, 「인문콘텐츠」, 제6호, 인문콘텐츠학회, 2005, p. 57.

4) Ibid., p. 58.

5) 최혜실 외, op. cit., p. 27.

6) Ibid., p. 29.

7) 한국행정연구원, 「아시아문화개발원 설립 운영에 관한 연구」, 2007, p. 161.

8) 문화콘텐츠학회, 「문화콘텐츠 입문」, 북코리아, 2006, pp. 14~16.

9) 백승국, 「문화기호학과 문화콘텐츠」, 다할미디어, 2004, p. 20.

10) 심승구, 「한국 술 문화의 원형과 콘텐츠화 – 술 문화의 글로벌콘텐츠를 위한 담론체계 탐색 –」, 「인문콘텐츠학회 학술심포지움 인문콘텐츠학회 2005 학술 심포지움 발표 자료집」, 인문콘텐츠학회, 2005, p. 54.

11) 옥성수, 「문화원형 디지털콘텐츠화사업의 경제적 가치 분석」, op. cit., pp. 23~27.

12) 옥성수, 「문화원형 디지털콘텐츠화사업의 경제적 가치 분석」, op. cit., p. 15.

13) 한국콘텐츠진흥원, 「문화원형 창작소재 성과조사 · 분석 연구」, 2009, p. 10. 참조.

14) Ibid., p. 12.

15) ibid., p. 13.

16) 한국콘텐츠진흥원, 「문화원형콘텐츠총람 2002~2010」, 2012, p. 15 참조

17) Ibid. p. 4.

18) 디지털타임즈, 「문화원형 디지털화 사업 "속 빈 강정 전략" 지적」, 2010. 10. 5일자; http://www.dt.co.kr/contents.html?article_no=2010100602010531699004

19) http://moonsoonc.tistory.com/1880

20) 한국콘텐츠진흥원, 「문화원형 디지털콘텐츠화 사업의 평가와 향후 발전방향」, op.cit. p. 7. 참조.

21) 박현, 유경준, 곽승준, 「문화 · 과학시설의 가치추정 연구」, 한국개발연구원, 2004.

22) 옥성수, 「문화원형 디지털콘텐츠화사업의 경제적 가치 분석」, op. cit., pp. 4~5.. 참조

23) 문화체육관광부, 「2004 문화산업백서」, 2004.

24) Throsby, ed. Hutter, M and I. Rizzo, Seven Quesrion of Cultural Heritage, in Economic Perspectives on Cultural Heritage, Macmillan Press, 1997, pp. 15~18.; 옥성수, 「문화원형 디지털콘텐츠화사업의 경제적 가치 분석」, op. cit., p. 32에서 재인용

25) 옥성수, 「문화원형 디지털콘텐츠화사업의 경제적 가치 분석」, op. cit., pp. 31~34.

26) ibid., pp. 43~46.

27) 한국콘텐츠진흥원, 「문화원형 디지털콘텐츠화 사업의 평가와 향후 발전방향」, op.cit.. p. 9.

28) ibid., p. 17.

29) ibid., p. 9.

30) ibid.

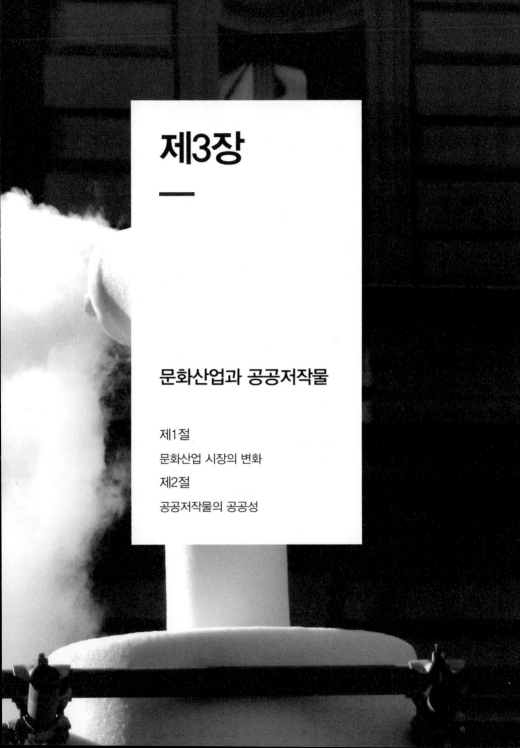

제3장

—

문화산업과 공공저작물

제3장 문화산업과 공공저작물

제1절 문화산업 시장의 변화

지난 2009년 12월, 당시 고등학교에 다니고 있던 유주완 군은 '서울버스'라는 수도권 버스정보 관련 아이폰 애플리케이션을 개발하여 무상으로 배포하였다. 이 프로그램의 개발 기간은 약 일주일 정도 걸렸으며, 한국 앱스토어 다운로드 1순위를 지키고 있었고, 게재 일주일 만에 4만 건 이상의 다운로드 수를 기록한 '서울버스' 애플리케이션은 시민들로부터 수많은 찬사를 받았다. 그런데 경기도는 이 애플리케이션에 대하여 "경기도가 만들어놓은 정보시스템을 개인이 무단으로 이용한 것이며 위치정보 사용 등과 관련해 법률적 문제가 있다고 판단해 정보 공유를 막았다"며 이용을 차단한 사건이 발생했다. 또한 경기도는 "향후 문제가 발생할 경우 책임의 주체가 불분명하게 될 것"이라며 심지어는 소송까지 검토했었다. 이에 따라 경기도청 민원 게시판에 비난의 글이 쇄도하기 시작하였다. 결국 이 사건은 김문수 경기도지사가 정보의 공유를 무조건 허용하도록 지시하면서 일단락되었다.[1] 전문가들은 이 사건에 대하여 차단해프닝은 국내 공공기관의 정보 공개에 대한 의식수준을 적나라하게 드러냈다고 지적하며 공공영역도 모바일과 웹2.0과 같은 IT트렌드에 걸맞은 의식전환이 시급하다고 하였다.

이와 같이 디지털 기술의 발전에 따라 문화정책에 영향을 미치는 문화 활동들이 빠르게 변화하고 있음에도 불구하고 국가 정책들이 이에 보조를 맞추지 못하고 있다. 이홍재는 문화가 사회경제활동에 문화자원이나 문화에너지를 공급하며, 사회경제활동의 결과로 발생되는 문화축적이나 문화변용을 받아들인다고 하였다.[2] 그에 따르면 문화자원은 지식·노하우·미의식·가치관 등의 축적이며, 문화에너지는 거기에서 방출되는 인간행동의 원동력이다. 이는 기술혁신, 조직발전, 노동생산성 등을 통해 생산 활동에 영향을 미친다. 문화자원은 사람들의 선호나 소비패턴을 형식화시키고 경제 가치를 형성시켜 외부에서 시장을 통제하기도 한다. 반대로 지식정보 생산 활동이나 지식정보 소비 활동의 결과로서 문화역량이 추가로 축적되고 역량의 일부가 바뀌어 문화변용이 일어나게 된다. 엔터테인먼트, 프로스포츠 등의 생산 활동 결과는 예술의 역사나 스포츠 기록을 바꾸기도 한다. 소비 활동은 의식주, 배움, 놀이 등 개인의 라이프스타일과 상호작용을 하면서 음악, 미술공예, 연극 등의 예술 활동에도 영향을 주어 때로는 전통문화를 변화시키거나 전통적인 가치와 상충되기도 한다. 다시 말하면, 형태를 갖는 문화이든지, 형태를 갖지 않는 문화인간의 감성, 지식, 노하우, 커뮤니케이션 등이든지 지식정보는 모든 문화를 만들어 가는 인간생활의 환경재가 되는 것이다.

새로운 기술은 새로운 라이프스타일을 가져다주었으며, 문화예술계에도 새로운 표현수단을 제공해주고 있다. 문화시장은 글로벌화되고 있고, 문화소비자들도 필요한 정보를 전세계에서 취합하고 있다. 현재 문화는 고부가가치를 창출하는 문화산업으로 성장하게 되었다. 이에 따라 정부는 문화콘텐츠 전문 인력이 발굴 · 양성되고 있으며, 또한 문화콘텐츠의 적극적인 발굴과 활용을 위한 정책을 추진하고 직접 지원해왔다. 그러나 과연 정부는 새로운 기술의 등장과 문화산업의 확대에 적합한 보조를 맞추어 왔는가? 앞에서 언급한 '서울버스' 애플리케이션에 대한 예를 보면 그렇지 못하다는 것을 알 수 있다.

스마트폰과 태블릿 PC의 등장과 보급은 문화상품의 생산에 큰 변화를 가져왔다. 미래학자인 앨빈 토플러Alvin Toffler는 그의 저서 『제3의 물결』과 『부의 미래』에서 소비만 하는 수동적인 소비자가 아닌 소비뿐만 아니라 직접 제품의 생산, 개발에도 참여하는 '생산하는 소비자'라는 의미로 프로슈머prosumer라는 용어를 사용하였다. 오늘날 앨빈 토플러가 말한 프로슈머는 소비자 직접 생산DIY(DIY란 Do it yourself의 준말로 전문 업자나 업체에 맡기지 않고 스스로 직접 생활공간을 보다 쾌적하게 만들고 수리하는 것을 말한다.) 이나 오픈마켓, 앱스토어* 등을 예로 드는 경우가 많다.

※ 스마트폰과 태블릿 PC의 등장으로 활성화 되고 있는 앱스토어는 아이디어가 있는 개발자라면 누구나 참여해서 콘텐츠를 만들어서 판매할 수 있으며, 접속을 기반으로 구매가 이루어지기 때문에 전 세계를 상대로 거래가 이루어진다는 특징을 가지고 있다.

프로슈머라는 개념을 처음으로 제시한 『제3의 물결』에서 토플러가 주목한 것은 표준화된 제품의 대량 생산에 기초한 기존 시장이 포화 상태에 도달했다는 징후였다. 이런 상황에서 기업이 계속해서 성장할 수 있는 유일한 길은 대량 맞춤 생산, 즉 맞춤형 제품의 대량 생산 방식을 채택하는 것으로 제시됐다. 맞춤형 생산은 곧 소비자의 생산 과정 참여를 의미한다. 소비자의 참여 없이는 맞춤형 생산이 불가능하기 때문이다. 토플러의 이 개념은 초기에는 큰 반향을 불러일으키지 못했었다. 그러나 최근 들어 상황이 완전히 달라지고 있다. 웹2.0, UCC 등이 급격히 확산되고 오픈마켓이 급성장하면서 프로슈머 개념이 구체적인 화두로 대두되고 있다. 사용자 참여와 자발적인 콘텐츠 생산을 특징으로 하는 웹2.0과 UCC는 프로슈머의 개념과 그대로 겹친다. 누구나 생산자로 참여할 수 있는 오픈마켓도 마찬가지다. '롱테일' 경제학도 프로슈머의 등장과 연관 지을 수 있다. 아마존 매출의 거의 50%를 소액거래, 희귀본 거래가 차지하고 있는데, 아마존에서 수만 종의 희귀본을 공급해 주는 것은 수많은 소규모 공급자, 곧 프로슈머들이다.[3]

그러나 이제 '프로슈머'는 하나의 의미로 해석되지 않는다. 오늘날 프로슈머는 '신제품 개발 참가형', '정보공유형', 'DIY형' 등으로 구분할 수 있다. 신제품 개발 참가형은 토플러가 애초 제시한 생산자와 소비자가 결합된 형태이고, 정보공유형은 전문가와 소비자의 결합에 가깝다. DIY형은 자기만족, 자기 소비를 위한 생산 활동을 의미한다. 토플러는 최근 저서 『부의 미래』에서 DIY형 프로슈머에 집중적인 관심을 나타내고 있다. 그는 DIY형 프로슈머의 영역은 화폐경제에는 잡히지 않는 '비화폐 영역'으로, 향후 이들이 현재 기업들이 주도하는 기존 경제 질서를 위협하는 경쟁자로 등장할 수 있다고 했다. 이와 같이 IT 기술의 발달은 프로슈머들의 활동 영역을 넓

히고 있다. 이러한 프로슈머들이 문화원형 콘텐츠를 활용한다면 문화원형 콘텐츠의 대중화는 더 잘 이루어 질 것이며, 우리 문화와 문화원형에 대한 대중의 이해도 더 커질 것이다.

IT 기술의 발달은 시장의 의미마저 변화시키고 있다. 시장은 판매자와 구매자가 상품이나 가축을 교환할 수 있도록 마련된 물리적 공간을 가리키는 말이었다. 제러미 리프킨에 따르면 현재 시장은 네트워크에게 자리를 내주고, 소유는 접속으로, 물적 재산에서 지적 재산으로 바뀌는 추세다. 근대 경제의 중요한 특징이었던 판매자와 구매자의 재산교환은 네트워크 관계로 이뤄지는 서버와 클라이언트의 단기 접속으로 바뀌고 있다. 시장은 여전히 살아남겠지만 사회에서 시장이 차지하는 비중은 점점 줄어들 것이다. 그는 또한 산업생산 시대가 가고, 문화생산 시대가 오고 있다고 보고, 앞으로 각광받을 사업은 예전처럼 상품과 서비스를 파는 사업이 아니라 다양하고 광범위한 '문화적 체험을 파는 사업'이 될 것으로 보았다. 그러나 문화영역이 상업영역으로 흡수되면 인간관계에도 근본적인 변화가 일어날 것이고, 이것은 사회의 앞날에 심각한 결과를 초래할 것이다. 문화영역과 산업영역이 적절한 균형을 회복하는 것이 필요하다. 산업시대에 자연자원이 인간의 남용으로 고갈되어버릴 위기를 맞이했던 것처럼, 문화자원도 과도한 영리추구로 인해 언제 고갈되어버릴지도 모른다. 상품화된 문화체험에 점점 무게중심이 놓이는 지구 네트워크 경제에서 문명의 생명수라고 할 수 있는 문화적 다양성을 지키고 끌어올릴 수 있는 지속가능한 방법을 찾는 것이 새로운 세기의 숙제이다.[4]

현대의 IT기술은 네트워크 방식의 경제활동이라는 새로운 길을 열어 주었다. 이 새로운 교역은 시장처럼 지리적 제약을 받지 않고 가상공간 안에서 일어난다. 지리적 공간에 제약을 받는 경제에서는 판매자와 구매자가 물질로 된 상품과 서비스를 교환하지만, 가상공간 안에서는 정보, 지식, 경험, 심지어는 환상까지도 교환한다. 제러미 리프킨은 이를 지적 자본주의 단계라고 표현하였다.[5]

또한 리프킨은 오늘날 자본주의는 새로운 도전에 직면해 있다고 보았다. 그는 선진국에서, 특히 자본주의 생활양식이 제공하는 풍성한 혜택을 누리는 전 세계 인구의 20%에 이르는 사람들에게 상품의 소비는 거의 한계점에 다다르고 있다고 보았다. 온갖 필요와 욕구를 만족시키는 가전제품이 완비되어 있을 때 상품이나 서비스에 대한 새로운 욕구가 생겨나기가 어렵게 되는데, 바로 이 지점에서 자본주의는 완전한 문화적 자본주의를 향한 최후의 변신을 시도한다고 하였다.[6]

문화적 자본주의에서는 문화적 욕구들이 산업으로 구현되며, 새로운 단계의 문화산업이 나타나게 된다. 기존에는 문화산업은 단순히 문화와 산업을 접목시킨 형태로 인식을 했었는데, 김도종은 문화산업은 정신−물질의 통화적統和的 정체성을 계기로 삼는다는 점에서 이를 4차 산업으로 분류하였다. 이 단계에서 소비하는 개인이 산업의 생산을 이끌어 낸다.[7] 그에 따르면 개인의 다양한 정체성 실현 욕구에 따라 새로운 생산방식을 만들고 새로운 소비영역을 창출하게 되는데 이를 콘텐츠라고 하기 때문에, 문화산업은 곧 문화콘텐츠 산업이라고 말하게 된다.

현재 세계 각국은 문화콘텐츠를 문화의 공간에서 산업의 영역으로 분류하여 R&D 추진 등 기술정책을 추진하고 있다. 2009년에 주요 국가들이 행하고 있던 주요 정책들은 다음과 같다.[8]

미국은 기술 확보 전략과 자본이 결합된 선순환 시스템의 구조로 정부차원보다는 메이저 기업의 자본이 기술을 선도해 시장을 견인하고 있다. 특히 기술과 감성의 결합은 21세기 성공 블루오션의 공식으로 파악하여 카네기멜론대학의 ETC, MIT 대학의 Media Lab 등에서 과학과 예술이 결합된 연구가 활발히 진행되고 있다. 또한 일상생활에서 활용이 많은 위치기반서비스LBS와 커뮤니케이션 서비스인 SNS에서 적용 가능한 라이프콘텐츠 개발에도 박차를 가하고 있다.

프랑스는 영화, 패션, 디자인 등의 분야에서 신기술을 접목해 콘텐츠 강국으로 도약하기 위해 노력하고 있다. 세계 최대 엔터테인먼트 기업인 비벤디VIVENDI는 2000년 340억 달러를 들여 유니버설 스튜디오의 시그램사, 위성 TV 에코스타 인수 등 TV, 이동통신 부문 M&A로 막대한 손실을 입었으나 콘텐츠산업에 집중하여 거대 엔터테인먼트 기업으로 변신에 성공하였다. 2008년 프랑스 문화부는 자국의 문화콘텐츠 시장의 부흥을 위해 영화 및 TV의 영상콘텐츠를 제작 · 지원하는 정책을 시행하는 등 산업경쟁력 강화에 중점을 두고 있다.

일본은 영화, 음악, 만화, 애니메이션, 게임 등 모든 문화콘텐츠가 세계 최고 수준이며, 하드웨어 기술력이 소프트웨어 기술을 잘 받쳐주어 "기술 +인프라 +자본"으로 경쟁력을 축적하여 왔다. 일본 정

부는 지적재산전략본부 산하에 '콘텐츠전문조사회'를 두고, '콘텐츠
비즈니스진흥법'을 고안해 콘텐츠비즈니스를 발전시키기 위한 인재
육성, 자금조달, 해적판 대책, 유통문제, 완성보증제도 등에 대해 관
계자가 연대 대응할 수 있는 시스템에 초점을 맞춘 법안을 마련해 국
가적인 콘텐츠산업의 지원체계를 구축하고 있다.

중국은 문화체제개혁을 통한 문화콘텐츠 개방과 산업육성으로
매우 빠르게 성장하고 있다. 중국 중앙정부는 2004년 문화체제개
혁 시범사업 중의 하나로 출판사의 체제개혁을 선정하였으며, 국가
신문출판총서는 전국의 568개 국유출판사가 대규모의 체제개혁을
진행하여 2009년 이후 인민출판사와 각 성급 인민출판사를 제외
한 모든 출판사를 기업체제로 전환하고 있다. 또한 외국자본의 중
국 영화 및 영상업 진출도 허용하여 합자 또는 합작을 통해 영화제
작, 영화기술과 방송라디오. TV 프로그램 제작회사를 설립하였다. 이
밖에 상해에 문화산업기지를 설립하여 문화산업을 적극적으로 지
원하고 있다. 또한 중국 문화부 등 5개 중앙부처는 국제문화산업박
람회를 2005년부터 매년 개최하고 있는데, 2008년 5월에는 57개
국 200여 만 명이 참가하는 등 규모와 수준면에서 국제적인 수준으
로 도약하였다. 특히 베이징 올림픽을 계기로 제조업 분야뿐만 아
니라 문화콘텐츠 부문에서 시장 창출을 위한 국가 차원의 육성정책
을 추진하고 있다.

그러나 자본주의 체제가 앞으로도 계속 문화 영역의 상당부문을
상업화된 문화상품, 공연, 체험 등의 형태로 자기 영역으로 흡수할

경우, 문화가 더 이상 사회 자본을 충분히 생산하지 못할 만큼 위축될 가능성이 크다. 산업 생산이 자연에서 나오는 원료에 의존하는 것처럼, 문화생산은 문화영역이 제공하는 재료에 의존한다. 그러므로 문화의 다양성이 중요해진다. 따라서 문화와 산업이 생태학적으로 균형을 회복할 수 있게 하는 것이 가장 중요한 정치적 임무의 하나가 될 것이다. 적절한 균형을 되찾으려면 시장에 나와 있는 문화 상품에 누구나 접근할 수 있는 길을 터주는 것 못지않게 지역문화를 소생시키는 데도 똑같은 노력을 기울여야 한다.[9] 이와 같은 면에서 문화원형 디지털콘텐츠 사업은 주요한 의미를 가지고 있으며, 사업이 계속 진행되어 문화적인 재료가 지속적으로 축적이 되어야 한다.

이상에서 살펴보았듯이 현대의 자본주의는 문화적 자본주의를 향해 가고 있으며, 따라서 문화콘텐츠와 문화의 다양성에 대한 중요성이 점점 커지고 있다. 이러한 의미에서 우리의 전통문화를 바탕으로 문화산업의 창작소재를 제공하고 있는 문화원형 디지털콘텐츠 사업은 경쟁력 있고, 차별화된 콘텐츠 개발을 해왔으며, 21세기형 융합사업에 적합한 모델이라고 평가할 수 있다. 그럼에도 불구하고 사업의 결과물들은 기대보다 많이 활용되지 못하고 있다. 문화원형 디지털콘텐츠 사업은 한국콘텐츠진흥원에서 수행하는 것으로서, 그 결과물들은 공공저작물에 속한다.

다음 절에서는 문화원형 디지털콘텐츠 사업의 결과물들이 더욱 많이 활용되기 위한 방안을 제시하기 위한 조건으로서 우선 공공저작물이라는 측면부터 살펴보도록 하겠다.

제2절 공공저작물의 공공성

앞에서 언급하였듯이 문화체육관광부는 공공저작물을 공공기관이 업무상 창작하거나 또는 관리하고 있는 저작물이라고 정의하였다. 즉 공공기관이 본업의 업무를 수행하면서 생산하거나 수집ㆍ관리하는 저작물을 말하는 것이다. 이러한 공공저작물에는 공공기관이 직접 생산한 정보만이 해당되는 것이 아니라, 외부 위탁을 통해 생산하거나 기증 등을 통해 수집된 저작물도 포함된다. 예를 들어 문화체육관광부에서 A사에 위탁하여 구축한 데이터베이스나 안익태 선생님의 유족이 기증한 애국가와 같이 국가에 기증된 저작물도 대표적인 공공저작물이다. 또한 문서ㆍ도면ㆍ사진ㆍ필름ㆍ테이프ㆍ전자문서ㆍ데이터베이스 등 매체의 유형과 종류에 상관없이, 공공기관이 생산ㆍ보유ㆍ관리하고 있는 모든 저작물이 공공저작물에 포함된다.[10] 이와 같은 정의에 따른다면 문화원형 디지털콘텐츠 사업의 결과물들은 공공저작물이라고 볼 수 있다.

공공저작물은 공공성을 가지고 있다. 최근 공공성이라는 용어가 우리 사회 여기저기서 많이 사용되고 있지만 공공성에 대한 개념 정리는 확실히 이루어지지 않고 있는 것으로 보인다. 따라서 본 절에서는 공공저작물이 가지고 있는 공공성에 대하여 이루어지고 있는 논의들을 살펴보려 한다.

우선 자유주의의 입장에서 보면 개인이익의 총합 이외에 어떤 더 고차적인 사회적, 공공적 이익이란 존재하지 않는다.[11] 경제적 자

* 아담 스미스는 1759년에 출판
한 『도덕감정론』을 통해 근대 사상
가들이 사회질서의 성립 근거를 인
간의 이기적 본성으로만 설명한 것
을 비판하고 연민(sympathy)이라
는 비이기적 원리로 도덕 및 법의
기원을 설명하였다. 그에 따르면 인
간은 본질적으로 타인에 대한 연민
을 갖고 있다고 보았으며, 연민은
타인에 대한 배려를 낳고 이는 '염
치와 도리'로 표현된다.

유주의의 원조인 아담 스미스에 따르면, 개인이 시장을 통해 이기적으로 자기 이익만을 열심히 추구할 때 결과적으로 국부도 증진되어 전 사회의 이익이 극대화된다. 즉 개인의 이기적 이익의 극대화가 결과적으로 공공적 이익도 극대화시킨다. 아담 스미스*는 시장이 단순한 중립적인 공간이 아닌, 윤리적인 공간으로 이해하였다. 윤리를 전제로 하기 때문에 시장은 개인의 이해관계에 따른 약육강식의 세계가 아닌 이해관계 전체로서의 공공성이 가능하게 되는 것이다. 그러나 이후 자유주의자들은 공적 영역이 공동체의 결속이나 특정한 가치에 의해 지배되는 것으로 이해하는 것이 아니라, 개인의 권리나 이해관계, 그리고 이들의 합의 영역으로 이해하였다. 따라서 그들에게 공공성이란 특정한 실체를 가진 개념이 아닌, 구성원들의 합의 결과 그 자체를 의미하는 것이 되었고, 인간의 이성과 윤리가 분리되게 되었다.[12] 즉 오늘날의 자유주의 관점에서 보면 국익공공성은 사유재산을 가진 자들과 그 시장 참여자들의 사적 이익의 총합이 증대한다는 의미일 뿐이며, 그 이상의 사회적 효과는 발생하지 않는 것이다.

한편, 조원희는 자유주의를 넘어선 공공성의 개념은 바로 개인이 소유한 재산과 부와는 구분되는, 사익을 초월한 더 높은 차원의 '사회적 가치'를 담고 있는 것이며, 이것은 개인의 소득 혹은 사유재산의 속성이 아니라 인간과 인간 간의 올바른 '관계'즉 사회적 관계 그 자체가 발생시키는 가치라고 하였다.[13]

조한상은 공공성은 무엇보다 인민시민, 공공복리, 의사소통이라는 세 가지 개념을 핵심적인 요소로 담고 있다고 보았다.[14] 그에 따르면 라틴어 publicus는 populus라는 말에서 도출된 형용사라는 점을 주목해야 한다. populus는 영어 people의 어원이 되는 개념이며, 로마 시대의 populus는 그냥 사람들이 아닌, 국가 공동체의 운영에 참여할 수 있는 정치적 권리를 가진 자유민을 의미했다. 그런데 시대에 따라, 지역에 따라 이러한 자유민의 범위와 성격이 변해 왔다는 점에 유념하여야 한다.

두 번째 의미 요소인 공공복리는 특정 개인의 복리가 아닌 공동체 구성원 모두의 복리, 특수한 복리가 아닌 일반적 복리라고 할 수 있다. 이는 구체적인 의미가 대폭 생략된, 지나치게 추상적인 개념이다. 공공복리에 대한 이해방식의 첫 번째는 추상적 이해의 경향이다. 전체주의적 공공복리 이해가 이에 해당한다. 두 번째 공공복리에 대한 구체적 이해의 경향은 공공복리와 사익이 충돌할 수 있다고 본다. 따라서 공공복리는 사람들 사이의 이해관계 안에서 언제나 가변적인 형태로 나타난다. 결국 공공복리의 실체는 미리 정해져 있지 않으며, 오로지 각자 공공복리라고 주장하는 수많은 특정한 이익이 있을 뿐이다. 공공성에 대한 추상적 이해방식은 공공복리라는 개념에 확고한 내용이 담겨 있다는 가정 자체가 성립할 수 있다는 점에서 문제이다. 결정적인 비판은 공공복리라는 개념이 전체주의, 독재

정권에 의해 쉽게 남용될 수 있다는 것이다. 아울러 단지 공공복리의 규범 체계적 지위를 설정하기 위해서 추상적 차원의 공공복리를 설정하는 입장도, 그것의 본래 의도와는 달리 권력자의 자의에 의해 악용될 위험이 있다.

따라서 누구에게나 이익이 되는지 특정인에게만 이익이 되는지를 판단하기 위해서는 공개성이 필수적이다. 그런데 공개성만으로는 공공복리를 조건 짓지 못할 가능성이 높다. 이 때문에 공개성의 관념에 일정한 요건을 부가하여, 사람들은 공개된 정보를 바탕으로 공개된 절차에서 자유롭게 의견을 교환함으로써 자신과 타인의 주장이 진정 올바른지에 대해 판단하고 결정할 수 있어야 한다. 당연히 이러한 과정에는 참여하는 사람들의 지위에 있어서 자유와 평등이 전제되어야 할 것이다. 요컨대, 자유롭고 평등한 사람들의 '의사소통'이라는 요건이 공개성의 의미에 부가되어야 한다.

홍성태는 일반적으로 공공성을 한 개인이나 집단이 아닌 사회구성원 전체에게 관련되는 성질로 보고 있지만, 이 정의는 본질을 담고 있지만 말 자체에 대한 중립적인 뜻풀이라고 보았다.[15] 그는 우선 공공성이라는 말 자체에 초점을 두었다. 그에 따르면 公은 私와 대치되는 개념이고 共은 個와 대립되는 개념이다. 공과 사에 대한 서양과 동양의 개념은 큰 차이를 보이는데, 서양에서는 공이 사보다 우위에는 있지만 공과 사는 확실하게 양립할 수 있는 것이고, 동양에서는 공과 사는 대립하는 것이면서 공이 사보다 우위에 있어야 하는 것으로 확립되었다.[16] 그러나 오늘날과 같은 민주주의 사회에서

예전과 같은 공과 사의 이분법을 그대로 적용할 수는 없다. 왜냐하면 현대의 민주주의에서 개인은 주권자인 시민으로서 public 또는 公을 형성하고 운영하는 주체이기 때문이다. 홍성태는 공공성에 대한 논의를 공공성의 대상과 주체에 관한 논의로 나눌 수 있다고 보고, 무엇공공성의 대상을 누가공공성의 주체 지킬 것인가의 문제가 사실상 모든 공공성 이론의 핵심이라고 하면서, 공공성 이론의 네 가지 유형을 제시하였다.[17)]

그 첫 번째는 국가적 공공성론이다. 국가적 공공성론은 국가가 공익을 위해 자연재나 인공재를 막론하고 공공성이 큰 대상들을 적극적으로 보호할 책임을 지고 있다는 전제 위에서 출발한다. 그런데 여기서 나아가 국가적 공공성론은 국가가 보호하고 있는 존재는 모두 공공성이 큰 존재이며, 따라서 이런 존재들을 보호하는 국가야말로 가장 큰 공공성을 가지고 있는 존재라고 주장한다. 홍성태는 이러한 주장은 공공성의 대상과 주체를 혼동하는 것이며, 국가가 꼭 공공성의 수호자인 것이 아니라, 오히려 공익을 크게 훼손하는 주체일 수도 있다고 하였다.

두 번째는 계급적 공공성론이다. 계급적 공공성론은 대체로 마르크스의 사회역사이론에 입각한 것으로 노동자계급을 가장 중요한 공공성의 주체로 파악하는 것이다. 이는 노동자계급은 공공성을 추구하지만, 자본가계급은 그렇지 않다는 것이다. 홍성태는 이러한 주장이 자본가와 노동자의 양대 계급론도 문제이지만, 노동자계급도 공공성을 내걸고 사익을 추구하는 경우도 많기 때문에 노동자계급도 그 자체로는 공공성을 보장하지 않는다고 하였다.

세 번째는 기업적 공공성론이다. 기업적 공공성론은 공공성을 무엇보다 효율의 관점에서 파악한다. 효율성의 요건을 충족하지 못한다면, 공공성은 결코 공익을 실현할 수 없다는 것이다. 이런 관점에서 기업적 공공성론은 기업이야말로 공공성의 충실한 구현자이며, 기업의 가치를 중심으로 공공성을 재구축해야 한다고 주장한다. 이는 모든 것을 기업에게 맡기는 것이야말로 공공성을 보호하고 강화할 수 있는 최상의 방책이라는 것인데, 홍성태는 이는 공공성을 내세운 '공공성 폐기론'에 가깝다고 보았다.

마지막은 시민적 공공성론이다. 시민적 공공성론은 공공성의 대상과 그것을 지키는 주체가 시대의 변화에 따라 계속 변해야 한다는 역사적 실증성의 관점에 서 있다. 시민적 공공성론에서의 시민은 역사적으로 의미가 변해왔지만 오늘날에는 민주주의 체제의 정치적 주체로서 '시티즌'을 일컫는 말이다. 민주주의 체제의 주권자로서 시민은 사회를 형성하고 존속시킬 정치적 의무와 권리를 지닌다.

임의영 역시 공공성의 개념을 유형화하는 연구를 하였다.[18] 임의영은 공공성의 유형화는 '어떤 공공성인가'라는 문제에 대한 응답이라며 이는 '어떤 민주주의인가'라는 물음과 '어떤 정의와 평등인가'라는 물음으로 좀 더 구체화될 수 있다고 하였다. 임의영이 제시한 공공성의 유형은 다음 [표 3-1]과 같다.

		민주주의관	
		시민민주주의	공민민주주의
정의 및 평등관	과정 지향적	도구적 공공성 (instrumental publicness)	담화적 공공성 (discursive publicness)
	결과 지향적	윤리적 공공성 (ethical publicness)	구조적 공공성 (structural publicness)

[표 3-1] 공공성의 유형[19]

위의 표에서 도구적 공공성이란 자유주의 전통에 따른 것으로서 시민민주주의와 과정지향적인 정의 및 평등관을 강조하는 입장들에서 볼 수 있는 유형이다. 자유주의에서 추구하는 공공성은 최소국가가 '중립적 도구'로서 시민들이 사적인 이익을 추구하는데 필요한 최소한의 법-제도적 장치를 구비하고 작동시키는 것을 의미한다. 이처럼 자유주의적 공공성 논의의 핵심은 공공부문의 제도적 범위를 확정하는 것이다. 특히 그 범위는 작을수록 바람직하다. 이는 공공부분이 축소되어야 한다는 것이며, 공공 부문의 축소는 곧 공공성의 약화를 의미한다. 따라서 자유주의의 논리에 따르면, 공공성은 강화되어야 하는 이념이 아니라 약화되어야 하는 이념이 되어버린다.

두 번째 윤리적 공공성은 정치적 자유주의에서 비롯된 것으로서, 사익을 추구하는 시민들의 참여를 강조하는 시민민주주의관과 분배 결과의 평등성을 강조하는 정의관의 조합에서 나타나는 유형이다. 정치적 자유주의는 합당하면서도 다양한 삶의 원칙들을 가지고 있는 시민들이 합리적으로 동의할 수 있는 정의관에 도달하는 논리를 밝히는데 초점을 맞춘다. 그러나 시민들은 실질적으로 논쟁이나 합의를 통한 선택을 하지 않고 합리적인 계산에 의하여 선택을 하게 된다. 그리고 그러한 선택은 분배의 보편적 원리로 제시되기 때문에 규범적인 성격을 가지게 된다. 따라서 이러한 조건에서의 공공성은 국가가 도덕적인 보편 원리를 발견하고, 그것을 규범으로 삼아 적용하는데서 실현되는 것으로 볼 수 있다. 이러한 측면에서 보면 윤리적 공공성은 일종의 복지를 실현하기 위한 보다 큰 정부를 지향하는 것으로 볼 수 있다.

공공성의 유형의 세 번째는 담화적 공공성으로 이는 공화주의 전통에 따른 것이다. 담화적 공공성은 공익을 참여 동기로 삼는 공민 민주주의와 과정지향적인 정의 및 평등관을 강조하는 입장에서 추구하는 유형이다. 공화주의는 자유를 '간섭의 부재'가 아니라 '지배의 부재' 혹은 '독자성'으로 규정한다. 공화주의는 정치공동체의 지배구조에 의해서 자유가 규정되는 것으로 이해하기 때문에 간섭이 반드시 자유의 방해요인은 아니라고 보기 때문에, 공화주의자에게는 법의 지배가 자유를 보장하는 장치로 보인다. 이러한 의미에서 정치공동체는 자유를 실현하는 본질적인 공간이다. 정치공동체의 구성원으로서 공민은 공공선public good을 위해 직접 참여해야 한다. 담화적 공공성은 공공선을 동기로 하는 참여와 실질적인 참여기회의 평등성을 조건으로 이루어지는 토론과 논쟁을 통한 합의를 도출하는 과정에서 이루어진다.

마지막 구조적 공공성은 마르크스의 공산주의 이론에 따른 것으로 공민민주주의관과 결과지향적인 정의 및 평등관을 강조하는 입장들에서 볼 수 있는 유형이다. 이 경우 실질적 평등을 보장하는 사회구조의 변혁을 통해 공공성이 실현된다고 본다. 마르크스가 생각하는 진정한 민주주의로서 공산주의에서는 개인이 더 이상 사회와 대립하지 않는다. 공산주의는 착취적 사회구조에 기초한 계급의 지배관계가 폐지되어 '실질적 평등'이 보장되고 공동체와 인간의 완전한 통합 혹은 공과 사의 통합이 이루어진 상태를 의미하며, 공동체적 삶을 향유하는 것 자체가 정의로운 것이 된다. 이 상태에서는 공동체에 우선성을 둠으로써 개인의 자율성이 심각하게 훼손될 가능성을 내포하고 있다.

　　임의영은 이상으로 언급한 공공성의 네 가지 유형을 이념형으로 재구성하였다. 임의영이 재구성한 이념형으로서의 공공성 유형을 표로 나타내면 다음과 같다.

	도구적 공공성	윤리적 공공성	담화적 공공성	구조적 공공성
초점	국가 (공공부문)	국가 (공공부문)	공론영역 (시민사회)	사회구조
관점	도구적 차원	도덕적 차원	구성적 차원	구조적 차원
내용	기본권 보장	사회경제권 보장	참여 · 토론 활성화	착취구조의 폐지

[표 3-2] 이념형으로서의 공공성 유형[20]

송대희는 공공기관의 공공성에 대하여 언급하면서 공공기관의 공공성의 개념을 세 가지 측면으로 정리하였다.[21]

첫째는 소유 및 관리 주체적 관점에서의 공공성이다. 이는 특정 기관이 정부의 관리책임 아래에 있음을 나타낸다. 두 번째는 사업 추진 절차 및 과정적 관점에서의 공공성이다. 여기에서는 공개성이 핵심 내용이 된다. 공개성은 사업과 관련하여 시민에 대한 공정성과 사업 추진의 투명성을 내포하고 있다. 마지막은 사업추진의 성질 및 목적적 관점에서의 공공성이다. 여기에서는 공익성이 핵심 내용이며, 공익성은 즉 공공복리의 개념이다.

이상으로 공공성에 대한 논의들을 살펴보았다. 공공성에 대한 논의들을 바탕으로 이 책에서 다룰 문화원형 디지털콘텐츠가 속해 있는 공공저작물의 특성들을 정리해 보면 다음과 같다.

우선 생산 주체라는 면에서 공공저작물의 생산 주체는 공공기관라고 볼 수 있다. 여기서 공공기관이라 함은 개인의 소득이나 사유재산을 목적으로 하지 않은 기관으로서 정부기관과 시민단체 모두를 포함한다. 따라서 문화원형 디지털콘텐츠의 생산 주체는 한국콘텐츠진흥원이며, 결과물의 저작권은 한국콘텐츠진흥원이 소유해야 한다.

두 번째 공공저작물은 공개성을 가진다. 공공기관은 다수의 시민들의 의견이나 입장을 반영하는 집단으로서 시민들을 대신하여 생산을 하기 때문에 소유권은 그 집단에 속해 있는 시민들에게 있다고 볼 수 있다. 따라서 공공기록물의 생산 과정이나 그 결과물이 시민들에게 공개가 되어야 한다.[22] 현재 문화원형 디지털콘텐츠들은 문화콘텐츠닷컴을 통하여 공개가 되어 있다. 그러나 콘텐츠를 개인적으로 사용하는 것 이외에 상업적으로 활용하기 위해서는 비용지불을 해야 하기 때문에 활용이 많지 않다. 콘텐츠에 대한 저작권은 한국콘텐츠진흥원이 가지고 있지만, 실제 콘텐츠에 대한 소유권은 시민들에게 있어야 한다.

마지막으로 공공기록물의 소유권이 시민들에게 있기 때문에 공공기록물은 시민들을 위한 것이어야 한다. 이는 공공복리 혹은 공익성이라고 표현될 수 있다. 여기서 공익성은 영리를 목적으로 하지 않고 공공의 이익을 도모하는 성질이다. 그런데 앞에서 살펴보았듯이 문화원형 디지털콘텐츠 사업에 대한 평가를 살펴보면 수익성에 중점을 두는 경우가 많다. 그러나 문화원형 디지털콘텐츠는 수익성을 가진 시장가치적인 것으로 보지 말고, 문화의 전달과 문화산업 육성을 위한 비시장가치성을 가진 것으로 보아야 한다.

이와 같은 관점으로 보면 문화원형 디지털콘텐츠가 널리 활용되지 못하는 큰 이유는 공공저작물에 대한 인식과 저작권에 관한 문제 그리고 유료화 정책에 있다고 볼 수 있다. 따라서 다음 장에서는 공공저작물들이 국내 법 상에서 어떻게 다루어지고 있으며, 문화원형 디지털콘텐츠를 포함한 공공저작물의 공개와 활용에 대한 현황을 살펴본다.

장주

1) 디지털타임즈, 「'서울버스'개발자 유주완 군 "원하면 무보수로 기능 추가개발"—경기도 애플 정보차단 해프닝에」, 2009. 12. 20일자.; http://www.dt.co.kr/contents.html?article_no=2009122102012151686001

2) 이흥재, 「지식정보시대의 문화정책 방향」, 한국문화정보센터, 2003, p. 4.

3) http://blog.daum.net/_blog/BlogTypeView.do?blogid=0K9Z0&articleno=4&_bloghome_menu=recenttext#ajax_history_home

4) 제러미 리프킨, 「소유의 종말」, 민음사, 1판 38쇄, 2008, pp. 9~27. 참조.

5) Ibid. p.47.

6) Ibid. pp. 201~246 참조

7) 김도종, 「문화자본주의와 문화산업」, 「철학과 현실」, 통권 제72호, 철학문화연구소, 2007. p. 151.

8) 임명환, op. cit., pp. 48~49. 참조

9) 제러미 리프킨, op. cit., pp. 347~392. 참조

10) 문화체육관광부, 한국데이터베이스진흥원, 「공공저작물 민간활용 가이드라인」, 2010,. p. 8. 참조.; 원래는 공공저작물라고 표현하였으나 이 책에서는 공공저작물이라는 용어로 통일하기로 한다.

11) 조원희, "공공성이란 무엇인가?", 매일노동뉴스, 2006년 8월 20일자.; http://www.labortoday.co.kr/news/articleView.html?idxno=65503

12) 이승훈, 「근대와 공공성 딜레마—개념과 사상을 중심으로」, 「민주사회와 정책연구」, 통권 13호, 민주사회정책연구원, 2008, pp. 26~41 참조

13) 조원희, op. cit.

14) 조한상, 「공공성이란 무엇인가」, 책세상, 초판 2쇄, 2010, p. 9.

15) 홍성태, 「시민적 공공성과 한국 사회의 발전」, 「민주사회와 정책연구」, 제13호, 민주사회정책연구원, 2008, p. 79.

16) Ibid., pp. 81~82 참조

17) Ibid., pp. 84~89 참조

18) 임의영, 「공공성의 유형화」, 「한국행정학보」, 제44권 제2호, 한국행정학회, 2010.

19) Ibid., p. 7.

20) Ibid., p. 18.

21) 송대희, 「공공기관의 공공성과 민영화」, 「재정포럼」, 2009, pp. 2~4 참조

22) 공공저작물의 용도와 특성, 중요도에 따라 공개 시기는 다양할 수 있다.

제4장

한국의 공공저작물 활용

제4장 한국의 공공저작물 활용

제1절 공공저작물과 법

공공저작물을 활용하기 위해서는 우선 대한민국 법률에서 공공 저작물을 어떻게 다루고 있는지 살펴보아야 한다. 우선 정부는 공 공저작물 민간 활용을 개인이나 민간사업자가 공공저작물을 상업 적 또는 비상업적인 목적으로 이용하는 것으로 정의하고 있다.[1]

2012년 2월 17일에 개정되어 2012년 8월 18일부터 시행되는 「콘텐츠산업 진흥법」 11조에 따르면 국가, 지방자치단체, 그 밖에 대통령령으로 정하는 공공기관의 장이하 "공공기관의 장"이라 한다은 그 공공기관이 보유·관리하는 정보 중 「공공기관의 정보공개에 관한 법률」 제9조에 따른 비공개대상정보를 제외한 정보이하 "공공저작물" 이라 한다를 공개하는 경우에는 콘텐츠사업자로 하여금 해당 정보를 콘텐츠 제작 등에 이용하도록 할 수 있도록 하며, 공공기관의 장은 공공저작물의 이용을 활성화하기 위하여 대통령령으로 정하는 바 에 따라 공공저작물에 대한 이용 조건·방법 등을 정하고 이를 공 개하여야 한다고 되어 있다.

「공공기관의 정보공개에 관한 법률」 제9조는 비공개대상정보를 다루고 있으며, 그 대상으로는 다음과 같은 것들이 있다.

1. 다른 법률 또는 법률이 위임한 명령(국회규칙·대법원규칙·
   헌법재판소규칙·중앙선거관리위원회규칙·대통령령 및 조례
   에 한한다)에 의하여 비밀 또는 비공개 사항으로 규정된 정보
2. 국가안전보장·국방·통일·외교관계 등에 관한 사항으로서
   공개될 경우 국가의 중대한 이익을 현저히 해할 우려가 있다
   고 인정되는 정보
3. 공개될 경우 국민의 생명·신체 및 재산의 보호에 현저한 지
   장을 초래할 우려가 있다고 인정되는 정보
4. 진행중인 재판에 관련된 정보와 범죄의 예방, 수사, 공소의 제
   기 및 유지, 형의 집행, 교정, 보안처분에 관한 사항으로서 공
   개될 경우 그 직무수행을 현저히 곤란하게 하거나 형사피고
   인의 공정한 재판을 받을 권리를 침해한다고 인정할 만한 상
   당한 이유가 있는 정보
5. 감사·감독·검사·시험·규제·입찰계약·기술개발·인사관
   리·의사결정과정 또는 내부검토과정에 있는 사항 등으로서 공
   개될 경우 업무의 공정한 수행이나 연구·개발에 현저한 지장을
   초래한다고 인정할 만한 상당한 이유가 있는 정보
6. 당해 정보에 포함되어 있는 이름·주민등록번호 등 개인에 관
   한 사항으로서 공개될 경우 개인의 사생활의 비밀 또는 자유
   를 침해할 우려가 있다고 인정되는 정보. 다만, 다음에 열거
   한 개인에 관한 정보는 제외한다.
   가. 법령이 정하는 바에 따라 열람할 수 있는 정보
   나. 공공기관이 공표를 목적으로 작성하거나 취득한 정보로서 개인
      의 사생활의 비밀과 자유를 부당하게 침해하지 않는 정보

다. 공공기관이 작성하거나 취득한 정보로서 공개하는 것이 공익 또
　　　　는 개인의 권리구제를 위하여 필요하다고 인정되는 정보
　　라. 직무를 수행한 공무원의 성명·직위
　　마. 공개하는 것이 공익을 위하여 필요한 경우로써 법령에 의하여
　　　　국가 또는 지방자치단체가 업무의 일부를 위탁 또는 위촉한 개
　　　　인의 성명·직업
　7. 법인·단체 또는 개인(이하 "법인등"이라 한다)의 경영·영
　　　업상 비밀에 관한 사항으로서 공개될 경우 법인등의 정당한
　　　이익을 현저히 해할 우려가 있다고 인정되는 정보. 다만, 다
　　　음에 열거한 정보를 제외한다.
　　가. 사업활동에 의하여 발생하는 위해로부터 사람의 생명·신체 또
　　　　는 건강을 보호하기 위하여 공개할 필요가 있는 정보
　　나. 위법·부당한 사업활동으로부터 국민의 재산 또는 생활을 보호
　　　　하기 위하여 공개할 필요가 있는 정보
　8. 공개될 경우 부동산 투기·매점매석 등으로 특정인에게 이익
　　　또는 불이익을 줄 우려가 있다고 인정되는 정보

　　현재 공공저작물을 민간에서 활용한 사례로서 대표적인 것들로
는 기상정보, 지리정보, 법률정보, 특허정보 등이 있다.
　　기상청에서 제공되는 기상정보는 일상생활 속에서 다양한 매체를 통
해 손쉽게 접할 수 있는 대표적인 생활밀착형 정보로서 일반 국민이 무
료로 활용할 수도 있다. 국토지리정보원에서 제공하는 지리정보는 지도
제작, 온라인 맵서비스, 내비게이션 등을 하는 특정사업자들에게 제공
되어 일정한 가공을 거쳐 책자, 웹서비스, IPTV, 스마트폰 등 다양한 매

체로 활용되기도 한다. 법제처에서 제공하는 법률정보는 일반 국민 누구나 일상생활에 필요한 법령을 쉽게 찾아보고 이해할 수 있도록 생활법령서비스로 활용되기도 하지만, 민간 사업자에 의해 변호사, 법학과 교수 등 법률 전문가들을 위한 국내외 판례정보 등 고급법률정보서비스나 법학분야 논문정보 등 유사 DB서비스와 결합하여 새로운 서비스로 활용되기도 한다. 특허청이 생산하는 특허정보는 보급전담기관인 한국특허정보원을 통해 유·무료로 제공되는데, 이 특허정보를 민간사업자들은 유료로 제공받아 변리사, 기업 연구개발센터 등 특수 수용자들을 위한 고급 특허정보 서비스로 개발하여 상업적 목적으로 활용하기도 한다.

2011년 10월 10일까지 민간에 개방된 공공저작물은 다음 표와 같다.

분류(33개)	하위분류(117개)	주기	비고
공공정책	공공기관정책	공공기관정책 및 경영 등을 포함	
	공공분야정보화	정보화, 정보문화, 정보보호정책, 정보자원정책 등을 포함	
	기록물관리	세계문화유산, 기록물 등을 포함	
통계	국가기본통계	국가통계, 통계기반정책, 통계품질 관리 등을 포함	
	주제별 통계	경제통계, 사회통계, 고용통계 등을 포함	
법률	생활법률	관례정보, 법률상담사례, 법무관련정보 등을 포함	
	지적재산권	산업재산권, 지식재산권, 저작권, 상표디자인	
	특허정보	각 분야의 특허 및 실용신안에 대한 심사를 포함	

분류(33개)	하위분류(117개)	주기	비고
정치	정당	정당, 정치인 등의 정보를 포함	
	국회	입법 활동, 위원회 활동 등 국회관련 정보를 포함	
국토관리	도시계획	도시정책, 용도지역구분, 지역균형 개발 등의 정보를 포함	
	건설정보	SOC, 고속도로, 도로정보, 하천정보, 4대강 사업정보 등을 포함	
	공공건축	정부청사 및 지방공공청사, 교육시설, 공공시설 건축에 관련된 정보를 포함	
	국토지리정보	국토정책, 공간정보, 지리정보(해양정보 포함) 등을 포함	
	부동산 · 주택	주택정책, 부동산산업, 부동산평가, 택지개발, 신도시개발 등을 포함	
환경	생활환경	실내공기, 석면관리 , 각종 소음정보를 포함	
	유해화학물질 배출	화학물질정보, 배출량 정보를 포함	
	대기오염	대기관리 등의 정보를 포함	
	수질 · 해양오염	물환경정보 · 상하수도, 토양지하수정보, 해양오염정보를 포함	
	폐기물	자원순환정책, 생활폐기물, 사업장폐기물, 자원 재활용 등을 포함	
기상	날씨	일일 날씨정보, 특보, 예보, 공항. 항만 날씨, 태풍, 황사, 지진 등과 관련된 기상 정보 등을 포함	
	관측 및 기후변화	지상관측, 바다(해양)관측 정보를 포함	'기상 관측'에서 변경
	생활 · 산업 기상정보	생활기상지수, 산업기상지수, 보건 기상지수 등을 포함	

분류(33개)	하위분류(117개)	주기	비고
재해예방.안전	소방 · 방재	소방정책, 구조/구급, 민방위 등을 포함	
	재난 · 예방	인적재난, 자연재난, 사회적 재난, 산림재해, 이재민 관리 및 예방 정보 등을 포함	
	안전교육	어린이안전교육 (교통안전, 화재안전, 승강기안전, 가정안전), 생활안전(물놀이, 전기/가스안전, 승강기안전, 응급처치), 비상대비 안전교육 등을 포함	
치안	범죄수사	민,형사사건, 각종 범죄관련 정보를 포함	
	범죄예방	보호관찰, 수용자교육 및 수용자 직업훈련, 수용자 생산물품, 교도관리 등을 포함	
	경찰	공공경비, 치안정보, 해상치안, 해안경찰 등을 포함	
출입국행정	외국인체류	외국인 체류 현황 및 외국인 체류에 관한 일반 정책을 포함	
	재외동포	재외동포 현황 및 관련 정보를 포함	
	국적 · 귀화 · 난민	국적취득 및 상실, 귀화 및 난민 관련 정보를 포함	
인권	개인정보 · 인권침해	여성 및 아동인권 침해 정보 및 예방, 개인정보 침해 예방을 위한 정책 및 안내 정보 등을 포함	'인권침해 예방'에서 변경
	범죄피해자 보호	범죄로 인한 피해자들의 보호를 위한 제도 및 정책을 포함	
	근로기준	임금, 근로시간, 근로기준, 휴가제도, 임금격차, 퇴직급여, 해고, 기업복지에 관련된 내용을 포함	

분류(33개)	하위분류(117개)	주기	비고
재정	일반재정	국가일반재정정책, 지방자치단체 관련 재정정책을 포함	
	세금	종합소득세, 부가가치세, 원천징수, 법인세, 양 도소득세, 상속세, 증여세, 종합부동산세 등을 포함	
	관세	수출입통관, 개인용품통관, 관세행정정보, 밀수관련정보 등을 포함	
	조달	국가조달정보와 입찰정보, 조달등록품목정보 등을 포함	
금융	국제금융	국제통화, IMF 등 국제 금융관련 정보 등을 포 함	
	민간금융	은행, 민간보험, 펀드, 예금관련 정보 등을 포함	
교육	영유아교육	유치원정보, 유아교육자료 등을 포함	
	초·중·고 교육	교육정보, 학교정보, 유학정보 등을 포함	
	대학교육	대학, 전문대학원 정보, 학자금/장학금, 유학정보 등을 포함	
	평생교육	평생학습정책, 평생교육시설, 평생교육사, 대학부설평생교육원, 학점은행제, 독학학위제 등과 관련된 정책을 포함	
	직업·취업교육	취업진로교육, 산학협력교육, 고령자, 공기관, 실업자, 외국인 취업교육, 직업훈련/훈련기관, 국가/민간자격정보에 관련된 정보를 포함	
	특수교육	장애인교육, 다문화교육, 영재교육, 재외동포교육 등을 포함	
	학술자료	연구기관의 학술자료 정보, 도서관 소장 자료의 정보를 포함	
과학	기초과학	이공학분야 기초연구 지원 및 연구결과 등의 정보를 포함	
	생명·바이오	생명공학, 바이오/나노공학, 줄기세포연구 등을 포함	
	원자력	원자력 기초연구, 개발, 핵 비확산 정책, 방사능 등을 포함	

분류(33개)	하위분류(117개)	주기	비고
과학	우주공학	우주개발 추진체계 및 전략, 인공위성. 발사체. 우주센터, 위성 등을 포함	
농축수산	농업 · 농촌	농업(촌) 소개 정보, 귀농, 농업 경영에 대한 정보 등을 포함	
	농축산기술정보	농작물, 원예, 축종별 기술정보, 축산환경, 동물생명공학 정보 등을 포함	
	수산 · 어업	수산정책자금, 수산업현동조합, 수산물유통, 어항정책, 불법어업 관련 정책을 포함	
	검역	동/축/수산물 질병(병해충) 및 검역 정보 등을 포함	
생물 및 산림 자원	산림생태	백두대간, 산림보호구역, 산림해충, 방제기술에 관한 내용을 포함	
	생물종 정보	식물자원, 곤충자원, 균류자원, 야생 조수류 자원에 관한 내용을 포함	'생물종 정보(생물. 식물)'에서 변경
여행. 관광	국내여행	문화관광축제, 지역축제, 체험여행(어촌, 농촌), 휴양림, 대한민국 홍보 및 안내 등의 정보를 포함	
	해외여행	안전여행정보, 여권, 영사서비스 관련 정보 등을 포함	
역사	문화유산	박물관(가상박물관 포함), 문화재, 민속문화, 천연기념물 등의 정보를 포함	
	한국사	국사편찬, 사료, 역사자료 등을 포함	
	종교학	역사자료 중 종교와 관련된 자료를 포함	

분류(33개)	하위분류(117개)	주기	비고
문화. 예술	예술.공연	공연, 전통예술, 전시, 음악 및 예술 행사 등의 정보를 포함	
	문학	시대별 문학작품(근현대, 고전문학), 문학관련 방송 등의 정보를 포함	
	음악	고전음악, 현대음악, 대중음악 등의 정보를 포함	
	미술	미술관, 미술작품, 미술정책 등의 정보를 포함	
체육	생활체육	생활체육 및 체육진흥정책에 관한 내용을 포함	
	경기체육 · 올림픽	전문체육 및 경기대회, 스포츠산업, 올림픽 등 국제체육(국제대회)과 관련된 내용을 포함	'경기체육'에서 변경
식품. 의약품	식품산업	외식산업, 가공식품, 식품산업정책을 포함	
	유통정보	식품유통정책, 농축수산물 가격정보, 유통관련정보 등을 포함	
	식품 안전	원산지표시, 이력추적, 안전위생, 검역, 위생, 위해정보 등에 관련된 내용을 포함	
	의약품 안전	의약품 위해정보 및 안전관리 정보를 포함	
	의료기기 안전	의료기기 위해정보 및 안전관리 정보를 포함	
	화장품 안전	화장품 위해정보 및 안전관리 정보를 포함	
	한약품	한약, 생약, 한약제제, 생약제제 안전관리 등을 포함	
보건의료	건강관리	건강검진, 보험급여, 요양급여 등을 포함	
	보건산업	보건의료산업, 해외환자유치, 원격진료(u-health) 활성화 정책에 관한 내용을 포함	

분류(33개)	하위분류(117개)	주기	비고
보건의료	공공보건의료	질병정책 및 의료기관 (의원/병원/대형병원), 의료자원, 응급의료 등을 포함	
	한방의료	한의약정책, 한의학 인력양성, 한의약산업 포함	
복지	연금	국민연금, 공적연금, 퇴직연금, 기초노령연금, 농지연금 등을 포함	
	건강보험	노인보험, 의료보험 및 국가관리 보험 정보를 포함	
	장애인복지	장애인복지, 장애인차별금지법령, 장애인지원 등에 관련된 정보를 포함	
	여성복지	임신출산, 영유아보육, 여성인력 개발, 여성인권 등에 관련된 정보를 포함	
	아동 · 청소년 복지	아동복지시설/입양, 청소년 비행 예방활동 및 진흥에 대한 정보를 포함	
	노인복지	방, 노인 일자리 지원, 노인 대상 의료복지 등에 관련된 내용을 포함	
	가족 · 다문화	가족지원, 다문화가족 지원, 한부모 가정 지원, 미혼모 지원, 취약가족 지원 및 관련 복지에 관련된 정보를 포함	'가족' 에서 변경
보훈	국가유공자	독립유공자, 국가유공자, 참전유공자, 고엽제 후유(의)증, 특수임무수행자, 제대군인에 관련된 정보를 포함	
	민주유공자	민주유공자, 5.18민주유공자	
고용. 노동	고용보험 · 실업 급여	고용보험/실업급여 등의 재결사례, 환급금 관련 정보를 포함	
	고용평등	여성/장애인/고령자 고용 등에 관련된 정보를 포함	

분류(33개)	하위분류(117개)	주기	비고
고용. 노동	산업재해	산재보상, 산재의료서비스, 재활 지원 등에 관련된 정보를 포함	
	노사협력	노사문화/노동조합, 노사관련 정보를 포함	
	취업정보	직업, 정부 일자리사업, 전문 자격시험 결과, 해외 채용 등에 관련된 정보 등을 포함	
산업	기업경제	일반 기업운영활동 및 (중소기업)지원정책, 산업단지 관련 정보를 포함	
	소상공인	소상공인교육/창업패키지교육, 전통시장 관련 정보를 포함	
	창업 · 벤처	벤처기업육성, 시니어 창업, 창업박람회 정보 등을 포함	
	에너지자원	에너지정책, 개발, 산업(지하자원, 석유, 가스, 전력), 원전산업 등을 포함	
	품질 · 기술표준	제품안전, 국제표준, 국가표준 및 산업표준을 포함	
	소비자보호	소비자권리, 소비자보호 정책 등을 포함	
수송. 물류	육상교통	대중교통, 자동차정책, 지하철, 교통안전, 교통시설, 요금, 서비스, 운행 등의 내용을 포함	
	항공교통	항공, 국제항공, 항공산업, 항공보안을 포함	
	해상교통	해운정보, 해사안전, 항만정책 등을 포함	
	물류정보	국제물류, 물류시설, 화물자동차 정보를 포함	

분류(33개)	하위분류(117개)	주기	비고
방송통신	방송	신문, 방송(라디오, TV 등), 종합편성방송 등을 포함	분류 내 순서 변경
	정보통신	IT, 인터넷 침해 등의 정보를 포함	분류 내 순서 변경
	우정 · 우편	우정사업, 우체국 관련 정보를 포함	분류 내 순서 변경
외교. 국제 관계	국제기구 및 협약	UN, WTO, DDA, OCED, IDA 등을 포함	
	국제교류 및 국제문제	개발정책, 국제문제, 국제해양협력, 국제환경협력, 국제문화예술/국제문화교류/국제교육교류 등을 포함	
통상.교역	통상무역	다자통상외교에 관한 정보를 포함	
	무역 · 투자유치	무역, 투자유치 등에 관련된 정보를 포함	
	해외원조	ODA 및 해외원조사업관리 등을 포함	
남북관계	통일정책	남북관계, 대북정책, 이산가족, 북한이탈주민 정책을 포함	
	북한정보	북한과 관련된 분야별 정보를 포함	
	대북지원	남북협력, 대북지원, 남북경협, 남북대화 관련 내용을 포함	
국방	병무	병역자원, 징병검사, 현역, 예비군, 사회대체복무 등의 정보를 포함	
	국방사무 · 방위산업	국방정책, 방위정책, 방위산업진흥, 방위산업육성 등의 내용과 정보를 포함	

[표 4-1] 민간개방 된 공공저작물[2]

정부는 공공저작물을 민간에서 활용함으로써 민간사업자는 물론 공공기관, 이용자 그리고 DB산업 전반에 이르기까지 다음과 같은 다양한 효과를 기대할 수 있을 것으로 보고 있다.[3]

우선 공공기관은 공공저작물이 비즈니스로서 활용될 수 있도록 개방하여 다양한 형식과 내용의 정보를 보다 자유롭게 공급함으로써 보유 정보의 활용도를 높이고 정보화의 투자가치를 극대화할 수 있다. 또한 민간 사업자에게 공공저작물을 제공하여 얻어지는 경제적 이익을 정보화에 재투자함으로써 궁극적으로 국가정보화 발전의 선순환 고리를 만들 수 있다.

민간사업자는 양질의 정보서비스 개발 자원인 공공저작물을 손쉽게 확보함으로써 투자비용을 절감하고 서비스 고품질화를 통해 기존 사업의 경쟁력을 높일 수 있다. 또한 공공저작물을 활용한 다양한 신규 서비스를 개발하여 사업 영역을 확장할 수 있다.

한편 정보서비스 이용자인 일반 국민은 공공기관이 제공하는 보편적 서비스는 물론 민간사업자가 제공하는 고부가가치 서비스를 제공받을 수 있어 정보 선택의 폭과 정보 향유의 수준을 높일 수 있다.

또한 공공저작물의 민간활용 확대는 원천자원의 확보에 어려움을 겪고 있는 DB서비스 산업 활성화에 새로운 계기가 될 것이다. 또한 민간의 창의적인 아이디어가 더해진 고부가가치 서비스는 DB이용을 활성화시켜 산업 전반의 경쟁력이 강화될 것이다.

정부가 공공저작물의 공개를 통하여 위와 같은 효과를 얻을 수 있을 것이라고 전망하고 있지만, 문화원형 콘텐츠의 경우 민간사업자가 활용을 하는 데에는 유료화라는 제한이 있다. 문화산업은 문화상품이 시장에 나와야 시장가치가 있는지 없는지 알 수 있다는 단점이 매우 큰 산업 중 하나이다. 따라서 대기업을 제외하고는 작은 민간사업자가 문화상품을 위하여 고비용의 지출을 하기란 용이하지 않다. 국내 영화산업의 대부분이 대기업으로 넘어가게 되는 현상이 이러한 사실을 보여주는 대표적인 예가 될 것이다. 정부가 민간사업자가 문화원형 콘텐츠를 활용하여 문화산업을 확대할 목적을 가지고 있다면 문화원형 콘텐츠의 유료화 정책에 관하여 재고할 필요가 있다.

그렇다면 왜 현재는 문화원형 콘텐츠를 민간사업자가 사용하는 데 유료화하는 정책을 사용하고 있는가? 이를 살펴보기 위하여 우선 공공기관에서 공공저작물을 제공하는 방법들을 살펴보겠다. 공공기관에서 공공저작물을 제공하는 방법으로는 공표, 목록 공개, 전담기관·신탁관리기관 제공이 있다.[4]

우선 공표란 공공기관이 정보통신망 등을 통해 공공저작물을 일반 국민에게 공개하는 것을 말한다. 일반적으로 사적 이용을 위한 단순 열람 등 비상업적인 목적으로 정보를 활용화하는 경우라면, 공표된 공공저작물에 대해서는 별도의 신청 없이 이용할 수 있다. 그러나 공표된 공공저작물이라도 해당 정보를 상업적인 목적으로 활용하고자 한다면 저작권 유무에 상관없이 제공 신청이나 이용허락을 거쳐 활용할 것을 권장하고 있는데, 그 이유는 개인이나 민간사업자 공공저작물의 저작권 여부를 판단하는 것은 쉽지 않을뿐더러,

경우에 따라서는 해당기관에 저작권이 없거나 제3자의 저작권이 포함되어 있는 경우도 있기 때문이다. 따라서 상업적으로 공표된 공공저작물을 활용하기 위해서는 정식적인 제공 신청 절차를 거쳐 저작권 권리 관계를 명확히 한 후 활용해야 한다. 2012년 1월 13일부터 시행된 「공공저작물 제공 지침」의 10조 1항에 따르면 공공저작물을 활용하고자 하는 자는 공공저작물을 보유하고 있는 국가기관 등 또는 지원센터에 별지서식 제4호에 따라 공공저작물 제공 신청을 하여야 한다고 명시하고 있다. 단 2항에 따라 명시된 저작권 등 권리관계에 따라 이용허락이 필요한 경우를 제외하고는 별도의 신청없이 활용할 수 있다고 규정하고 있다. 그러나 일반적으로 사적 이용을 위한 단순 열람 등 비상업적인 목적으로 정보를 활용화 하는 경우하면, 공표된 공공저작물에 대해서는 별도의 신청 없이 이용할 수 있다.

	저작권이 없는 공표된 공공저작물	저작권이 있는 공표된 공공저작물
비상업적 목적	별도의 신청 없이 활용 가능	대체적으로 사적·공익적 목적에 한해 이용허락 없이 활용 가능
상업적 목적	별도의 제공 신청 없이 활용가능하나, 신청을 권장	정상적인 제공 신청 절차에 따라 이용허락 범위에서 활용 가능

[표 4-2] 공표된 공공저작물의 활용

목록이 공개된 공공저작물은 비공개 대상에 해당하는 정보와 제공 허락을 받지 않은 제3자의 권리가 포함된 공공저작물을 제외한 모든 정보는 제공 신청을 할 수 있다. 공공기관은 기본적으로 보유·관리하는 모든 공공저작물에 관한 목록을 작성하여 공개하여할 의무가 있다. 단 「공공기관의 정보공개에 관한 법률」에 의해 비공개 대상으로 분류된 정보가 포함되어 있는 경우에는 해당 정보의 목록을 공개하지 않을 수 있다.

공개되는 정보 목록에는 다음과 같은 내용이 포함될 수 있다.

· 저작권 양도 또는 이용허락 등 권리 관계
· Open API, 다운로드, 시스템 연계 등 정보의 제공방식
· 네트워크 트래픽, 제공 횟수 제한 등의 제공조건
· 원문, 메타정보 제공 등 제공범위 등
· 정보이용료 또는 수수료
· 정보 가공 및 사용의 범위, 갱신일시 등

목록에 기재된 정보 중에 공개가 가능하나 홈페이지 등을 통해 공표되어 있지 않은 경우라면, 해당 기관에 별도의 신청을 통해 공공저작물 제공을 요청할 수 있다. 단, 저작권이 있는 공공저작물을 제공 신청한 경우라면 권리관계에 따라 별도의 이용허락이 필요할 수 있다.

전담기관 또는 신탁관리기관이 제공하는 공공저작물은 해당 기관의 규정에 따라 신청하여 제공받을 수 있다. 전담기관은 해당 기관별 소관부처가 생산한 공공저작물을 제공하는 기관으로서 한국기

상산업진흥원과 같이 법령에 의해 지정되기도 하고, 한국특허정보원과 같이 훈령에 의해 지정되기도 한다. 전담기관은 공공기관이 생산한 디지털 원시자료raw data를 그대로 제공하기도 하지만 사용자의 요구에 따라 가공하여 제공하기도 한다. 예를 들어, 한국기상산업진흥원은 기상청에서 생산한 기상정보의 원시자료를 FTP 등을 통해 그대로 민간 사업자에게 제공한다. 반면에 한국특허정보원은 특허청의 특허 원시자료를 그대로 제공하기도 하지만, 이용자 요구에 맞게 맞춤형 정보를 제공하기도 한다.

한편 신탁관리기관이란 저작재산권자, 저작인접권자, 출판권자 또는 DB제작자의 권리를 신탁 받아 이를 지속적으로 관리하는 기관으로서, 저작권이 있는 공공저작물의 권리를 개별 공공기관으로부터 신탁 받아 해당 공공저작물을 제공한다. 신탁관리기관은 신탁 받은 공공저작물 저작권에 대하여 모든 권한을 행사할 수 있으며, 문화체육관광부 장관으로부터 사전에 허가를 받은 신탁관리 규정에 따라 공공저작물을 제공하게 된다.

공공기관에서 공공저작물을 제공하는 방법들을 살펴보았을 때, 민간이 공공저작물을 상업적으로 활용하기 위해서 허가를 받아야 하는 이유는 바로 저작권 때문이다. 공공기관에서 생산하는 공공저작물은 저작권이 없는 공공저작물과 저작권이 있는 공공저작물로 분류될 수 있다. 저작권의 유무는 창작성과 연관이 된다. 저작권이 없는 공공저작물은 창작성 없이 단순한 사실 등을 나열한 공공저작물로서 저작권이 인정되지 않는다. 가령 이미 발생한 홍수에 관한 사실관계를 정리한 보고서나 단순 문서 대장 등은 저작권이 없는 공공저작물이다.

그러나 공공저작물도 최소한의 창작성을 갖추고 있다면 저작권이 인정되어 「저작권법」의 보호를 받는다. 따라서 저작권이 있는 공공저작물을 활용하기 위해서는 해당 저작권자로부터 이용허락을 받아야 한다. 저작권이 있는 공공저작물에는 공공기관 외에 제3자의 권리가 포함된 경우가 있는데, 이 경우 공공기관은 보유하고 있는 권리 범위 내에서만 이용허락을 할 수 있다. 문화원형 콘텐츠의 경우가 대표적인 예이다. 문화원형 디지털콘텐츠 사업은 민간사업자를 선정하여 계약을 할 때, 민간사업가의 저작권을 인정하고 있다. 따라서 만일 해당 문화원형 콘텐츠를 활용하고자 한다면 그 권리를 보유하고 있는 민간사업자로부터 별도의 이용허락을 받거나 이용료를 지불하여야 한다.

최근에는 개인이나 민간사업자가 저작권이 있는 공공저작물을 보다 손쉽게 활용할 수 있도록 하기 위해 자유이용을 허락하는 내용의 라이선스인 CCLCreative Commons License*을 적용하는 정책을 확대하고 있다. 그럼에도 불구하고 CCL을 포함하여 공공저작물을 활용하는데 이용조건이 생기는

> ※ CCL은 저작권자가 자신의 저작물에 일정한 조건을 붙여 자유롭게 이용할 수 있도록 하는 제도로서, 다음과 같은 권리를 선택하여 사용할 수 있다.
>   · 저작자 표시(BY): 저작물을 사용할 때에 원저작자를 꼭 표기해야 한다.
>   · 비영리(NC): 저작물을 영리 목적으로 사용할 수 없다.
>   · 변경 금지(ND): 저작물을 변경할 수 없다.
>   · 동일조건 변경 허락(SA): 2차 저작물을 만들 때 그 저작물에도 원저작물과 같은 라이선스를 사용해야 한다. 이러한 CCL 표시가 부착된 공공저작물은 명시된 이용 조건을 준수한다면 별도의 이용허락 없이 활용이 가능하다.

＊ 독점적 이용이란, 계약지역 내에서 이용권을 받은 1인만이 공공저작물을 이용할 수 있는 것을 의미하며, 비독점적 이용이란, 이용자 이외의 제3자도 동일한 공공저작물을 이용할 수 있음을 의미한다.

근본적인 원인은 공공저작물이 저작권이 있다는 견해 때문이다. 국내에서 일반적인 공공저작물의 이용조건으로는 독점·비독점 이용, 제3자 복제·배포·전송 금지 등, 재이용허락이 있다.[5]

우선 공공저작물에 대한 이용권은 공공의 중대한 이익을 위한 경우가 아닌 한 비독점적으로 제공된다. 공공기관은 공공저작물을 활용하기 위해 이용계약을 체결할 때 민간 사업자에게 독점적 이용권＊을 줄 것인지 아니면 비독점적 이용권을 줄 것인지 결정하게 된다. 독점적 이용권을 갖게 되면 공공기관이 계약지역 내에서 이용자 이외의 제3자에게 이용허락을 줄 수 없을 뿐만 아니라 공공기관도 계약지역에서는 해당 공공저작물을 활용할 수 없다. 예컨대 1개의 민간사업자가 독점적 이용권을 갖게 되면 해당 공공저작물은 더 이상 다른 민간사업자가 활용할 수 없게 되고, 이러한 결과는 특정 민간사업자에게만 특혜를 주어 「헌법」상 기본권인 평등의 원칙에 어긋나게 된다. 그러나 공공저작물은 특성상 동시에 여러 명이 사용할 수 있으며, 다수가 동시에 사용하게 되면 국가적으로 더 큰 이익을 가져온다. 특히, 민간사업자가 공공저작물을 활용하는 목적이 관련 산업의 성장·발전임을 고려하여, 공공기관은 독점적 이용을 허락하지 않으면 이용허락의 의미가 없어지는 경우를 제외하고는 비독점적 이용허락을 하고 있다. 2010년 12월 17일에 시행된 「공공저작물 저작권 관리 지침」제15조에 따르면 공공저작물의 이용허락은 비독점적 이용허락을 원칙으로 한다고 명시하고 있다.

한편 민간사업자가 복제, 배포, 전송 등을 할 수 있도록 한 이용허락은 제3자까지 해당 정보를 복제하여 다시 배포, 전송할 수 있도록 허용한 것은 아니다. 따라서 공공기관이 제3자의 복제 · 배포 · 전송을 금지하였다면, 온라인 접속자에 의한 저작권 침해가 발생하지 않도록 노력해야 한다. 가령, 공공저작물을 온라인상으로 활용할 수 있다고 이용허락을 받았다면, 디지털화된 결과물을 온라인에 게시함과 동시에 그 결과물이 다음과 같다는 사실을 명확하게 확인할 수 있는 방법으로 게시하여야 한다.

- 「저작권법」에 의해 보호된다는 사실
- 저작권은 공공기관에 있다는 사실
- 온라인접속자가 디지털화된 결과물을 무단으로 복제하거나
  전송할 수 없다는 사실

또한 저작권이 있는 공공저작물을 활용하는 민간사업자는 계약에서 특정 조건을 명시하는 경우, 제3자에게 재이용허락_{저작권이 있}는 공공저작물에 대해 이용허락을 받은 자가 제3자에게 다시 이용허락을 받는 것을 말한다.을 할 수 없다. 2011년 7월 14일에 개정되어 동년 10월 15일부터 시행되고 있는 「국유재산법」 제30조 제2항에 따르면 행정재산의 사용허가를 받은 자는 그 재산을 다른 사람에게 사용 · 수익하게 하여서는 안 되며, 다만, 기부를 받은 재산에 대하여 사용허가를 받

은 자가 그 재산의 기부자이거나 그 상속인, 그 밖의 포괄승계인인 경우에는 중앙관서의 장의 승인을 받아 다른 사람에게 사용·수익하게 할 수 있다고 명시하고 있다. 그러나 민간사업자가 공공기관으로부터 공공저작물을 제공받아 DB서비스를 제작하였고, 이를 제3자인 최종이용자에게 서비스하려면 재이용허락은 불가피하다. 또한 공공저작물을 제공받은 민간사업자가 외주업체를 통해 서비스를 구축해야 한다면 제3자에게 재이용허락이 가능해야 한다. 가령, 기상정보를 생산하는 기상청에서 기상정보서비스업을 영위하는 A사에 정보를 제공하면 A사는 이를 다시 가공하여 자사의 회원들에게 웹 또는 모바일로 제공하게 된다. 이러한 서비스를 이용하는 회원들은 제공받은 기상정보를 각 회원들의 이용목적에 맞게 가공하여 융합서비스를 제공할 수도 있는데, 이 경우 반드시 제3자의 재이용을 허락할 수밖에 없다. 따라서 공공저작물의 활용 목적상 재이용허락이 필요한 경우에는 이용 계약 시 관련 내용이 명시될 수 있도록 하였다. 「공공저작물 저작권 관리 지침」제 16조 제1항에 따르면 공공기관은 이용자로 하여금 재이용허락을 할 수 있도록 이용허락 계약서에 규정할 수 있다.

지금까지 공공저작물 활용에 대한 법률을 살펴 본 결과 공공저작물을 민간에서 활용하여 유통하는 방식에는 다음 [그림 4-1]과 같이 두 가지 방법이 존재한다.

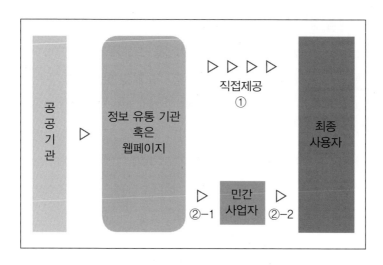

[그림 4-1] 공공저작물의 유통 방식

위의 그림에서 ①의 직접 제공하는 경우는 공공저작물의 비상업적인 활용으로서 보편적인 유통에 속한다. 이와 같은 경우 공공저작물은 무상으로 제공되거나 약간의 수수료를 받고 제공되기도 한다. 공공저작물이 최종 사용자에게 제공되는 방식으로는 두 가지가 있다.

첫 번째는 개인이 정보공개를 청구하고 정부가 이를 공개하는 경우이다. 이는 국민의 알권리를 보장하고 국정에 대한 국민의 참여와 국정운영의 투명성을 확보하는 것을 목적으로 한다. 「공공기관의 정보공개에 관한 법률」 제1조따라서 모든 국민은 정보의 공개를 청구할 권리를 가진다.[6]

두 번째는 정부가 자발적으로 정보 서비스를 하고 국민이 이를 이용하는 경우이다. 이는 국가기관 등이 행정업무의 효율성 향상과 국민 편익 증진 등을 위해 행정, 보건, 사회복지, 교육, 문화, 환경, 과학기술 등 소관 업무에 대한 정보화를 추진하고 있으며「국가정보화 기본법」제3장 제1절 제15조, 2011년 5월 19일 개정, 행정기관 등의 장은 국민의 복지향상 및 편익증진, 국민생활의 안전보장, 창업 및 공장설립 등 기업 활동의 촉진 등을 위한 전자정부서비스를 개발하여 제공하고 이를 지속적으로 보완·발전시키기 위한 대책을 마련하여야 하기 때문이다.「전자정부법」제2장 제2절 제16조 제1항, 2012년 6월 1일 개정 문화콘텐츠닷컴의 경우가 이에 속한다.

한편 공공저작물을 상업적으로 활용하게 되는 ②경우도 두 가지로 구분할 수 있는데, ①의 경우와 유사점과 차이점이 있다. 우선 두드러진 차이점은 ②-2의 과정에서 최종 사용자는 공공저작물을 가공하여 제공하는 민간 사업자에게 비용을 지불해야 한다는 점이다. 한편 공공기관이 민간 사업자에 정보를 제공하는 ②-1의 경우는 ①의 경우와 같이 두 가지로 구분될 수 있다.

첫 번째는 공공기관이 민간 사업자에게 공공저작물을 무상 혹은 수수료를 받고 제공하는 경우이다. 이 경우는 앞에서 언급한 정보화촉진기본법과 전자정부법에 따른 것이다. 이와 같은 공공저작물은 많은 민간 사업자가 재구성을 할 것이기 때문에 많은 공공저작물이 국민들에게 알려질 수 있다.

두 번째는 공공기관이 민간 사업자에게 이용허락 계약을 맺고 공공저작물을 제공하는 경우이다. 이 경우에 민간 사업자는 공공기관에게 사용료를 지불하기 때문에 공공저작물을 활용하려는 개인 사업자나 소규모 사업자는 공공저작물을 활용할 가능성이 줄어들게 된다.

앞에서 언급했듯이 공공저작물을 제공하는데 이용허락 계약을 맺는 이유는 저작권 때문이다. 국내에서 공공저작물에도 저작권이 있다고 규정하고 있는데, 이를 살펴보기 위하여 우선 공공저작물의 지식재산권*에 대한 규정에 대하여 살펴볼 필요가 있다.

우선 2011년 10월 15일에 시행된 「국유재산법」을 살펴보면, 국유재산에는 특허권, 저작권, 상표권, 디자인권, 실용신안권, 그 밖에 준하는 권리도 포함되며,[7] 누구든지 이 법 또는 다른 법률에서 정하는 절차와 방법에 따르지 아니하고는 국유재산을 사용하거나 수익하지 못한다고 하였다.[8] 지방자치단체의 부담, 기부채납奇附採納이나 법령에 따라 지방자치단체 소유로 된 재산인 공유재산 역시 같은 규정을 하고 있다.[9]

공공저작물의 지적재산권 귀속 주체가 국가 혹은 지방자치단체라고 본다면, 공공저작물의 지적재산권은 국유재산 또는 공유재산으로서 용도에 비추어 행정재산** 의 하나로 볼 수 있다. 행정재산은 그 용도 또는 목적에 장애가 되지 아니하는 범위 안에서 그 사용 또는 수익을 허가할 수 있

* 지식재산권이란 인간의 창조적 활동 또는 경험 등을 통해 창출하거나 발견한 지식 · 정보 · 기술이나 표현, 표시 그 밖에 무형적인 것으로서 재산적 가치가 실현될 수 있는 지적창작물에 부여된 재산에 관한 권리를 말한다. 이전에는 지적재산권이라 용어를 사용했으나, 최근에는 지식재산권이라는 용어를 사용하고 있다. 대한민국 특허청도 지식재산권이란 용어를 사용한다.

** 행정재산으로는 국가 혹은 지방자치단체가 직접 사무용 · 사업용 또는 공무원의 주거용으로 사용하기로 결정한 공용재산, 국가 혹은 지방자치단체가 직접 공공용으로 사용하기로 결정한 공공용 재산, 정부기업 혹은 지방자치단체가 경영하는 기업이 직접 사무용 · 사업용 또는 그 기업에 종사하는 직원의 주거용으로 사용하기로 결정한 기업용 재산, 법령이나 그 밖의 필요에 따라 국가나 지방자치단체가 보존하는 보존용 재산이 있다.

고[10], 행정재산의 사용·수익을 허가한 때에는 대통령령이 정하는 요율과 산출방법에 의하여 매년 사용료를 징수한다고 되어있다.[11]

다음으로 공공저작물의 특허권에 대해서는 2011년 10월 1일부터 시행되고 있는 「발명진흥법」 제10조에 직무발명에 대하여 종업원 등이 특허, 실용신안등록, 디자인등록_{이하 "특허 등"이라한다}을 받았거나 특허 등을 받을 수 있는 권리를 승계한 자가 특허 등을 받으면 사용자 등은 그 특허권, 실용신안권, 디자인권_{이하 "특허권 등"이라한다}에 대하여 통상실시권_{通常實施權}을 가진다고 하였으며, 제1항에도 불구하고 공무원의 직무발명에 대한 권리는 국가나 지방자치단체가 승계하며, 국가나 지방자치단체가 승계한 공무원의 직무발명에 대한 특허권 등은 국유나 공유로 한다고 되어있다.

그러나 문화원형 콘텐츠들을 완전한 국유재산으로 보기에 제한이 있었다. 왜냐하면 많은 사업들이 매칭 펀드로 이루어졌고, 콘텐츠를 개발할 때 민간사업자와 맺는 협약서를 보면 "당해 지원과제의 성과인 저작권 등 지적재산물, 관련보고서 등의 지적재산권은 (갑)과 (을)이 50:50의 비율로 공동 소유한다."고 명시되어 있으며, "개발사업자는 개발성과의 유통에 있어 개발성과의 이용촉진 및 보호를 위하여 지적재산권_{특허권, 실용신안권, 의장권, 상표권, 저작권 등}의 등록 및 기술적 보호조치 등을 강구할 의무가 있으며, 진흥원은 이에 적극 협조한다."고 되어 있기 때문이다. 이 때문에 이후 한국콘텐츠진흥원은 민간 활용을 위하여 개발업체의 저작권 확보에 노력을 기울이게 되었으며, 2012년 3월 현재 약 80%의 과제별 저작권을 확보하게 되었다.

한국콘텐츠진흥원이 저작권 확보에 노력을 기울이고 있지만, 아직 국내에는 공공저작물의 저작권에 대해서는 명확히 제시한 법률이 없다. 그러나 대한민국이 1996년 가입하여 효력이 미치고 있는 「문학 및 미술 저작물의 보호에 관한 베른협약」제2조 제4항에 의하면 입법, 행정, 사법적 성격의 공문서와 그 공식 번역물의 경우 각 동맹국이 국내입법으로 보호를 부정하거나 보호에 예외를 두는 것이 가능하다. 현행 저작권법은 "저작물"을 인간의 사상 또는 감정을 표현한 창작물로 정의하여 이러한 요건을 갖추면 저작물로서 보호하고 있는데, 예외적으로 "보호받지 못하는 저작물"이 아닌 공공저작물이 인간의 사상 또는 감정을 표현한 것이라면 저작물 또는 데이터베이스로서 저작권법상의 보호대상으로 보고 있다.

「저작권법」 제7조는 국민의 알권리를 보장하고, 일반에 공개할 목적으로 작성된 것이라는 저작물의 성격을 고려하여 아래와 같이 예외적으로 "보호받지 못하는 저작물"에 대한 규정을 두고 있다.
1. 헌법 · 법률 · 조약 · 명령 · 조례 및 규칙
2. 국가 또는 지방자치단체의 고시 · 공고 · 훈령 그 밖에 이와 유사한 것
3. 법원의 판결 · 결정 · 명령 및 심판이나 행정심판절차 그 밖에 이와 유사한 절차에 의한 의결 · 결정 등
4. 국가 또는 지방자치단체가 작성한 것으로서 제1호 내지 제3호에 규정된 것의 편집물 또는 번역물
5. 사실의 전달에 불과한 시사보도

공공저작물이 저작물이라면 공공저작물의 저작자는 누가 될 수 있는가? 「저작권법」제2조 제31호는 "'업무상 저작물'은 법인·단체 그 밖의 사용자(이하 "법인 등"이라 한다)의 기획 하에 법인 등의 업무에 종사하는 자가 업무상 작성하는 저작물을 말한다."고 정하고, 제9조는 "법인 등의 명의로 공표되는 업무상 저작물의 저작자는 계약 또는 근무 규칙 등에 다른 정함이 없는 때에는 그 법인 등이 된다."고 정하고 있다. 위 법인 등에는 국가나 지방자치단체도 포함되므로, 공무원 등이 업무상 작성한 저작물의 경우 국가 또는 지방자치단체가 저작자로 간주하고 있다. 따라서 업무상 저작물로 제9조의 요건까지 갖춘 경우에는 저작물인 공공저작물의 저작자는 국가 또는 지방자치단체가 되고, 이로서 국가 등은 저작재산권과 저작인격권을 모두 원시적으로 취득하게 된다. 업무상 저작물의 저작재산권은 공표한 때로부터 50년간 존속하며, 다만 창작한 때로부터 50년 이내에 공표되지 아니한 경우 창작한 때로부터 50년간 존속한다.[*] 여기서 문화원형 콘텐츠의 경우 콘텐츠의 저작자는 과연 누구인가라는 문제가 발생한다. 앞에서 언급했듯이 이전의 많은 사업들은 개발업체를 저작자로 인정하여 저작권을 나누어 가지고 있었다. 그러나 다시 사업을 진행하게 될 때에는 문화원형 디지털콘텐츠 사업이라는 업무 자체가 한국콘텐츠진흥원에서 수행하는 업무 중 하나이며, 이

[*] 저작자의 저작권 보호기간을 현행 제작자 사후 50년에서 70년으로 연장하는 것을 주 내용으로 하는 저작권법 일부 개정 법률안이 2011년 6월 23일 국회 본 회의에서 의결되었다. 이 법률안은 한-EU FTA가 시행되는 2011년 7월 1일부터 시행되었지만, 저작권 보호기간 연장 조항은 부칙 제1조에 따라 2년이 경과한 2013년 7월 1일부터 시행되었다.

사업을 수행하는 민간사업자는 계약에 따라 업무상 종사한 자로 간주하여 저작권을 한국콘텐츠진흥원이 가지도록 해야 한다.

그렇다면 공공저작물에 대한 저작인격권**은 어떻게 규정하고 있는가? 대한민

> ** 저작인격권은 저작자가 저작물을 통해서 가지고 있는 인격적인 이익을 보호하기 위한 권리를 말하며, 일신전속권이기 때문에 타인에게 양도할 수 없다.

국법상 저작인격권으로는 공표권, 성명표시권, 동일성유지권의 세 가지가 인정되고 있다.

「저작권법」제11조 제1항에 따르면 공표권이란 저작자가 자신의 저작물을 공표하거나 공표하지 아니할 것을 결정할 권리를 뜻한다. 국가도 정부저작물에 대해 공표권을 행사할 수 있으나 "공공기관의 정보공개에 관한 법률"에 의해 정보의 공개가 법상 강제되는 국면에서는 그 권리행사가 제한될 수 있다. 그러나 공표권이 제한되는 경우라도 다른 저작인격권이나 저작재산권까지 당연히 제한되는 것은 아니다. 동법 제11조 제2항에 따르면 저작자가 공표되지 아니한 저작물의 저작재산권을 양도 또는 이용허락을 한 경우에는 그 상대방에게 저작물의 공표를 동의한 것으로 추정하므로, 정부가 민간사업자와 이용허락계약을 통해 최초로 공공저작물을 제공한 경우, 다른 약정이 없는 한 민간 사업자에 의한 공표에 동의한 것으로 추정된다.

다음으로 성명표시권이란 저작자가 저작물의 원본이나 그 복제물에 또는 저작물의 공표매체에 그의 실명 또는 이명을 표시할 권리를 뜻한다. 「저작권법」제12조 제1항 국가는 정부저작물에 대해 정당하게 성명표시권을 행사하여 정부제작물임을 표시할 수 있으며, 이는 정

부저작물을 재이용하는 민간사업자의 입장에서도 공공저작물에 대한 일반인의 신뢰성에 기댈 수 있다는 점에서 의미가 있다.

그렇다면 정부저작물을 기초로 민간사업자가 2차적 저작물을 작성하여 공표하는 경우에도 원저작자인 국가의 성명표시권이 미치는 것으로 볼 것인가? 「저작권법」에 따르면 저작물을 이용하는 자는 그 저작자의 특별한 의사표시가 없는 때에는 저작자가 그의 실명 또는 이명을 표시한 바에 따라 이를 표시하여야 한다. 다만, 저작물의 성질이나 그 이용의 목적 및 형태 등에 비추어 부득이하다고 인정되는 경우에는 그러하지 아니하다「저작권법」 제12조 제2항고 명시하고 있다.

마지막으로 동일성유지권이란 저작자가 자신의 저작물의 내용·형식 및 제호의 동일성을 유지할 권리를 뜻한다.「저작권법」 제13조 제1항 저작자의 허락 없이 저작물의 내용 또는 형식에 '개변'이 이루어지고 그로 인해 저작물의 '동일성'에 손상이 가해졌다고 할 수 있으면 동일성유지권의 침해를 인정할 수 있다. 정부저작물의 경우 특히 정보의 완전성, 정확성 등이 해당정보에 대한 신뢰를 유지하는데 있어 결정적이므로, 임의변개를 막을 수 있는 동일성유지권의 행사가 필수적이다. 다만, 이를 지나치게 엄격하게 행사할 경우 민간사업자의 창의적인 상품화 노력이나 정보의 재가공을 통한 사업화를 가로막을 가능성도 있다. 특히 문화원형 콘텐츠를 활용할 경우 창의성과 재가공이 많이 필요하기 때문에 이를 엄격하게 행사해서는 안될 것이다.

그렇다면 국가로부터 허락을 받지 않고 정부저작물의 2차적 저작물을 작성할 경우 지적재산권으로서의 2차적 저작물작성권의 침해외에 저작인격권으로서의 동일성유지권의 침해가 성립하는가? 「저작권법」 제14조 제1항에 따르면 저작인격권은 저작자 일신에 전속한다. 즉 저작인격권은 양도나 상속되지 아니하고 포기할 수 없는 권리이다. 따라서 업무상저작물의 저작자인 국가 등이 가지는 저작인격권도 일신전속성을 가진다. 따라서 문화원형 콘텐츠 역시 민간사업자가 활용하기 위해서는 한국콘텐츠진흥원의 허락을 받아야 한다.

이제 공공저작물의 저작재산권에 대하여 살펴보기로 하자. 저작재산권은 저작물의 이용으로부터 생기는 경제적 이익을 보호하기 위한 권리로서, 「저작권법」은 저작재산권에 포함되는 권리의 종류로서 복제권제16조, 공연권제17조, 공중송신권제18조, 전시권제19조, 배포권제20조, 대여권제21조, 2차적저작물작성권제22조 등을 인정하고 있다.

복제권이란 저작자가 자신의 저작물을 스스로 복제하거나 타인에게 이를 하도록 허락하거나 하지 못하도록 금지할 배타적인 권리로서 저작재산권 중 가장 기본적인 권능이다. "복제"는 인쇄·사진촬영·복사·녹음·녹화 그 밖의 방법에 의하여 유형물에 고정하거나 유형물로 다시 제작하는 것을 말하며, 건축물의 경우에는 그 건축을 위한 모형 또는 설계도서에 따라 이를 시공하는 것을 포함한다.「저작권법」 제2조 제22호 컴퓨터 파일 형태로 된 저작물을 컴퓨터의 하드디스크나 시디롬 등 전자적 기록매체에 저장하는 '디지털 복제'도 복제에 해당한다.

공중송신은 2006년 개정저작권법에서 신설된 개념으로 방송, 전송 및 디지털음성송신 등 모든 송신행위를 포괄하는 개념이다. 공중송신권은 이에 대한 배타적 권리이다.

방송	공중송신 중 공중이 동시에 수신하게 할 목적으로 음·영상 또는 음과 영상 등을 송신하는 것을 말한다.
전송	공중송신 중 공중의 구성원이 개별적으로 선택한 시간과 장소에서 접근할 수 있도록 저작물 등을 이용에 제공하는 것을 말하며, 그에 따라 이루어지는 송신을 포함한다
디지털음성 송신	공중송신 중 공중으로 하여금 동시에 수신하게 할 목적으로 공중의 구성원의 요청에 의하여 개시되는 디지털방식의 음의 송신을 말하며, 전송을 제외한다.

[표 4-3] 방송, 전송, 디지털음성송신의 차이

'방송'과 '전송'을 구별하는 것은 「저작권법」 제29조영리를 목적으로 하지 아니하는 공연·방송에 의한 저작재산권 제한 규정의 적용 등에서 찾을 수 있다예. 인터넷방송. 인터넷 시대의 도래로 특히 전송과 관련해 링크, P2P파일의 공유, 스트리밍 서비스 등 여러 법적 문제들이 제기되고 있다.

2차적 저작물이란 원저작물을 번역·편곡·변형·각색·영상제작 그 밖의 방법으로 작성한 창작물로 독자적인 저작물로서 보호된다.「저작권법」 제5조 제1항 저작자는 그의 저작물을 원저작물로 하는 2차적 저작물을 작성하여 이용할 권리를 가진다.「저작권법」 제22조 어떤 저작물을 이용하여 다른 저작물을 작성하였을 경우에 그것이 복제인지 2차적 저작물의 작성인지, 별개의 새로운 창작인지의 구분은 아래 표와 같다.

복제	원저작물과의 사이에 실질적 유사성이 인정되고, 새로운 창작성이 가미된 바도 없는 경우
2차적 저작물의 작성	원저작물과 실질적 유사성이 있지만 개작에 있어서의 창작성이 인정되는 경우
별개의 저작물	단순히 원저작물의 아이디어만 차용하여 새로운 저작물을 창작한 경우

[표 4-4] 복제, 2차적 저작물의 작성, 기타 저작물의 구분

「저작권법」에 따르면 2차적 저작물의 보호는 그 원저작물의 저작자의 권리에 영향을 미치지 아니한다.「저작권법」제5조 제2항 따라서 한국콘텐츠진흥원의 허락 없이 문화원형 콘텐츠를 활용하여 2차적 저작물을 작성한 경우 그 부분도 독자적 저작물로서 보호는 되나 원저작자와 관계에서는 침해책임을 면할 수 없다.

그렇다면 공공저작물의 저작재산권의 이용허락은 어떻게 이루어지는가?「저작권법」제45조 제1항에 따르면 저작재산권은 전부 또는 일부를 양도할 수 있다. 따라서 정부저작물에 대해서도 저작재산권의 지분권인 복제권, 공중송신권 등 일부 권리를 양도하거나 이용형태에 따라 따로 양도할 수도 있다. 다만, 권리유보 없이 정부저작물의 전부를 양도하는 경우란 상정하기 쉽지 않아 보인다. 저작재산권자는 다른 사람에게 그 저작물의 이용을 허락할 수 있고, 허락을 받은 자는 허락받은 이용방법 및 조건의 범위 안에서 그 저작물을 이용할 수 있으며, 동의 없이 제3자에게 양도할 수 없다.「저작권법」제46조

따라서 정부저작물의 경우에도 이용허락계약의 대상저작물의 내용, 성질또는 보유, 관리하는 공공기관의 성격, 이용 주체의 종류기업, 개인, 교육기관, 언론기관, 출판기관 등에 따라 계약의 구체적인 조건 즉, 이용범위, 저작권료 산정 및 징수 방법, 출처표시와 변경금지여부 등이 달라질 수 있다. 문화원형 콘텐츠에 대한 이용허락계약을 할 때 몇 가지 공통조건을 포함하고 위 각 경우에 따라 차별화된 표준 라이선스 약관을 사전에 작성하여 활용할 필요가 있다.

이와 같이 국내에서는 공공저작물이 저작권이 있다고 보기 때문에 활용하는데 많은 제약들이 있지만 자유롭게 사용하는 경우도 있다. 공공저작물을 자유롭게 사용하는 경우는 저작재산권의 제한에 관한 규정 때문이다. 저작물의 자유이용이란 「저작권법」 제23조 내지 제35조에 규정된 아래의 저작재산권제한사유에 해당하는 경우를 뜻한다.

○ 재판절차 등에서의 복제(제23조)
○ 정치적 연설 등의 이용(제24조)
○ 학교교육목적 등에의 이용(제25조)
○ 시사보도를 위한 이용(제26조)
○ 시사적인기사 및 논설의 복제(제27조)
○ 공표된 저작물의 인용(제28조)
○ 영리를 목적으로 하지 아니하는 공연 · 방송(제29조)
○ 사적이용을 위한 복제(제30조)
○ 도서관 등에서의 복제 등(제31조)
○ 시험문제로서의 복제(제32조)

○ 시각장애인 등을 위한 복제 등(제33조)

○ 방송사업자의 일시적 녹음ㆍ녹화(제34조)

○ 미술저작물 등의 전시 또는 복제(제35조)

　자유이용에 대해서는 사용료를 지불할 필요가 없는 것이 원칙이나 보상금을 지급하여야 하는 경우는 있다.「저작권법」제25조, 제31조

　한편「전자정부법」과「국가정보화 기본법」에 따라 공공저작물들은 데이터베이스화가 되고 있다.「저작권법」은 "데이터베이스"란 소재를 체계적으로 배열 또는 구성한 편집물로서 개별적으로 그 소재에 접근하거나 그 소재를 검색할 수 있도록 한 것으로 정의하고 있다.「저작권법」제2조, 제19호 원래 "편집저작물"이 편집물저작물이나 부호ㆍ문자ㆍ음ㆍ영상 그 밖의 형태의 자료의 집합물로서 그 소재의 선택ㆍ배열 또는 구성에 창작성이 있는 것을 말하는 데 반해, 창작성을 갖추지 못한 편집물은 본래 저작권법의 보호대상이 되지 못했었다. 그러나 2003년 개정법에 의해 신설된 데이터베이스제작자보호규정에 의해 저작권법의 보호대상이 되었다. 데이터베이스의 제작 또는 그 소재의 갱신ㆍ검증 또는 보충에 인적 또는 물적으로 상당한 투자를 한 "데이터베이스제작자"「저작권법」제2조, 제20호는 그의 데이터베이스의 전부 또는 상당한 부분을 복제ㆍ배포ㆍ방송 또는 전송할 권리를 가지고,「저작권법」제93조, 제1항 그 권리는 제작을 완료한 다음 해부터 기산하여 5년간 존속한다.「저작권법」제95조, 제1항 데이터베이스형태의 공공저작물이 있고, 해당정보와 관련하여 국가가 위 데이터베이스제

작자의 보호요건을 갖춘 경우에는 국가도 데이터베이스제작자로서의 권리를 갖는다고 보고 있다.

그러나 소스가 생성될 수 있는 출구가 하나밖에 없는 유일출처정보가 발생할 수 있다. 이러한 유일출처정보 상황으로는 1) 배타적으로 사적생산자에게 제공된 정부데이터의 경우와 2) 전화가입자 정보, 스포츠통계, 금융시장거래데이터 등과 같이 데이터베이스 제작자 자신이 생산한 데이터의 경우가 있다. 유일출처정보는 그 정보를 독점하고 있는 출처가 어느 한 당사자에게만 독점적으로 이용허락을 하거나 아무에게도 개방하지 않을 경우 그 정보를 이용한 사업에 타인의 진입을 봉쇄하는 결과가 된다. 그 처리방안으로 데이터베이스의 보호대상에서 제외하거나, 강제허락규정을 두는 방법이 있을 수 있으나 이를 명문화하지 않았으므로 시장의 자율에 맡기면서 독점금지 등의 규제방법에 맡길 수밖에 없다. 위 1)의 상황과 같이 정부데이터가 특정 민간 사업자에게만 독점적으로 제공되는 경우에는 정부가 다시 이를 규제하는 모순에 빠질 수도 있으므로, 원칙적으로 독점제공은 금지되어야 한다.

이와 같이 국내에서는 공공저작물에 대하여 공공기관이 저작권을 가지고 있는 것으로 해석하고 있기 때문에, 「저작권법」 및 여러 다양한 법률에 의하여 민간사업자가 활용을 하는데 많은 제한을 받고 있다. 현재 문화콘텐츠닷컴에서 제공하는 모든 자료 역시 저작권법에 의하여 보호받는 저작물로서, 별도의 저작권 표시 또는 출처를 명시한 경우를 제외하고는 문화콘텐츠닷컴에 저작권이 있다. 따라서 이에 대한 무단 복제, 배포 및 공중송신 등은 원칙적으로 금지되어 있다. 따라서 문화콘텐츠닷컴에서 제공하는 자료로 수익을 얻거나 이에 상응하는 혜택을 누리고자 하는 경우에는 사전에 별도의 협의를 하거나 허락을 얻어야 하며, 협의 또는 허락을 얻어 자료의 내용을 게재하는 경우에도 그 출처가 문화콘텐츠닷컴임을 밝혀야 한다.

문화콘텐츠닷컴에서 제시하는 멀티미디어 콘텐츠의 사용 범위는 [표 4-5]와 같다.

콘텐츠 종류	사용범위
이미지 (일러스트, 사진, 문양, 폰트)	교육자료 활용(문서 등) (다만, 저작권법 제25조에 해당하는 경우에 한함) 일반 개인블로그에 등록, 휴대폰 배경 등 상업적인 목적이 아닌 개인적인 용도의 활용(다만, 불특정 다수인이 해당 이미지 등을 전송받을 수 있는 상태에 놓아두는 것은 허용되지 아니함)
동영상 (3D/VR/파노라마, VOD, Frash Animation, Cell Animation)	교육을 목적으로 사용시(다만, 저작권법 제29조에 해당하는 경우에 한함) 시청각 자료
오디오 (음악, 음향, 음원)	교육자료 활용(다만, 저작권법 제29조에 해당하는 경우에 한함)
텍스트 (시놉시스, 번역서, 해설/분석서, 실화/기록서, 이야기, 시나리오, 창작/소설)	텍스트 콘텐츠를 활용한 학습자료 활용

[표 4-5] 문화콘텐츠닷컴에서 제공하는 콘텐츠의 사용 범위

이러한 사용범위는 주로 교육 자료에 한정된 것으로 「저작권법」
제23조 내지 제35조에 규정된 저작재산권제한사유에 해당하는 경
우보다 오히려 더 협소하다고 볼 수 있다.

반면, 사용을 제한하는 사항들은 [표 4-6]과 같이 「저작권법」에
따른 규정의 대부분을 따르고 있다.

구분	금지사항
상업적 사용 제한	· 제공 콘텐츠의 전체 또는 일부를 전시회/공모전, 로고/상표/마크 용도로 사용 · 제공된 콘텐츠를 판매하거나 또는 제공 콘텐츠를 이용하여 수익이 발생하는 용도 · 사이트에서 제공되는 이미지는 단순 '이미지컷'으로 이와 같은 이미지컷을 실제 상품의 이미지처럼 사용
배포 및 양도 제한	· 온/오프라인을 통한 재배포(유/무료) 및 타인에게 양도, 대여, 복제, 전송, 공중송신(메신저/웹하드/FTP/네트웍) · 사이트에서 제공되는 콘텐츠 및 콘텐츠를 이용해서 만들어진 2차 저작물에 대한 지적재산권의 권리등록 · 홈페이지 내에 자료실 형태로 보관하거나 콘텐츠를 타인이 다운로드 받을 수 있도록 자체적으로 운영하는 웹사이트 또는 P2P사이트, 블로그/카페(단순 개인용도가 아닌 상업적으로 이용되는 사이트), 콘텐츠 공유네트워크, 온라인 백업 시스템 등에 올리는 행위 자체
콘텐츠의 훼손 및 2차 가공 제한	· 사회미풍양속(성인오락실, 전화방, 음란물, 성인관련 사이트 및 인쇄물, 성인제품, 유흥업소 및 숙박업소, 고리대금업 등)을 저해 시 · 인물 콘텐츠의 경우 해당 모델의 명예나 품위를 훼손하는 용도 · 특정제품을 모델이 보증하는 형식의 과대광고 등에 사용하거나, 모델의 신체 및 얼굴 등과 제3자의 사진을 합성하여 재가공하는 행위 · 콘텐츠를 원형 그대로 이용하지 아니하고 2차적으로 가공하여 사용하는 행위 등
기타	· 사이트에서 보이는 썸네일, 프리뷰 이미지도 문화콘텐츠닷컴 사용 범위규정에 동일하게 적용되므로 무단카피 사용을 금지

[표 4-6] 문화콘텐츠닷컴에서 제공하는 콘텐츠의 사용제한 사항

마지막으로 공공저작물의 저작권 관리는 어떻게 이루어지고 있는가? 대한민국은 "저작권집중관리제도"*를 시행하고 있다. 집중관리는 저작권자의 측면에서는 일일이 자기의 저작물 이용 현황을 파악

🔍

※ "저작권집중관리제도"란 저작권자 등이 개별적으로 권리를 행사하는 것에 갈음하여 저작권자 등으로부터 권리를 위탁받은 저작권관리단체가 집중적으로 저작권 등을 관리하는 제도를 뜻한다.

하거나 사용료를 청구하기 힘들고, 이용자측에서도 누가 저작권자인지 알기 힘들며, 안다하더라도 일일이 소재를 찾아 교섭하는 것이 불편하다는 데에 그 필요성이 인정된다. 정부저작물의 경우에도 저작권자는 국가 또는 지방자치단체로 단일하더라도 실제 이를 보유, 관리하는 주체는 정부부처, 각 산하기관 또는 투자기관으로 분산되어 있어서 저작권집중관리제도의 필요성이 인정된다. 정보를 생산, 보유, 관리하는 부처 또는 기관이 직접 정보를 제공하는 방식도 생각해 볼 수 있으나, 그럴 경우 신탁 시와 같이 사전에 일정한 조건에 따라 사법적 거래에 내맡기기보다는 건별로 심사절차를 거치며 공법적 규제로 흐를 가능성이 많다. 집중관리에 의하는 경우에도 그 주체를 특정한 정부산하기관 또는 정부투자기관으로 하는 방안도 있고, 민간조직으로 하는 방안도 있다.

문화원형 콘텐츠의 경우, 공개는 주로 문화콘텐츠닷컴을 통하여 이루어지고 있다. 문화콘텐츠닷컴에서는 별도의 저작권 표시 또는 출처를 명시한 경우를 제외하고는 문화콘텐츠닷컴에 저작권이 있다고 하면서도, 콘텐츠의 상업적인 활용 시 해당 콘텐츠 제작기관과 협의하여 사용할 수 있다고 명시하고 있다. 이와 같은 방식은 활

용이 필요한 문화원형 콘텐츠마다 제작기관과 협의를 해야 하는 번거로움을 발생시킨다. 또한 문화원형 콘텐츠가 널리 활용되기 위해서는 다양한 홍보 방식도 필요하다. 따라서 문화원형 콘텐츠를 관리하는 데에는 현재와는 다른 방식이 요구된다.

이상으로 공공저작물에 대하여 대한민국의 법률들이 어떻게 다루고 있는지에 대하여 살펴보았고, 이에 따라 문화원형 콘텐츠를 활용하는 데 있어 불편한 점들을 살펴보았다. 이제 다음 절에서는 국내 공공저작물의 활용을 위하여 정부가 어떠한 노력을 하고 있으며, 지금까지 공공저작물들과 문화원형 콘텐츠가 어느 정도 활용이 되었는지를 살펴보고자 한다.

제2절 공공저작물과 정부의 노력

현재 공공저작물이 제공되는 유형에는 공개와 활용이 있다. 공개와 활용을 차이점을 그림으로 나타내면 [그림 4-2]와 같다.

· 알권리 차원 접근성 제공
· 단순 열람 및 이용
· 공공업무 영역에서 전달
· 무료 혹은 수수료 지불

공개

공공정보

활용

· 상업적 이용 권리 제공
· 원천데이터로 활용
· 비즈니스를 위한 투입자산
· 이용대가 지불

[그림 4-2] 공공저작물이 제공되는 유형

대한민국에서 공개는 "정보공개제도"를 통하여 이루어지고 있다. "정보공개제도"란 공공 기관이 보유하고 있는 다양한 정보에 국민이 자유롭게 접근할 수 있도록 하여 국민의 '알 권리'를 보장하고, '열린 정부'로써 행정의 공정화, 민주화를 실현하려는 제도이다. 물론, 그 대상은 공공 기관에 한정되어 있다. 모든 국민은 공공 기관에 정보 공개를 청구할 권리를 가지고 있고, 국내에 사무소를 두고 있는 법인이나 단체 또한 대표자의 이름으로 정보 공개를 청구할 수 있다. 또, 국내에 일정한 주소를 두고 장기간 동안 살거나, 학술, 연구를 위해 일시적으로 머무르고 있는 외국인도 정보 공개를 청구할 수 있다.

활용은 민간에게 상업적 이용 권리를 주는 것으로서, 공공저작물들이 민간에서 활용된다면 [그림 4-3]과 같은 정보의 선순환 구조를 기대할 수 있다.

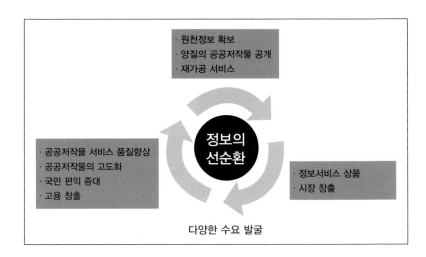

[그림 4-3] 정보의 선순환 구조

최근 스마트폰이나 태블릿 PC 등과 같은 뉴미디어의 보급이 증가하면서 공공저작물을 사업 소재로 삼아 새로운 수익을 창출하려는 민간 기업이 늘고 있다.

행정안전부, 문화체육관광부, 방송통신위원회 및 국가정보화전략위원회가 조사한 바에 따르면 공공저작물을 높은 사회·경제적 가치를 지닌 중요한 국가자산인데, 국가정보화가 추진되면서 민간에서 유용한 자원으로 활용될 수 있는 중요 국가자산인 공공저작물의 종류와 양은 지속적으로 증가하여 왔다. 794개 국가기관 등이 보유한 공공저작물은 총 1,000여 종이 넘는 것으로 조사되기도 하였다. 이런 공공저작물은 공무상 활용뿐 아니라 민간 활용을 통해 새로운 사회·경제적 가치 및 일자리를 창출할 수 있는 잠재력을 내포하고 있다. 민간에서는 공공저작물에 대한 기존의 단순 검색 위주의 활용에서 벗어나 새로운 서비스나 상품 개발의 원천정보로서 공공저작물을 활용하는 기업이 점차 증대하고 있다. 이에 따라 공공저작물의 민간 활용 수요와 경제적 가치 창출을 뒷받침해 줄 수 있는 제도적, 정책적 기반 마련 요구도 지속적으로 증대하고 있다. 이와 함께 민간에서 공공저작물을 활용하여 다양한 경제적 가치 창출 활동이 가능하도록 정책 패러다임 전환이 필요하고, 공공저작물의 적극적인 민간 개방 · 공유 · 활용을 통해 국가, 국민, 기업 간의 원활한 소통 채널 마련이 시급했기 때문에 지난 2010년 3월 행정안전부는 문화체육관광부, 방송통신위원회와 함께 「공공저작물 민간활용 촉진 종합계획」을 수립하여 국가정보화전략위원회에서 심의 · 확정하였다.

「공공저작물 민간활용 촉진 종합계획」에 따르면 공공저작물을 민간에서 활용하게 할 경우 정량적 효과와 정성적 효과를 얻을 수 있다.[12] 1,000종의 공공저작물 원문 제공 및 100개의 공유서비스를 보급할 경우 얻을 수 있는 정량적 효과는 총 3조 4,865억 원의 신규가치 창출 효과와 100개 공유서비스 보급으로 인한 총 867억 원의 업무 효율 향상 효과가 있다.

정성적 효과로는 공공 부문에서 공공저작물의 공동 활용을 통한 데이터와 시스템 중복 제거, 예산 절감, 행정효율성 제고 효과 등이 있고, 민간 기업에서 공공서작물을 활용해 콘텐츠, SW 등 관련 산업 육성, 신규 비즈니스 및 일자리 창출 기회 확대 등이 있을 수 있으며, 일반 국민에게 공공저작물의 자유로운 이용을 통해 정부와 소통 강화, 정부 정책에 대한 시민참여 확대, 국민 편익 향상이 있을 수 있다고 하였다.

이외에 공공저작물을 민간에서 활용함으로써 얻을 수 있는 모든 기대효과를 그림으로 나타내면 [그림 4-4]로 표현할 수 있다.

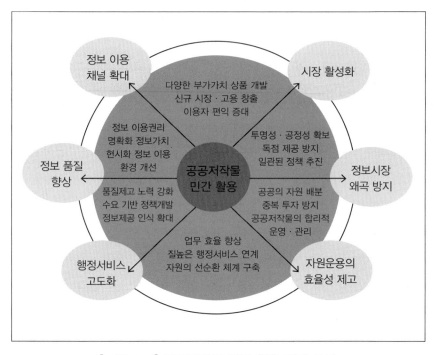

다양한 부가가치 상품 개발
신규 시장 · 고용 창출
이용자 편익 증대

정보 이용권리
명확화 정보가치
현시화 정보 이용
환경 개선

공공저작물
민간 활용

투명성 · 공정성 확보
독점 제공 방지
일관된 정책 추진

품질제고 노력 강화
수요 기반 정책개발
정보제공 인식 확대

공공의 자원 배분
중복 투자 방지
공공저작물의 합리적
운영 · 관리

업무 효율 향상
질높은 행정서비스 연계
자원의 선순환 체계 구축

정보 이용 채널 확대
시장 활성화
정보 품질 향상
정보시장 왜곡 방지
행정서비스 고도화
자원운용의 효율성 제고

[그림 4-4] 공공저작물 민간 활용 기대 효과

「공공저작물 민간활용 촉진 종합계획」의 주요 내용은 2013년까지 약 1,000종의 공공저작물을 개방하여 민간의 다양한 비즈니스 창출 기회를 제공하고 인터넷 · 콘텐츠 등 관련 산업을 육성한다는 것이다. 공공저작물의 민간활용 촉진을 위해 관련 부처 및 공공 · 민간의 유기적 협조 체계도 강화할 계획이다.

이에 대한 주요 추진 과제로는 공공저작물의 소재 안내 및 접근성 강화, 공공저작물의 제공 확대, 공공저작물 품질 제고, 공공저작물 활용 지원 등이 있다.[13]

우선 공공저작물의 소재 안내 및 접근성 강화를 위해서는 공공저작물 소재 및 권리정보 안내, 공공저작물에 대한 검색 접근성 확대, 공공저작물 활용 지원센터 구축 · 운영 등과 같은 방안들이 나왔다. 공공저작물 소재 및 권리정보 안내를 위해서는 공공저작물 1,000여 종에 대한 종합안내서비스를 제공하고, 공공저작물의 존재 여부, 소재정보보유기관, 정보형태, 정보항목, 공개유무, 서비스URL 등를 확인할 수 있도록 안내서비스를 제공하기로 하였다. 또한 매년 공공저작물 현황 조사와 민간의 활용 수요 조사를 연계하여 최신 안내정보를 지속 확대하기로 하였다. 공공저작물에 대한 검색 접근성을 확대하기 위해서는 민간포털 등을 통해서 원하는 공공저작물을 쉽고 빠르게 검색할 수 있도록 메타데이터를 확충하기로 하였다. 메타데이터 구축을 통해 공공저작물 접근성 향상과 검색시간을 단축할 수 있다. 또한, 공공기관 웹사이트에 대한 검색엔진 접근차단 정책을 완화하여 공공저작물에 대한 접근성을 확보하는 한편, 검색엔진의 접근을 차단하는 로봇배제표준robots.txt 적용을 웹사이트 전체에서 접근차단 대상 폴더개인정보 등로 축소 적용하도록 권고하기로 하였다. 마지막으로 공공저작물 활용 지원센터 구축·운영을 위해서는 개별 국가기관 등에 산재되어 있는 공공저작물을 쉽게 제공받아 활용할 수 있도록 지원하는 '공공저작물 활용 지원센터'를 구축·운영하여, 이용 신청 접수, 보유기관과의 연계·협의 과정 중재, 저작권 여부 확인, 계약체결지원 등에 관한 원스톱One-Stop 서비스를 제공하기로 하였다.

두 번째 공공저작물의 제공 확대를 위한 방안으로는 공공저작물 제공을 위한 관련법 개정, 공공저작물 제공 확대 유도, 공공저작물 제공기반 구축과 같은 방안들을 제시하였다. 공공저작물 제공을 위한 관련법 개정에 대해서는 국가, 지자체, 공공기관 종사자가 생산한 저작물에 대한 권리제한권리행사 제한 등 근거를 마련하기 위한 저작권법 개정을 추진하기로 하였다. 그 결과로 지난 2011년 12월 2일에 「저작권법」이 개정되었다. 또한, 공공저작물에 대한 법정이용허락 절차를 간소화하고, 자유이용허락 제도를 활성화하기로 하였다. 국가안보, 개인정보보호 등 특별한 사유가 없는 한 국가기관 등이 공공저작물을 제공할 수 있도록 관련법률 개정도 추진해 왔다. 국가정보 제공 확대를 유도하기 위해서는 저작권법 등 관련 법 개정 전까지 국가기관 등이 자발적으로 공공저작물을 제공할 수 있도록 기관에 협조를 요청하고, 공공저작물 제공 실적을 평가하여 국가정보화 평가에 가산점을 부여하는 등 인센티브 방안을 마련하기로 하였다. 또한, 민간에서 공공저작물을 합법적으로 자유롭게 활용할 수 있도록 저작권 기증

운동을 확산하고, 자유이용허락 라이선스 사용을 유도하기로 하였다. 공공저작물 제공기반 구축을 위해서는 민간에서 공공저작물 제공을 요청할 시 국가기관 등에서 준수해야 할 공공저작물 제공범위 및 방법 등 표준절차를 수집하여 보급하고, 국가기관 등이 저작권 문제를 사전에 예방할 수 있도록 공공저작물의 저작물성 여부 판단기준, 저작권 소재 판단기준 등의 저작권 관리 기준을 제공하기로 하였다. 또한, 공공저작물의 권리인증제도를 설치하여, 거래상 문제 발생 시 실질적 보상이 이루어지도록 조치하고, 신탁관리제도를 활용하여 각 기관에 산재된 공공저작물의 이용 허락을 일괄적으로 받을 수 있도록 지원하기로 하였으며, 공공저작물의 저작권을 쉽고 빠르게 온라인으로 취득할 수 있는 디지털저작권 거래소를 구축·운영하기로 하였다.

세 번째 공공저작물 품질 제고를 위한 계획으로는 양질의 공공저작물 제공을 위한 품질관리 강화, 공공저작물 서비스 연속성 강화가 언급되었다. 양질의 공공저작물 제공을 위한 품질관리 강화를 위해서는 공공저작물 데이터베이스 구축에서 운영·관리까지 전단계에 걸쳐 일정 수준의 품질을 확보하기 위한 절차·방법 등에 대한 지침을 제공하고, 공공저작물의 신뢰성 향상을 위하여 공공저작물의 중요도, 활용도 등에 따라 단계적으로 데이터 오류율을 측정하고 개선을 지원하기로 하였다. 한편 공공저작물 서비스 연속성 강화를 위해서는 민간에 제공한 공공저작물의 Dead-link를 방지하고 사후관리검색, 품질 등가 가능하도록 식별체계UCI 부착을 확대하기로 하였다.

연번	제공기관	서비스명	세부 기능(서비스개수)
1	서울시	버스실시간 운행정보 서비스	정류소별 버스도착정보, 노선정보, 환승정보 등 실시간 운행정보 7개 서비스
2	서울시	보육시설 서비스	우리동네 보육시설정보, 보육비 현황, 입소 신청 등 4개 서비스
3	경기도	버스실시간 운행정보 서비스	정류소별 버스도착정보, 노선정보, 환승정보, 버스 위치정보 등 실시간 운행정보 18개 서비스
4	행정 안전부	공공취업 정보 서비스	행안부 나라일터 시스템에서 취합한 공공기관 채용 정보조회, 취업정보 등록/수정/삭제 등 4개 서비스
5	문화재청	문화재정보 서비스	문화재 통계서비스, 지역별/시대별/종목별 문화재 서비스 (종목, 명칭, 수량/면적, 지정일, 소재지, 시대, 설명 등) 4개
6	농림수산 식품부	농식품안전 정보 서비스	농수축산물의 생산부터 소비까지 농산물의 안전 및 품질에 관한 정보(농약정보, 구제역정보, 식품 첨가물 등) 33개
7	기상청	방재 기상 정보 서비스	기상관측장비(AWS)자료, 산업기상(농업시설, 농약살포지수 등), 생활기상지수(식중독지수, 부패지수 등) 등 9개 서비스
8	문화체육 관광부	공연 · 전시 서비스	국내 문화 관련 공연/전시/행사정보, 티켓할인정보 등 7개 서비스
9	우정사업 본부	우편번호 · 택배 · 조회 서비스	우정사업본부가 관리하고 있는 우편번호조회, 우편물 종적조회 등 9개 서비스
10	식약청	위해식품 서비스	의약품 인허가정보, 부적합 식품정보 등 10개 서비스
11	국민권익 위원회	국민제안 신청 서비스	국민신문고의 민원신청, 국민제안신청, 나의민원 서비스 등 10개 서비스
12	법제처	생활법령 검색 서비스	생활법령조회, 생활법령 백문백답 조회, 판례 등 5개 서비스
13	국회 도서관	학술자료원문 조회 서비스	국회도서관의 서지정보 조회 등 6개 서비스
합계	12개기관	13종	126개 서비스

[표 4-7] 2011년 7월 현재 13개 공공저작물 공유서비스

마지막으로 공공저작물 활용 지원을 위한 방안으로는 OpenAPI 를 통한 공공저작물 제공, 민간기업의 공공저작물 활용 서비스 발굴·지원, 공공저작물 민간 활용 세미나 개최 및 관련 협의체 구성이 제시되었다. OpenAPI를 통한 공공저작물 제공은 국가기관 등이 보유한 다양한 공공저작물을 다른 국가기관이나 민간에서 쉽게 활용하도록 표준화된 방식으로 제공하는 것으로서, 민간, 공공 등의 활용수요가 높은 공공저작물 100개를 OpenAPI 기반의 공유서비스 예: 버스정보서비스 등로 개발·제공하는 것이다. 2011년 7월까지 공공저작물 공유서비스는 [표 4-7]과 같다.

2012년 내에는 국가가 보유한 22종의 공공저작물이 민간에 더 제공되어 총 35종의 국가 보유정보가 개방될 예정이다.[14] 행정안전부는 2012년 전자정부 지원사업을 통해 국가통계정보통계청, 국내관광정보한국관광공사, 생활기상정보기상청 등 국민생활 편익 증진, 일자리 창출과 밀접한 관련이 있는 22종의 주요 DB를 추가 제공해 신규 서비스 개발에 활용하도록 할 계획을 발표하였다. 또한 장광수 행정안전부 정보화전략실장은 공공정보 개방이 모바일 콘텐츠 시장의 신규 일자리 창출로 이어질 수 있도록 2015년까지 민간의 활용도가 높은 100여종의 공공정보를 민간에 개방하겠다고 하였다.

한편 민간기업의 공공저작물 활용 서비스 발굴·지원을 위해서는 산업적 파급효과가 큰 공공저작물교통·공간·문화 등을 선별하여 공공-민간 협력 프로젝트 과제를 발굴·지원하고, 공공저작물의 인터넷 서비스를 모바일 서비스로 전환 가능한 과제를 발굴·지원하기로 하였다. 국민의 편익을 높여줄 수 있는 교통·보건·의료정보를 IPTV 등 다양한 매체를 통해 제공하는 시범사업을 발굴·지원하는 한편, 공공저작물을 활용한 모바일 앱 개발 경진대회 등을 개최하여 다양한 공공저작물 서비스 개발을 유도하기로 하였다. 공공저작물 민간 활용 세미나 개최 및 관련 협의체 구성을 위해서는 공공저작물의 민간 활용에 필요한 수집 절차 및 방법, 저작권 관리방안 등에 대한 교육을 실시하고 공공저작물의 민간 활용에 대한 인식 제고를 위해 관련 국내외 현황 및 시범사례 등을 소개하는 세미나를 개최하기로 하였다. 산·학·연·관이 참여하는 「국가DB포럼」을 통해 공공저작물 활용정책에 대한 활발한 논의와 연구를 수행하고, 실천적인 정책 대안을 마련하여 공공-민간 간 역할정립 및 상호협력을 통한 비즈니스 창출을 위해 공공저작물 분야별로 민간 활용 협의체를 비상설 기구로 설치·운영하며, 이와 함께 인터넷 등을 통해 국민에게 전달하여야 하는 필수 또는 긴급정보를 효율적으로 제공하기 위해 포털과 상시 협력체계를 구축하기로 하였다.

또한 정부는 『공공정보 제공 지침』을 마련하여 2010년 7월 7월부터 시행되도록 하였다. 이 지침에 따르면 행정안전부장관은 공공정보의 민간활용 촉진을 위하여 공공정보활용지원센터를 설치할 수 있으며제7조, 제3자의 권리가 포함되어 있고 권리자로부터 타인에 대한 제공허락을 득하지 않은 경우에는 해당 공공정보를 제공해서는 안 되는데, 신청인이 해당 권리자로부터 이용허락을 받은 경우에는 제공하여야 한다제11조고 되어 있다. 제13조에는 국가기관등은 공공정보를 무료로 제공할 수 있도록 노력해야 하는데, 공공정보를 보유한 정보시스템의 안정적 운영을 위하여 필요한 경우 공공정보 제공을 위해 추가로 필요한 정보시스템 및 네트워크 제공에 필요한 실비의 범위 내에서 비용을 청구할 수 있는데, 이 때 실비는 공공정보 제공을 위해 추가로 필요한 정보시스템 및 네트워크 증설비용, 제공에 소요된 전자기록매체 비용 등을 말한다제13조고 하였다.

여기에서 비용부담에 대한 제13조는 국가기관 등은 공공정보를 무료로 제공할 수 있도록 노력하여야 할 뿐 의무 조항은 아니다. 오히려 비용을 청구할 수 있는데, 공공정보 제공에 필요한 실비의 범위 내에서 비용을 청구할 수 있기 때문에 이용자가 예상하는 것보다 비용이 높아질 수 있다.

한편 문화체육관광부는 공공저작물의 민간 활용을 촉진하기 위하여 공공저작물 자유이용허락 표시제도를 도입하였다. 공공저작물 자유이용 허락 표시 제도는 국가, 지방자치단체 및 공공기관이 공공저작물을 민간의 자유로운 이용을 위하여 개방하고자 할 경우, 명확하고 통일성 있는 표시와 조건을 사용하여 이용자의 혼란을 방지하고 공공저작물의 활용을 촉진하기 위한 것이다.

최근 해외 여러 나라에서는 공공저작물의 개방과 공유에 대한 정책을 경쟁적으로 도입하고 있다. 영국에서는 2010년 9월 OGLOpen Government License를 개발하고 23만 여건을 무료 제공하고 있으며, 그에 앞선 2009년 호주에서도 연방 · 주정부의 공공저작물을 CCL로 공개한 바 있다. 이는 공공저작물을 공개하여 민간 활용을 촉진하는 법적·제도적 방안을 마련하려는 세계적 흐름이 일고 있음을 보여준다.

문화체육관광부가 도입한 공공저작물 자유이용허락 표시의 명칭은 일반 국민 대상 공모를 통해 선정되었다. '누구나 자유롭게 이용할 수 있게 한다'는 의미로 '공공누리'로 채택되었고, 영문 이름은 공개·개방을 강조하는 의미에서 'Korea Open Government LicenseKOGL'로 결정되었다.

공공누리 고안의 주요 원칙은 이해성, 가능성, 간략성, 설명성의 네 가지이다. 전문적인 용어보다는 이용자들의 이해를 도모하는 용어를 사용하고, 이용자의 편의 증진을 위해 가능성 없는 의무를 배제하며, 이용 조건을 간략하게 작성하여 이용자의 이해를 도모하고, 이용자의 의무사항에 대해 명확한 설명을 두어 혼란을 방지한다는, 그야말로 이용자의 편의성과 접근성을 강화하기 위한 원칙인 것이다. 공공누리의 기본 표시 도안은 [그림 4-5]와 같다.

OPEN : 공공저작물의 열린 이용과 공유를 의미
태극마크 : 공공누리의 공공성을 의미
청록색 : 저작권의 올바른 활용(그린정보이용)을 의미

[그림 4-5] 공공누리의 기본 표시 도안

또한, 예외적으로 유형별 이용 조건에 따라 제한을 받는 경우를 제외하고는 기본적으로 출처표시만 한다면 공공누리 표시가 부착된 공공기관의 저작물을 무료로 자유롭게 이용할 수 있다. 그 밖에도 공공기관의 경우 공공저작물 제공에 따른 사후 책임을 최소화하기 위해 공공기관 면책조항을 명시하는 등 자유로운 공공저작물 이용을 활성화하는데 그 중점을 두고 있다.

이용자가 준수해야 할 공공누리의 개별조건은 출처표시, 상업적 이용금지, 변경금지라는 총 3가지이다.

[그림 4-6]	[그림 4-7]	[그림 4-8]
출처표시	상업용금지	변경금지
공공누리의 출처 표시 조건	공공누리의 상업 적 이용금지 조건	공공누리의 변경 금지 조건

[그림 4-6]이 있는 공공저작물에 대해서 이용자는 이용 공공저작물의 출처를 표시해야 한다. 아울러 공공기관이 후원한다거나 공공기관과 특수한 관계에 있는 것처럼 오인하게 하는 표시를 해서도 안 된다. 출처표시는 저작인격권의 하나로 인정되고 있으며, 이용자의 입장에서도 신뢰할 만한 저작물을 이용하였다는 점을 알리기 위해 필요하다.

[그림 4-7]의 경우는 상업적으로 이용을 해서는 안 된다는 것으로서 비영리 목적으로만 저작물을 이용해야 한다. 상업적 이용이 금지된 공공저작물은 영리행위와 직접 또는 간접으로 관련된 행위를 위하여 이용될 수 없다. 다만, 별도의 이용허락을 받아 공공저작물을 상업적으로 이용하는 것은 가능하다.

[그림 4-8]은 변경금지 조건이다. 이 그림이 있으면 저작물을 변경하거나 2차적 저작물 등을 작성할 수 없다.

공공기관은 저적물의 성격을 고려하여 3가지 개별조건을 조합하여 만든 총 4가지의 유형 중 하나를 선택할 수 있다. 또한 공공기관은 언제든지 이용허락 조건을 변경할 수 있다. 다만, 이미 이용을 하고 있는 이용자는 이용허락의 조건이 변경된 후에도 변경 전 이용허락의 조건에 따라 계속하여 이용할 수 있다. 앞에서 언급한 공공누리의 4가지 유형은 [그림 4-9]와 같다.

제1유형 : 출처표시

	출처표시	상업적 이용	변경
허용	○	○	○
금지			

출처 표시
상업적, 비상업적 이용가능
변형 등 2차적 저작물 작성 가능

제2유형 : 출처표시 + 상업적 이용금지

	출처표시	상업적 이용	변경
허용	○		○
금지		○	

출처 표시
비상업적 이용만 가능
변형 등 2차적 저작물 작성 가능

제3유형 : 출처표시 + 변경금지

	출처표시	상업적 이용	변경
허용	○	○	
금지			○

출처 표시
상업적, 비상업적 이용가능
변형 등 2차적 저작물 작성 금지

제4유형 : 출처표시 + 상업적 이용금지 + 변경금지

	출처표시	상업적 이용	변경
허용	○		
금지		○	○

출처 표시
비상업적 이용만 가능
변형 등 2차적 저작물 작성 금지

[그림 4-9] 공공누리의 유형

이와 같은 공공누리는 적극적인 활용을 목적으로 하고 있는 제도인 만큼, 문화체육관광부는 [그림 4-10]과 같이 공공누리 대표 홈페이지를 구축·운영하고 있다. 홈페이지에서는 저작물 유형별 활용 가이드라인, 저작물 활용 시 웹사이트에 삽입하는 메타정보, 4가지 이용조건 유형별 약관 등을 제공한다. 그뿐만 아니라, 분야별 전문가 풀을 구성하여 공공기관별 저작물 현황을 분석-저작권 진단-이용제공까지 원스톱 권리처리 서비스를 제공하는 등 컨설팅을 지원한다.

[그림 4-10] 공공누리 대표 홈페이지

정부는 민간의 수요나 대외적 파급효과 등을 고려하여 선정한 기관에 공공누리를 적용하는 시범사업을 추진하여 2012년 상반기에는 10개의 기관에, 하반기에는 모든 기관에 공공누리를 적용할 계획이다.

그러나 현재 공공누리를 통해 제공되는 대부분의 콘텐츠들이 상업적으로 이용하는 것이 금지되어 있다. 따라서 사실상 활용을 위하여 여러 기관의 콘텐츠들을 한 사이트에서 개인적으로 보여줄 뿐 민간사업자가 활용하는 것은 용이하지 않다.

한편, 한국데이터베이스진흥원은 지난 2011년 12월 19일, 공공저작물 유통시스템 올라잇ALRIGHT, www.alright.or.kr 서비스를 개시했다. 지난 6월 문화체육관광부가 한국데이터베이스진흥원을 공공저작물 신탁관리기관으로 지정한 것에 따른 조치이다. 한국데이터베이스진흥원은 신탁관리기관 지정으로 공공문화콘텐츠를 포함, 공공기관이 보유 중인 유형 저작물을 신탁·관리하고 있다. 공공 저작물 신탁관리 업무와 관련된 공공저작물 유통촉진, 연구조사, 공공저작권 관리를 위한 컨설팅 등 다양한 사업을 함께 펼치게 되었다. 한국데이터베이스진흥원은 저작물을 신탁관리 기관에 신탁하면 법률적으로 저작물 저작권은 신탁기관에 이전된다며 저작물의 제공자인 공공기관을 대신해 저작물을 민간이 이용할 수 있도록 허락하고 이에 따른 이용료를 징수해 해당 공공기관에 지급한다.

올라잇 시스템은 다양한 기능을 갖고 있다. 저작물이 체계적으로 분류돼 유형별 신탁 기관별 검색이 가능하다. 기본적인 정보도 제공된다. 저작물명, 저작자, 형태, 파일형식 등과 함께 권리정보 및 미리보기 등의 기능이 있다. 신탁계약을 체결한 공공기관 서버와 연계해 별도 절차 없이 자동으로 업데이트가 가능하며, 로그인을 통해 저작물 이용현황 및 판매내역 등을 볼 수도 있다. 유료 저작물의 경우 이용 범위에 따라 사용료가 자동 산출된다.

공공저작물의 이용을 원하면 ALRIGHT 시스템에 접속 후 저작물을 검색해 이용 신청을 하면 된다. 신청 시 사용 용도를 선택해야 하며, 유료 저작물은 사용 용도를 선택 시 사용료를 확인할 수 있다. 용도 선택 후 공공저작물 이용계약 약관에 동의하면 이용할 수 있다. 신청 후 한국DB진흥원은 용도가 적법한지를 검토한다. 공공저작물에 대한 사용용도에 문제가 없다고 판단하면 DB진흥원은 이용을 허락한다. 사용자는 이용 허락을 받은 후 다시 ALRIGHT 시스템에서 사용료를 결제 후 저작물을 내려 받아 이용하면 된다. 공공기관은 보유 저작물을 DB진흥원에 신탁할 수 있다. 계약 체결 시 자유이용조건의 경우 협의과정을 밟는다. 계약기간은 5년이다. 만약 자유이용에 관한 협의를 하지 않을 경우, 공공저작권 사용료 징수규정에 의해 사용료를 징수한다. DB진흥원은 신탁된 공공저작물을 ALRIGHT 시스템에 올린다. 사용실적에 대해서는 공공기관에 정기적으로 보고하며, 모니터링 작업을 통해 저작물 침해 대응 기능도 한다. "공공기관 보유 저작물 공개해 민간 콘텐츠산업 성장 도와", 전자 신문, 19면, 2011년 12월 26일자

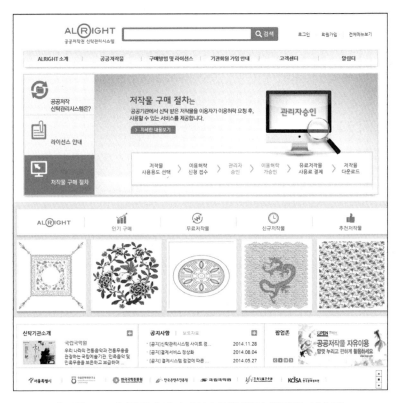

[그림 4-11] 한국데이터베이스진흥원의 올라잇 시스템

그러나 이 ALRIGHT 시스템에 자료를 신탁한 기관들이 경기
문화재단, 각종 국립 박물관, 국립 문화재 연구소, 서울특별시, 청
주시문화산업진흥재단, 한국과학기술정보연구원, 한국국학진흥원,
한국문화재보호재단, 한국문화정보센터와 같은 공공기관들임에도
불구하고, 콘텐츠들이 거의 대부분 유료이다.

ALRIGHT 시스템의 사용료 징수규정은 다음 [표 4-8]과 같다.

(1) 음악저작물의 전송서비스 사용료

① 주문형 스트리밍(streaming) 서비스에 대한 전송 사용료는 다음 중 많은 금액으로 한다.

1. 월정액 × 이용자 수 × 관리비율

2. 매출액 × 기여계수 × 관리비율

비고 1) "이용자"는 회원제 운영의 경우 저작물의 스트리밍 서비스를 이용할 수 있도록 허용된 회원을 말하고, 회원제와 비회원제의 혼합 또는 회원제를 운영하지 않은 경우에는 "중복되지 않은 월간 저작물 스트리밍 서비스를 이용한 자"를 말하며, "월간 저작물의 스트리밍 서비스를 이용한 자"를 파악하기 어려운 때에는 상호 협의하여 선정하거나 문화체육관광부장관이 지정하는 제3의 기관이 정하도록 한다. 그리고 "회원제"는 명칭과 유·무료를 불문하고 일정한 조건과 절차에 따를 경우에만 해당 사이트의 스트리밍 서비스를 이용할 수 있도록 허용하고 이를 일정기간 유지·관리하는 것을 말한다.

비고 2) "매출액"이란 저작물의 해당 서비스로 발생하는 사용료, 광고료, 회비 등 모든 수입을 말한다. 다만, 사용료 이외의 회비, 광고수입, 그 밖의 수입에 대하여는 해당 사이트의 전체 콘텐츠 중 해당 저작물이 차지하는 비율을 반영하여 산정한다. (이하 같음)

비고 3) "관리비율"이란 이용자가 이용하는 총 저작물 중 협회 관리저작물이 차지하는 비율을 말하며, 진흥원과 이용자가 협의하여 조정할 수 있다. (이하 같음)

비고 4) "월정액"과 "기여계수"는 다음과 같다. - 월정액 : 저작자인 경우 62.5원, 실연자인 경우 31.25원, 음원제작자인 경우 250원 - 기여계수 : 저작권자인 경우 2.5%, 실연자인 경우 1.25%, 음원제작자인 경우 10%

② 다운로드 서비스에 대한 전송 사용료는 다음 중 많은 금액으로 한다.

   1. 저작물의 단가 × 다운로드 횟수 × 관리비율

   2. 매출액 × 기여계수 × 관리비율

비고 1) "저작물의 단가"는 진흥원과 공공저작권을 진흥원에 위탁한 자 (이하 "위탁자"라 한다)가 협의하여 산정한다.

비고 2) "다운로드 횟수"는 이용자가 제공한 수치를 기준으로 하되, 수치를 파악하기 어렵거나 진흥원과 이용자간에 이견이 있는 경우에는 상호 협의하여 선정하거나 문화체육관광부장관이 지정하는 제3의 기관이 결정하도록 한다. (이하 같음)

비고 3) 다운로드의 "기여계수"는 다음과 같다. – 저작자인 경우 4.5%, 실연자인 경우 2.25%, 음반제작자인 경우 14%

③ 전화정보서비스 및 휴대폰서비스에 대한 전송 사용료는 다음과 같다.

   1. 매출액 × 기여계수 × 관리비율

비고 1) 전화정보서비스 및 휴대폰서비스의 "기여계수"는 다음과 같다. – 저작자인 경우 2.5%, 실연자인 경우 1.25%, 음반제작자인 경우 10%

④ WAP/SMS/ME 방식 등 무선인터넷을 통하여 신탁저작물을 이용할 경우의 월 사용료는 다음과 같다.

   1. 매출액 × 기여계수 × 관리비율

비고 1) "매출액"이란 이동통신회사에서 매월 정보이용자에게 청구한 정보 사용료 중 당월 징수한 총액을 말한다.

비고 2) 무선인터넷의 "기여계수"는 다음과 같음 – 저작자인 경우 4.5%, 실연자인 경우 2.25%, 음반제작자인 경우 14%

⑤ 음악카드, 게임, 애니메이션 등의 서비스에 대한 전송 사용료는 상기 스트리밍 및 다운로드 규정에 해당하는 금액의 1/2로 한다.

(2) 음악저작물의 복제 · 배포서비스 사용료

① 음악저작물을 음반으로 제작하는 경우의 복제 · 배포 사용료는 다음과 같다.

1. 출고가 × 기여계수 × (승인곡 수 ÷ 수록곡 수) × 제작수량 × 할인율

비고 1) "기여계수"는 다음과 같다. – 저작자인 경우 4.5%, 실연자인 경우 2.25%, 음반제작자인 경우 14%

비고 2) "할인율"이란 제작 · 판매 과정에서 예상되는 반품, 재고, 폐기 등을 감안하여 할인하는 비율을 말한다.

② 음악저작물 위주로 구성된 뮤직비디오, 공연실황 등의 영상저작물에 사용하는 경우의 복제 · 배포 사용료는 다음과 같다.

1. 출고가 × 기여계수 × (승인곡 수 ÷ 수록곡 수) × 제작수량 비고

1) "기여계수"는 다음과 같다.

– 저작자인 경우 2.5%, 실연자인 경우 1.25%, 음반제작자인 경우 10%

③ 음반자판기에 대한 복제사용료는 각 1곡당 복제사용료를 합산한 금액으로 한다.

1. 1곡당 복제사용료 = 음반판매가(정찰가격 – 부가세) × 기여계수 ÷ 1매당 수록곡 수 × 판매수량

비고 1) "기여계수"는 다음과 같다. −저작자인 경우 4.5%, 실연자인 경우 2.25%, 음반제작자인 경우 14%

④ 시뮬레이션 게임기에 대한 복제·배포사용료는 다음과 같다.

   1. 업소용 게임기에 대한 1곡당 복제 및 배포사용료 = 곡당 사용료 × 수록곡 수

비고 1) "곡당 사용료"는 다음과 같다.

− 저작자인 경우 280,000원, 실연자인 경우 140,000원, 음반제작자인 경우 560,000원

   2. CD−ROM으로 제작되는 가정용 게임기 사용료 = 출고가 × 기여계수 × 음악저작물 관리비율 × 제작수량

비고 1) "기여계수"는 다음과 같다.

− 저작자인 경우 4.5%, 실연자인 경우 2.25%, 음반제작자인 경우 14%

⑤ 멜로디 IC CHIP의 복제사용료는 다음과 같다.

   1. 출고가 × 4% × 음악저작물 관리비율 × 제작수량 × 조정계수

비고 1) "조정계수"는 CHIP 출고가 중 음악저작물 기여도를 고려하여 차등 적용한다.

⑥ 노래반주기의 복제사용료는 다음과 같다.

   1. 영리를 목적으로 노래반주기 등 하드웨어에 음악데이터를 저장하여 이용하는 영업용의 경우

가. 신곡사용료 : 곡당단가 × 이용곡 수 × 판매수량

비고 1) "곡당단가"는 다음과 같다. 다만, 1곡당 가격이 4원 50전 미만일 경우에는 동 금액으로 한다. - 신곡 입력 출고가 × 4.5% ÷ 수록곡 수

나. 노래반주기 등의 복제 · 배포를 위한 사용료

이용된 관리 곡수에 따른 월정 사용료	
이용 곡수	월정 사용료
10곡까지	6,000원
10곡 초과 20곡 까지	12,000원
20곡 초과 80곡 까지	매 20곡당 각 12,000원씩 가산한 금액
80곡 초과시	매 40곡당 각 12,000원씩 가산한 금액

2. 가정 등 영리를 목적으로 하지 아니하는 장소에서 노래반주기 등 하드웨어에 음악데이터를 저장하여 작동하거나, CD-ROM 또는 DVD 등 매체타이틀을 구동하는 방식으로 이용하는 가정용의 경우

가. 신곡사용료 : 곡당단가 × 이용곡 수 × 판매수량

비고 1) "곡당단가"는 다음과 같다. 다만, 1곡당 가격이 4원 50전 미만일 경우에는 동 금액으로 한다. - 신곡 입력 출고가 × 4.5% ÷ 수록곡 수

나. 노래반주기 또는 반주용 타이틀 등의 복제 · 배포를 위한 사용료

이용된 관리 곡수에 따른 월정 사용료	
이용 곡수	월정 사용
10곡까지	2,400원
10곡 초과 20곡 까지	4,800원
20곡 초과 80곡 까지	매 20곡당 각 4,800원씩 가산한 금액
80곡 초과시	매 40곡당 각 4,800원씩 가산한 금액

3. 노래반주기 등 하드웨어에 음악데이터를 저장하여 주로 전문 연주인들이 영리를 목적으로 하는 장소에서 이용하는 전문 연주인용의 경우

가. 신곡사용료 : 곡당단가 × 이용곡수 × 판매수량

비고 1) "곡당단가"는 다음과 같다. 다만, 1곡당 가격이 10원 미만일 경우에는 동 금액으로 한다. - 회비 × 3.5% ÷ 수록곡 수 × 50/100

비고 2) "판매수량"은 회원수를 말한다.

나. 노래반주기 등의 복제 · 배포를 위한 사용료

이용된 관리 곡수에 따른 월정 사용료	
이용 곡수	월정 사용료
10곡까지	1,000원
10곡 초과 20곡 까지	2,000원
20곡 초과 80곡 까지	매 20곡당 각 2,000원씩 가산한 금액
80곡 초과시	매 40곡당 각 2,000원씩 가산한 금액

4. 반주음악을 구현하는 단말기(하드웨어)에서 온라인 회선 등을 통하여 메인 DB서버에 구축된 음악데이터를 전송받아(스트리밍에 한함)할 수 있는 노래반주기(다기능 단말기 포함)가 영리목적으로 이용되는 통신용의 경우

가. 전송서비스 사용료 : 매출액 × 4.5% × 음악저작물 관리비율

비고 1) "매출액"이란 통신용 노래반주기 서비스사업을 운영하여 각각의 서비스 이용업소에서 징수한 영업상 수입의 총계를 말함. 다만, 서비스 이용 1개 업소의 월사용료가 11,000원 미만일 경우 동 금액을 하한가로 함

나. 노래반주기 등의 복제 · 배포를 위한 사용료

이용된 관리 곡수에 따른 월정 사용료	
이용 곡수	월정 사용료
10곡까지	5,000원
10곡 초과 20곡 까지	10,000원
20곡 초과 80곡 까지	매 20곡당 각 10,000원씩 가산한 금액
80곡 초과시	매 40곡당 각 10,000원씩 가산한 금액

⑦ 출판물에 대한 복제 · 배포사용료는 다음과 같다. 1. 음악도서, 교본
및 피스 등 음악저작물을 주로 이용하는 출판물에 대한 복제 · 배포
사용료는 다음과 같다.

가. 소비자 판매가격 × 5% × 음악저작물 게재 비율 × 음악저작물
관리비율 × 제작수량

비고 1) "음악저작물 게재 비율"이란 출판물의 총 면수 중 음악저작물
이 게재된 면이 차지하는 비율을 말한다.

2. 비매용 출판물에 대하여 1부 1곡당 하한가는 5원으로 한다.

3. 신문, 잡지 등의 출판물이나 휘장, 수건, 패널, 포스터 등에 음악
저작물을 복제할 경우 1곡당 사용료는 다음과 같다.

10,000 부까지	30,000 부까지	50,000 부까지	100,000 부까지	300,000 부까지	500,000 부까지	500,000 부초과
7,500원	15,000원	25,000원	40,000원	60,000원	75,000원	100,000원

(5) 어문저작물의 복제 · 배포 서비스 사용료

① 강연 또는 소설을 원작으로 한 프로그램을 국내외 복제 · 배포한 경
우 사용료는 다음과 같다.

1. 국내·외 홈비디오 등으로 일반 공중에게 제공시 사용료 = 매출 × 0.9%
2. 방송 후 그 방송대본을 이용하여 인쇄 등의 방법으로 복제·배포시 사용료 = 공급금액의 0.88%
3. CD-ROM Title로 제작, 판매하는 경우 사용료 = 공급금액의 3.85%
4. DVD, VCD로 제작, 판매하는 경우 사용료 = 공급금액의 3.15%
5. 그 밖에 경우의 사용료 = 공급금액의 1.23%

② 일반도서, 선집류에 이용되는 경우 사용료는 다음과 같다.

1. 시, 시조, 향가, 그 밖에 이에 해당하는 부류

이용된 어문저작물에 따른 사용료(3년)	
이용 어문저작물 구분(20,000부 이내)	사용료
1/2편 이상 – 1편 이용시	26,250원
2연 이상 – 1/2편 미만 이용시	21,000원
1연 이용시	15,750원

2. 수필, 설명, 논설, 그 밖에 이에 해당하는 부류

이용된 어문저작물에 따른 사용료(3년)	
이용 어문저작물 구분(20,000부 이내)	사용료
전편 이용시	21,000원
부분 이용시(200자 원고지 1매당)	1,680원

3. 소설, 희곡, 그 밖에 이에 해당하는 부류

이용된 어문저작물에 따른 사용료(3년)	
이용 어문저작물 구분(20,000부 이내)	사용료
200자 원고지 1매당	1,680원

③ 1년마다 재발행 되는 참고서류(학습물)에 이용되는 경우 사용료는 다음과 같다.

장르별 사용료 기준금액 합계 × 발행부수 ÷ 10,000

비고 1) 단, 1년간 발행부수가 10,000부 이내일 경우에는 10,000부 발행을 기준으로 저작권 사용료를 산출한다.

1. 시, 시조, 향가, 그 밖에 이에 해당하는 부류

이용된 어문저작물에 따른 사용료(3년)	
이용 어문저작물 구분(20,000부 이내)	사용료
1/2편 이상 – 1편 이용시	8,925원
2연 이상 – 1/2편 미만 이용시	7,350원
1연 이용시	5,250원

2. 수필, 설명, 논설, 그 밖에 이에 해당하는 부류

이용된 어문저작물에 따른 사용료(3년)	
이용 어문저작물 구분(20,000부 이내)	사용료
전편 이용시	17,850원
부분 이용시(200자 원고지 1매당)	575원

3. 소설, 희곡, 그 밖에 이에 해당하는 부류

이용된 어문저작물에 따른 사용료(3년)	
이용 어문저작물 구분(20,000부 이내)	사용료
200자 원고지 1매당	575원

(6) 사진 및 미술저작물의 복제 등의 서비스 사용료

① 광고 및 판촉물에 대한 사용료는 다음과 같다.

용도	구분	상세구분	메인	서브
신문광고	중앙지 (일간/스포츠)	돌출 1~9단 10~15단	150,000원 225,000원 300,000원	 150,000원 175,000원
	지역신문, 대학신문, 지방지, 전문지, 타블로이드		150,000원	100,000원
잡지광고	일반교양지, 전문지, 대학지, 학술지, 사보, 가계부, 전화번호부, 광고		225,000원 150,000원	150,000원 100,000원
차량광고	기차, 지하철, 버스 등	6개월 미만 6개월 이상	200,000원 250,000원	150,000원 200,000원
TV광고(CF)		6개월 미만 6개월 이상	200,000원 300,000원	
카탈로그	표지(표1) 내지(표2~4)		150,000원 100,000원	100,000원
낱장 인쇄물	A3 Size이하인 경우만 적용		100,000원	
포스터	사내용(100부 미만) 사외용		150,000원 250,000원	100,000원 150,000원
캘린더	6매철/12매철(벽걸이용)/일반	1만부 미만 5만부 미만 5만부 이상	250,000원 300,000원 350,000원	
	12매철(벽걸이용)	1만부 미만 5만부 미만 5만부 이상	225,000원 275,000원 325,000원	
	탁상용	1만부 미만 5만부 미만 5만부 이상	150,000원 175,000원 200,000원	

용도	구분	상세구분	메인	서브
와이드 칼라, 네코, 옥외광고, 현수막		3개월 미만	200,000원	150,000원
		6개월 미만	250,000원	200,000원
		6개월 이상	300,000원	250,000원
디스 플레이	1개 장소	3개월 미만	175,000원	
		3개월 이상	225,000원	
	2개 장소이상	3개월 미만	225,000원	
		3개월 이상	275,000원	
POP, 데코레이션	1개 장소		150,000원	
	2개 장소이상		200,000원	
그 밖의 판촉물	부채, 라벨, 스티커, 복권, 입장권, 메뉴판, 문구류		100,000원	
패키지	제품자체인쇄, 음반자켓		175,000원	
액자용 인화	20 〃×30 〃(50.8×76.2cm) 해당		125,000원	
홍보용 슬라이드, 멀티비전			75,000원	
인터넷	배너광고 이외 홈페이지 광고 스크린세이버, S/W, 그 밖에 인터넷 광고메일		100,000원 75,000원 55,000원 82,500원	50,000원
컴퓨터, 핸드폰, 터치스크린			110,000원	

비고 1) "서브"는 해당광고 면적의 1/8미만인 경우에 적용하도록 함.

(이하 같음)

② 편집 및 출판에 대한 사용료는 다음과 같다.

용도	구분	상세구분	메인	서브
참고서, 서적	표지 내지		100,000원 75,000원	60,000원
단행본, 월간지	표지 내지		100,000원 75,000원	
백과사전, 도감, 사전	표지 내지		75,000원 50,000원	
사보, 뉴스레터, 기내지	표지 내지		100,000원 75,000원	
신문, 기관지 등 (기사용)	중앙지 지방지, 전 문지		100,000원 75,000원	
화보			100,000원	
CD타이틀, 노래방배경			8,200원	

(7) 그 밖의 사용료

① 저작물의 이용형태가 제3조부터 제6조까지의 규정을 적용하기 어려
   울 때에는 저작물 이용의 목적, 형태 등을 고려하여 진흥원과 이용자
   간에 협의하여 그 사용료 요율 또는 금액을 정한다.
② 제1항에 의하여 사용료를 징수하고자 하는 경우에는 지체 없이 문화
   체육관광부장관에게 이 규정의 개정 승인을 받아야 한다. 다만, 승인
   전에 사용료를 징수한 때에는 이를 추후 정산한다.

[표 4-8] alright 시스템의 사용료 징수규정

위의 사용료 징수규정을 보면 일반인이 보기에는 너무나 어렵고,
금액이 명확하지도 않으며, 기여계수나 관리비율 등이 어떻게 책정

이 되는지도 알 수 없다. 게다가 출판의 경우, 사용 기간, 부수 등이 너무 짧거나 적게 책정되어 있으며, 이미지의 사용료도 일반 이미지 판매 사이트와 큰 차이가 나지 않아 여러 장을 사용하게 될 때에는 많은 비용을 지불할 수밖에 없다.

이와 같이 정부는 공공저작물이 민간에서 많이 활용될 수 있도록 몇몇 시도들을 하고 있지만 상업적으로 이용하기 위해서는 복잡한 절차를 거쳐야 하거나 많은 이용료를 지불해야 하기 때문에 공공저작물에 대한 활용이 많이 이루어지지 않고 있는 실정이다.

문화원형 디지털콘텐츠 사업의 결과물들도 산업적 활용이 낮은 편이다. 현재 문화원형 콘텐츠들은 2012년 2월에 개편된 문화콘텐츠닷컴에서 14개의 카테고리 하에 서비스되고 있다.

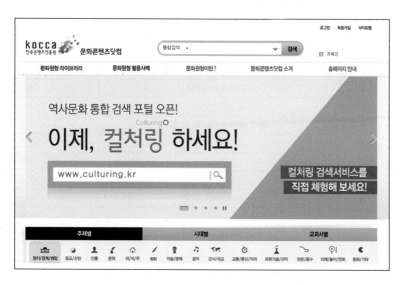

[그림 4-12] 문화콘텐츠닷컴 메인 페이지

2012년 8월 21일 현재 문화콘텐츠닷컴에서 서비스하는 "문화원형 콘텐츠디지털화 사업"의 과제들은 모두 199개로 과제명과 서비스 콘텐츠 수는 다음과 같다.

분류	과제명	서비스 콘텐츠 수
정치/경제/생업	고대에서 조선시대까지 정변관련 콘텐츠	677
	고려 거상의 현대적 조명	398
	구한말 외국인 공간:정동	867
	나루와 주막	558
	독립신문과 만민공동회	1,058
	디지털 한강, 한강 생활문화콘텐츠	1,215
	물류와 문류기반의 항구문화	420
	사냥−전통 수렵방법과 도구	1,039
	상인과 상업활동	852
	암행어사	879
	전통 고기잡이	637
	조선시대 유배문화	616
	조선시대 형구와 형벌이야기	162
	조선후기 시장	383
종교/신앙	강릉단오제	2,487
	바다문화의 원형 당제	1,119
	승려의 생활	265
	씨나락	278
	오방대제	1,223
	우리 성(性) 신앙	(136)
	운주사	316
	전통 부적문화의 원형	4,949
	한국의 굿	2,277
인물	고려사에 등장하는 인물유형	1,028
	고려시대 여인의 당당하고 의연한 삶	469

분류	과제명	서비스 콘텐츠 수
인물	기생	1,566
	삼국사기	410
	신라화랑 디지털 콘텐츠	1,828
	신여성문화	1,017
	우리 역사 최초의 여왕, 선덕여왕	544
	원효대사 스토리뱅크	1,007
	조선시대 기녀문화	868
	최승희 춤	(122)
	조선궁중여성	(1,090)
문학	건국설화 이야기	558
	디지털 삼국유사 사전, 박물지 시범개발	2,066
	바리공주 서사창작	(4,582)
	백두산	4,211
	불교설화	1,929
	새롭게 펼쳐지는 신화의 나라	932
	신화의 섬, 제주	3,742
	야담을 통한 시나리오 창작 소재	515
	연오랑 세오녀	787
	용궁	418
	유산기 콘텐츠	4,435
	이야기 온천사	654
	인귀세상	363
	조선시대 대하소설	(635)
	중국판타지 문학의 원류를 찾아서	545
	처용설화	162
	천하명산 금강산	(2,293)
	판타지 삼국유사	878
	표해록	(81)
	한국 신화	(681)
	한국 정령연구를 통한 극장용 장편 애니메이션 제작	76

분류	과제명	서비스 콘텐츠 수
문학	한국호랑이	370
	한국설화 인물유형	1,747
	한국적 감성에 기반한 이야기 콘텐츠	521
	한국의 도깨비	2,269
	한글 조립 및 발음 알림장	7
	함께 읽는 용비어천가	7
	혜초의 왕오천축국전	111
의/식/주	고려복식	(1,240)
	고려시대 주거공간	1,327
	공연문화의 원형인 근대 극장 원소스 개발	823
	디지털 창덕궁	1,005
	디지털 콘텐츠로 보는 앙코르왓	1,712
	목조건물 부재별 조합 조립체험	2,160
	사진으로 보는 한국 전통건축	11,221
	사찰 건축 디지털세트, 절집	1,548
	서울 4대문 안 길 이름 스토리 콘텐츠 개발	43
	옛 집	1,228
	와인문화	2,811
	재미있는 세시음식 이야기	552
	전통 건축과 장소	(2,359)
	전통 머리모양과 머리 치레거리	647
	조선시대 식문화원형	1,030
	한국 술문화	3,324
	한국 전통 문화공간인 정원과 정자	763
	한국 전통의 담	180
	한국 최초 조선 요릿집 '명월관'	1,290
	한국의 고유복식	9,713
	한국의 고택	1,065
	한국의 전통 장신구	456
	한국의 전통 다리	146

분류	과제명	서비스 콘텐츠 수
회화	감로탱의 디지털 복원	1,069
	기산 풍속도	1,493
	고구려 고분벽화	1,369
	디지털 민화	(2,766)
	조선시대 동물화첩	(3,511)
	탐라순력도	344
	풍속도 콘텐츠	(1,735)
	한국의 불화	487
미술/ 공예	경기도자 문화원형	700
	궁중문양	(1,215)
	길상이미지	(2,293)
	단청문양	(501)
	디지털 폰트	2,313
	디지털 한국석탑	293
	백제금동대향로	802
	산사의 소리	747
	숨 쉬는 갈색 도자기, 옹기의 이야기 창작 소재	215
	오색채운	2,230
	우리의 장승	(972)
	자수문양	(3,118)
	전통 일간과 철제연장 사용의 디지털 콘텐츠	1,287
	한국 고서의 표지문양	6,828
	한국 대표 서예폰트	(10)
	한국 대표이미지 국보 하회탈	288
	한국 불교 목공예의 정수, 수미단	494
	한국 전통가구	1,021
	한국의 장석	–
	한국의 암각화	647
음악	겨레의 노래 아리랑	1,091
	고려가요의 디지털 콘텐츠화	491

분류	과제명	서비스 콘텐츠 수
음악	국악	(788)
	국악장단 디지털 콘텐츠	3,552
	디지털 악학궤범	(1,674)
	백두대간의 전통음악 원형	168
	산조	(1,628)
	악인	467
	오케레코드와 조선악극단	4,202
	음성원형 콘텐츠웨어	963
	전통 국악기 샘플 데이터	3,524
	정간보	401
	종묘제례악	1,458
	한국 근대의 음악원형	2,231
군사/ 외교	고선지 실크로드 개척사	(1,449)
	대백제이야기	411
	삼별초 문화원형	675
	역관	(318)
	조선시대 수영의 디지털 복원	248
	조선시대 암호방식 신호전달체계 콘텐츠	321
	조선의 국왕경호	(291)
	조선통신사	809
	진법	(1376)
	첩보	758
	한국 궁술의 원형	618
	한국 무예원형 및 무과시험 복원	328
	한국의 몬스터	963
	한국의 산성	569
	한민족 전투원형	3,003
	해동성국 발해	(1,899)
교통/ 통신/ 지리	간이역과 사람들	2,230
	대동여지도와 대동지지	463
	독도 디지털 콘텐츠	379

분류	과제명	서비스 콘텐츠 수
교통/ 통신/ 지리	디지털 전통팔경	1,532
	디지털 한양	(312)
	문화와 산업의 대동맥, 옛 길	962
	서울 근대 공간 디지털 콘텐츠	1,973
	서울 문화재 기념표석들의 스토리텔링 개발	577
	전통시대 수상교통, 뱃길	1,095
	전통 한선의 디지털 복원	121
	한국 문화택리지 시범개발	470
	한국의 골목길	–
	한국의 배	1,179
	한반도 해양문화 원형	2,352
과학 기술/ 의약	검안	1,131
	고려시대 주화로켓과 화약무기의 디지털화	370
	근대병원 이야기	360
	조선 궁중 과학기술관, 천문	380
	한국의 24절기	818
	한국의 도량형	644
	한의학 및 한국 고유의 한약재	1,506
천문/ 풍수	우리 저승세계	385
	자연 재해와 인간생활 콘텐츠	346
	토정비결과 한국인	(10,230)
	한국 천문 우리 하늘 우리 별자리	(1,227)
	한국의 풍수지리	624
의례/ 놀이/ 연희	고인돌 콘텐츠	(1,346)
	광대에서 비보이까지	840
	궁궐 의례와 공간	538
	듣는 그림 보는 노래, 전래동요	355
	디지털 전통연희사전 시범개발	12,734
	유랑예인 집단, 남사당	(495)
	전통놀이	1,990
	전통놀이와 춤	1,791

분류	과제명	서비스 콘텐츠 수
의례/ 놀이/ 연회	전통혼례와 혼례음식	910
	조선왕실 관혼상제	(706)
	죽음의 전통의례와 상징세계	807
	줄타기원형	(397)
	팔관회	732
	한국의 전통 춤	279
	한국의 탈, 탈춤	(5,206)
	화성의궤	(6,324)
	효명세자와 춘앵전의 재발견	(211)
문화/ 기타	경성의 유흥문화공간	834
	고대 재야지식인의 활동상의 현대적 조명	503
	고려사람	849
	국가 문화상징 무궁화	(214)
	근대 초기 한국문화, 과거로 가는 시간여행	(662)
	나눔과 협동의 공동문화 디지털 아카이브 구축	−
	디지털 여항문화	(1,993)
	우리 꽃문화 디지털 형상화 사업	(1,873)
	전통민속마을	−
	조선왕조 아동교육	611
	택견의 미완성 별거리 8마당	996
	택견의 이야기와 동작	317
	한국인 얼굴유형	1,707
총 개수	199개 과제	198,327 (69,959)

[표 4-9] 문화콘텐츠 닷컴에서 서비스하고 있는 콘텐츠 수[15]

표를 보면 2012년 8월 현재 199개의 과제의 약 26만8천 건의 콘
텐츠가 올라와 있지만 실제 다운로드가 가능한 것은 약 19만8천 건

이다. 게다가 모두 상업적 이용금지로 되어 있다.

문화콘텐츠닷컴은 2004년에 첫 오픈을 하여 사업에 따른 콘텐츠들을 서비스하고 있고, 2011년 3월까지 확인된 문화원형 디지털콘텐츠화 사업 결과물이 산업적으로 활용된 사례는 [표 4-10]와 같다.

분야	사례(작품명)	활용기관	활용내용 및 효과
영화	〈왕의 남자〉	(주)이글픽쳐스	한양도성과 궁궐 무대세트 이용관객 1,230만 명
	〈모던보이〉	(주)Knj 엔터테인먼트	조선총독부, 경성역, 남대문 등의 모델링데이터 활용
드라마	〈주몽〉	(주)올리브나인	건국설화/고구려고분벽화 활용 시청률 30%
	〈별순검〉	MBC	증수무원록 등 검안기록 소재 활용
	〈황진이〉	(주)올리브나인	조선시대 기녀문화/한국의 전통 장신구 활용, 시청률 23.3%
디자인	섬유디자인 개발	대구경북 섬유 산업협회	수출 92만 달러 계약 (600만 달러 예상)
	연하장 개발	(주)바른손카드	30만장 판매
출판	엘릭시르 (VIP Magazine)	(주)CSD	잡지 제작에 전통놀이 관련 문화원형콘텐츠 활용
전시	박물관	안동/경주	관련 문화원형 콘텐츠 활용
	경주-앙코르 엑스포 전시	경주문화엑스포	문화원형사업 결과물 전반 활용
캐릭터	뿌까, 모&가	(주)부즈	자수문양/능화문 활용 해외수출 350만 달러(상담실적)
교육	빨간펜(교재)	(주)교원	동물(까치, 호랑이 등) 관련 문화원형콘텐츠 활용
게임	〈거상〉	(주)조이온	석굴암 등 문화유산과 복식 자료 회원수 400만 명

분야	사례(작품명)	활용기관	활용내용 및 효과
축제	강릉단오제	강릉시	강릉단오제를 개발하고 지역 축제에 캐릭터 등으로 활용
	남사당 바우덕이 축제	안성시	플래시애니 등 활용
공공 분야	국사교과서	국사편찬 위원회	신 여성교육 등 26개 자료 활용 연간 60만권(5년간, 총 300만권)
	국사교과서 e-러닝 부교재	국사편찬 위원회	해동성국 발해, 한국의 암각화 등 약 1,750개 활용 2007년 1학기 전국 초중고등학교 배포
	영문홈페이지	국회	우리음악의 원형, 한국의 고인돌문화, 사이버 전통 한옥 마을 등 총 33개 활용 국회 공식 영문홈페이지에 적용
	조계종 템플스테이	조계종	사찰건축 등 활용 홈페이지에 활용
	상장표지	문화관광부	한국고서능화문(연당초문)을 상장 및 표지에 활용
	서울시 GIS 포털시스템	서울시	숭례문 3D콘텐츠 활용한 테마관광 서비스
	서울 4대문안 길 QR code 서비스	한국산업정보 연구소	QR code 20개 길서비스

[표 4-10]문화원형 디지털콘텐츠화 사업 결과물의
산업적 활용/산업장르별 활용사례[16]

과제별 콘텐츠 활용 사례를 2010년 최문순 의원이 국정조사 후 제시한 자료를 통하여 보면 [표 4-11]과 같다.

과제명	활용건수	분야별 활용건수										
		도서	에듀/교육	디자인	방송영상	캐릭터	음악	만화	애니	온라인/모바일	게임	전시/공연	기타
신화의 섬, 제주	107												107
한국신화	0												
사진으로 보는 한국전통건축	125	3	19	10								1	92
고려복식	38												38
전통놀이	23												23
산조	0												
한국의 몬스터	0												
한민족 전투원형	3												3
검안	6												6
화성 의궤	13												13
소리은행	9												9
전통건축과 장소	2												2
한국의 고유복식	721												721
디지털 민화	79												79
한국의 불화	0												
토정비결과 한국인	6												6
조선시대 대하소설	53												53
고려 팔관회	13		1										2
암행어사	1												1
단청문양	226												226
사이버 전통 한옥마을-옛집	92												92
디지털한양	24												24
오방대제	5												5
전통국악기 샘플데이터	11						3						8
오색채운	132		3	1				1					127
조선의 국왕경호	0												
고선지 실크로드 개척사	0												
진법	16												16

과제명	활용건수	분야별 활용건수											
		도서	에듀/교육	디자인	방송영상	캐릭터	음악	만화	애니	온라인/모바일	게임	전시/공연	기타
한국의 배	10												10
전통한선의 디지털복원	4												4
대동여지도	0												
디지털 폰트	13			1									12
풍속화콘텐츠	5												5
전통자수문양	45												45
종묘제례악	0												
바리공주 서사창작	0												
연오랑과 세오녀	1												1
한국의 탈, 탈춤	0												
조선통신사	1												1
상인과 상업활동	14												14
한국천문 우리하늘 우리별자리	115		3										112
한국무예 원형및무과시험 복원	0												
감로탱	0												
국악	0												
한국의 고인돌	21			5	1			1					14
조선후기 시장	32				1								31
조선시대 식문화 원형	113		1		8							8	95
디지털 악학궤범	7												7
길상 이미지	398				1								397
조선시대 기녀문화	65												65
한국의 도깨비	3												3
조선시대 동물화첩	163			4									159
사찰 건축 디지털세트, 절집	89		2		4	1			1		1		80
조선왕실의 관혼상제	0												
죽음의 전통의례와 상징세계	99												99
화랑세기 속의 신라 화랑	8				1								7

과제명	활용건수	분야별 활용건수											
		도서	에듀/교육	디자인	방송영상	캐릭터	음악	만화	애니	온라인/모바일	게임	전시/공연	기타
국악장단	0												
우리문화 상징 아이콘, 부적	61												61
중국집대성문학의환타지 '태평광기'	27		2										25
궁중문양	100												100
현대 한국 대표 서예가의 디지털 폰트	55												55
유랑예인집단 남사당	3												3
목조건축 부재별 조합 조립체험	7												7
디지털 한국석탑	0												
조선시대 형구와 형벌이야기	1												1
조선시대 수영의 디지털 복원	3												3
택견의 이야기와 동작	4												4
독립신문과 만민공동회	1												1
강릉단오제	9		3	1									5
한국의 암각화	4												4
한국전통가구	19												19
문화와 산업의 대동맥 옛길	2												2
음성원형 콘텐츠 웨어	6												6
전통머리모양과 머리치레거리	7												7
궁궐의례와 공간	0												
인귀세상	0												
새롭게 펼쳐지는 신화의 나라	9												9
건국설화 이야기	192	13	50		1		2	2			1		123
백두대간의 전통음악원형 지도개발	14												14
사냥-전통수렵 방법과 도구	0												

과제명	활용건수	분야별 활용건수											
		도서	에듀/교육	디자인	방송영상	캐릭터	음악	만화	애니	온라인/모바일	게임	전시/공연	기타
전통고기잡이	24												24
조선 궁중 과학기술관-천문	14												14
한국의 풍수지리	7												7
신여성문화	1												1
한국의 산성	1												1
한국인 얼굴 유형	0												
고구려 고분벽화	0												
고려사람	67		10		24								33
기생사랑	74	1	13	4	7	6					4		39
1910년, 과거로 가는 시간여행	36	1		2	7							4	22
한국의 전통 춤	8		3										5
백두산 문화상징 디지털 콘텐츠화	28	3	6										19
해동성국 발해	273	16	26	25	11	1		1	3		2	20	168
불교설화	93	2	9	3	14	1	1		6	1	17	1	38
근대서울의 공간	803	37	27	152	95						14	26	399
거레의 노래 아리랑	231		11	4	13		80					1	122
전통 한의학 및 한약재	972	1	490	12	1		1					1	466
전통놀이와 춤	4							1					3
조선시대 아동교육	544	5	86	61	10	80				2			300
e조선궁중여성	93												93
조선후기 여항문화	1												1
천하명산 금강산	150	4	7	1	6		48	1			2	3	78
한국고서의 표지문양 및 장정	140		4	27	1								108
한국근대의 음악원형 디지털화	8											1	7
한국의 굿	1482	1	69	252	85	1			1		6	34	1031

과제명	활용건수	분야별 활용건수											
		도서	에듀/교육	디자인	방송영상	캐릭터	음악	만화	애니	온라인/모바일	게임	전시/공연	기타
한국의 전통장신구	217		79	19	16								103
산사의 소리	3												3
독도 디지털 콘텐츠	72	16	18			2			2				35
한국 궁술의 원형	25			1	1								23
바다문화의 원형 당제	20												20
조선시대 암호(暗號) 방식의 신호전달체계	4												4
국악대중화를 위한 정간보(井間譜)	155		1		1		100						53
조선시대 궁궐조경	20												20
전통혼례와 혼례음식	0												
최승희 춤	12												12
우리의 전통다리 건축	1												1
전래동요의 디지털 콘텐츠	0												
한국호랑이	3												3
바다 속 상상세계	1												1
한국대표이미지 국보하회탈	178	3	25	22	14				2			6	106
디지털전통팔경	2												2
흙의 미학, 빛과 소리	3												3
운주사	1												1
백제금동대향로	45												45
삼별초 문화원형	28												28
전통 일간과 철제연장 사용의 디지털 콘텐츠 개발	9												9
한국설화의 인물유형분석	84												84
한국 술문화	38												37
와인문화	0												

과제명	활용건수	분야별 활용건수											
		도서	에듀/교육	디자인	방송영상	캐릭터	음악	만화	애니	온라인/모바일	게임	전시/공연	기타
디지털콘텐츠로 보는 앙코르왓	1												1
19세기 조선의 민중생활상	30	6	1	1	1	1	1	2	5		2		11
우리저승세계	11												11
조선시대 유배문화	6												6
승려의 생활	0												
한국의 도량형	0												
첩보	0												
씨나락	0												
한국 정령연구를 통한 극장장편 애니메이션 제작	0												
조선시대 유산기(遊山記)	19	1			3							2	13
줄타기원형	1												1
표해록	13												13
효명세자와 춘앵전의 재발견	0												
탐라순력도	0												
역관의 외교및 무역활동	0												
택견의 미완성 별거리 8마당	10												10
우리 역사 최초의 여왕, 선덕여왕	6												6
야담을 통한 시나리오 창작소재	0												
우리의 장승	0												
우리의 성신앙	0												
한국불교 목공예	2												2
한국의 24절기	0												

과제명	활용건수	분야별 활용건수											
		도서	에듀/교육	디자인	방송영상	캐릭터	음악	만화	애니	온라인/모바일	게임	전시/공연	기타
국가문화상징 무궁화	0												
고대에서 조선시대까지 "정변(政變)"관련 콘텐츠	0												
삼국사기(三國史記)	7												7
전통시대 수상교통-뱃길(水上路)	20												20
한강을 중심으로 하는 생활문화	1												1
한국적 감성에 기반한 이야기 콘텐츠	82		11		4		4		1			5	57
한국전통 문화공간인 정원과 정자	0												
고려사(高麗史)에 등장하는 인물유형	13												13
처용설화문화원형 디지털콘텐츠화	8		3	1							2		2
대백제이야기	2												2
통일신라인 혜초의 왕오천축국전	1												1
삼국유사 판타지 원형	0												
고려가요의 디지털 콘텐츠화	3												3
고려시대 여인의 당당하고 의연한 삶	3												3
나루와 주막	0												
한국의 근대극장	0												

과제명	활용건수	분야별 활용건수											
		도서	에듀/교육	디자인	방송영상	캐릭터	음악	만화	애니	온라인/모바일	게임	전시/공연	기타
개항시대 인천 항구문화	1												1
구한말 외국인 공간 : 정동	1												1
고려시대 주거공간의 유형별 복원	0												
고려시대 '주화' 로켓과 화약무기의 디지털화	0												
간이역과 사람들	0												
근대 생활 문화 공간으로서의 병원 이야기	0												
커뮤니티 공간으로서 한국 최초 조선 요릿집	1												1
한국의고택	0												
원효대사 소재 다장르 스토리뱅크	0												
경성의 유흥문화공간 (카페.다방)	0												
오케레코드와 조선악극단	0												
조선시대 악인(樂人)	0												
세계 속의 한반도 해양문화 원형콘텐츠 개발	0												
자연재해	1												1
	9,653												

[표 4-11] 문화원형 디지털콘텐츠 개발업체 활용 사례[17]

위의 두 표를 보면 문화원형 콘텐츠디지털화 사업이 시작된 지약 8년이 지났지만 활용된 대표적인 사례는 22개에 불과하고, 활용 건수는 9,653건에 불과하다는 것을 알 수 있다. 게다가 대표 사례에서 국회 및 문화관광부, 지방자치단체, 방송국과 같은 공공기관을 제외하면 민간이 활용한 사례는 11건에 불과하다. [표 4-11]을 보면 조사 대상이었던 181개 과제 중 활용 건수가 전혀 없는 것도 52개나 되었다. 문화체육관광부는 애초 복원된 문화원형을 게임 · 애니메이션 · 캐릭터 상품 등에 활용한다는 계획이었지만, 국정감사 결과 게임에 활용된 과제는 181개 과제 가운데 '불교설화' 등 11개 과제6% 뿐이었고, 애니메이션은 '19세기 조선의 민중생활상' 등 9개 과제5%, 캐릭터 상품은 '조선시대 아동교육' 등 8개 과제4%에 그쳤다. 이 외에 다큐멘터리 활용은 25개 과제14%, 공연콘텐츠는 13개 과제7%에 불과했다. [18]

이와 같이 문화원형 콘텐츠의 활용이 그 수에 비하여 적은 이유는 문화원형 콘텐츠의 주제나 질에도 있을 수 있지만, 가장 큰 이유는 저작권에 따른 유료화 정책 때문이다. 오늘날의 환경으로 보았을 때 프로슈머들이 문화원형 콘텐츠를 가장 많이 활용할 수 있는 가능성이 많은데, 콘텐츠를 유료화함에 따라서 활용할 수 없게 되기 때문이다.

그렇다면 문화원형 콘텐츠와 같은 공공저작물이 저작권에 반드시 포함이 되어야 하며, 공공기관이 이를 유료화해야 하는가? 라는 질문을 되새기게 된다. 다음 장에서는 다른 국가들에서는 공공저작물의 활용도를 높이기 위하여 어떠한 정책들을 세우고 있는지 살펴보도록 하겠다.

장주

1) 문화체육관광부, 한국데이터베이스진흥원, 「공공저작물 민간활용 가이드라인」, op. cit., p. 9.

2) https://www.knowledge.go.kr/center/resourceView.jsp?idx=1604&cpage=1&search Key=all&searchWord=&mcd=10에서 다운로드 가능

3) 문화체육관광부, 한국데이터베이스진흥원, 「공공저작물 민간활용 가이드라인」, op. cit., pp. 11~12.

4) 문화체육관광부, 한국데이터베이스진흥원, 「공공저작물 민간활용 가이드라인」, op. cit., pp. 17~20. 참조

5) 문화체육관광부, 한국데이터베이스진흥원, 「공공저작물 민간활용 가이드라인」, op. cit., pp. 35~38. 참조

6) Ibid. 제5조 제1항

7) 「국유재산법」 제5조 제1항 제6호

8) 「국유재산법」 제4조 제1항 제6호 및 제6조 제1항, 2011년 10월 13일 시행

9) 「공유재산 및 물품 관리법」 제7조

10) 「국유재산법」 제30조, 「공유재산법」 제20조

11) 「국유재산법」 제32조, 「공유재산법」 제22조

12) 국가정보화전략위원회, 「공공정보 민간활용 촉진 종합계획(안)」, 2010.03.10.

13) 김성록, 「공공저작물 민간활용 촉진 종합계획」, 「지역정보화」, 63호, 2010, pp. 28~31. 참조.

14) 행정안전부, 「공공정보 22종, 모바일용 앱 개발에 가능한 형태로 민간개방 – 국가공유자원포털(Data.go.kr) 통해 서비스 –」, 보도자료, 2012. 4. 4. 참조

15) –는 과제 내용만 볼 수 있고 콘텐츠 개수는 알 수 없는 것이고, ( )안에 있는 수치는 콘텐츠 개수는 명시되어 있지만 다운로드가 불가능한 콘텐츠 수이다.

16) 한국콘텐츠진흥원, 「문화원형 디지털콘텐츠화 사업의 평가와 향후 발전방향」, op.cit., p. 6,; 옥성수, 「문화원형 디지털콘텐츠화사업의 경제적 가치 분석」, op. cit., p. 18. 참조

17) http://moonsoonc.tistory.com/1880; 본 표는 문화콘텐츠닷컴 콘텐츠 분야별 활용건수 기준이며, 활용데이터의 사용목적 분류는 2009년 1월 1일부터 실시하였다. 또한 활용실적의 데이터는 2009년도 1월1일부터 2010년 8월 31일을 기준으로 작성하였고, '기타' 분류는 사용목적 분류 이전 활용건수와 기타 목적으로 사용한 것이다.(예. 개인–논문 작성용 등)

18) http://moonsoonc.tistory.com/1880

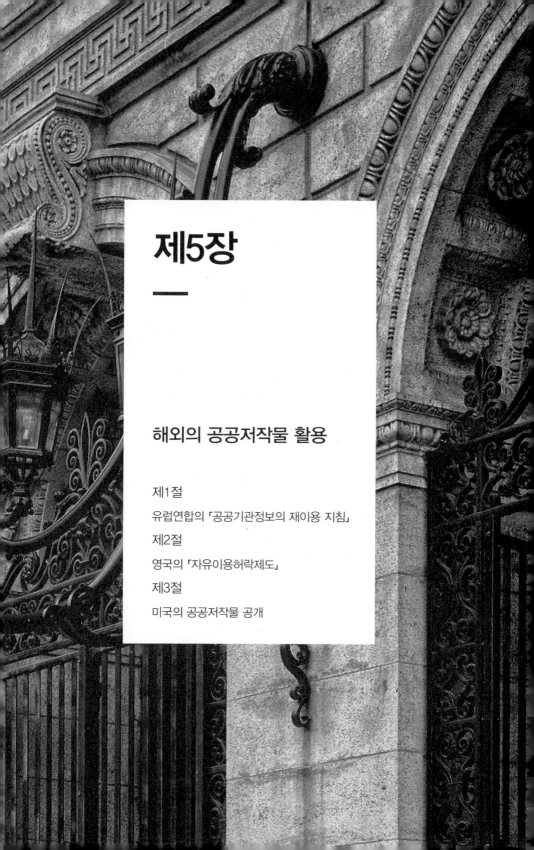

제5장

해외의 공공저작물 활용

제5장 해외의 공공저작물 활용

제1절 유럽연합의 「공공부문정보의 재이용 지침」

오늘날 유럽 연합EU의 전신인 유럽공동체EC는 1989년 공공부문의 지원과 민간부문의 진취성 간에 긍정적인 시너지 효과를 촉진하기 위하여 「정보시장에서 공공부문과 민간부문의 시너지 효과 제고 지침Guideline for improving the synergy between the public and private sectors in the information market」을 발표했었다. 이 지침에 따르면 이미 유럽연합은 유럽공동체였을 때부터 공공부문이 기본 데이터와 정보의 생산자이고, 전자 정보 서비스의 제공자이기 때문에 정보 서비스의 공공부문의 지원이 필요하다고 보았다.[1] 그러나 이 지침은 공공부문이 생산하거나 수집한 정보를 민간부문이 활용할 수 있도록 하였으나 지침의 강제성이 없었기 때문에 커다란 실효를 거두지 못하였다.[2]

1996년에는 유럽정보산업협회EIIA가 「공공부문 데이터베이스의 상업적 접근 권한을 위한 지침A Draft Directive for a Commercial Right of Access to Public Sector Database」를 수립하기도 하였다.[3]

1999년 EU 집행위원회는 「공공부문정보: 유럽의 핵심자원Public Sector Information: A Key Resource for Europe」이라는 『공공정보에 대한 녹서Green Paper on Public Sector Information in the Information Society』를 발

표하였다. 이 녹서에 따르면 공공부문 정보는 1) EU 내의 노동자와 학생, 은퇴자 등과 같은 사람들이 이동을 하는 데 필수적이며, EU 내수 시장에도 이점을 가져다 줄 것이며, 2) 유럽 통합 과정에 투명성을 제공하여 시민들의 참여가 더욱 증가하여 유럽 통합 과정에 큰 이익이 될 것으로 보았다. 또한 공공 정보로의 접근은 모든 비즈니스에도 중요하게 될 것이며, 21세기의 새로운 일자리를 창출하는데 필수적이라고 하였다. 한편 정보 사회가 출현함에 따라 정보의 집적이 이루어지고 있으며, 공공 기관들 간에 정보 공유가 가능해짐에 따라 행정적 부담이 덜어지고 정보의 접근성과 배포가 중요해지고 있기 때문에 공공 정보의 디지털화는 단순한 접속뿐만 아니라 정보의 활용에도 유용하다고 하였다.[4]

이 녹서에는 공공부문정보에 대한 정의와 접근권에 대한 예외도 규정되어 있다. 우선 공공부문정보에 대한 정의를 내리기 위하여 공공부문을 다음과 같은 세 가지 접근 방식을 취하였다.[5]

① 기능적 접근 : 공공부문은 국가기관 혹은 공공서비스 업무를 하는 조직을 포괄한다.
② 법적/제도적 접근 : 관련법에 열거된 조직만이 공공부문의 성격을 가진다.
③ 재정적 접근 : 공공부문은 공공자금(특히 시장의 일반 규정에 따라 작동하지 않는)에 의해 주로 재정을 지원받는 모든 조직을 포괄한다.

한편 공공부문의 정보형태는 행정정보와 비행정정보가 있는데, 행정정보는 정부나 행정기관에 생산한 정보이고, 비행정정보는 공공업무를 수행하면서 수집된 정보로 지리정보, 비즈니스 정보 등이 이에 속한다.

공공정보에 대한 접근이 불가능한 경우는 다음과 같은 네 가지가 있다.[6]

① 국가안보, 공공질서, 국제관계, 입법절차 등과 같은
   국가의 이해와 관련된 정보
② 개인정보, 지적재산, 상업적 비밀, 재판 절차와 같은
   제 3자의 이해와 관련된 정보
③ 예비문서나 내부문서와 같은 진행 중인 정책과 관련된
   정보는 보호를 위해 배제
④ 기 출간된 정보나 과도한 요청이 있는 정보는 비합리적인
   비용이나 업무를 피하기 위하여 배제

이와 같은 노력 끝에 유럽연합은 회원국이 보유하고 있는 공공저작물의 재활용을 촉진하기 위한 2003년 11월 17일 「공공부문정보의 재이용 지침Directive on Re-use of Public Sector Information」[7]을 채택하여 민간사업자가 공공기관의 정보를 재활용하여 상업적으로 활용할 수 있는 법적 근거를 마련하였다. 이 지침은 공공저작물의 개방에 따른 국정참여라는 민주적 목적보다는 재활용에 따른 경제적 효과에 중점을 두었다. 이 지침에서는 공공저작물에 기초한 범유럽 정

보 상품 서비스의 창출을 촉진하고, 민간사업자가 부가가치 정보 상품 및 서비스의 개발을 위하여 국경을 초월하여 공공저작물의 효과적인 활용을 제고할 수 있도록 하고 있다. 또한 EU 지역 내의 시장에서 경쟁의 왜곡을 방지하는 등의 목적으로, 공공저작물 재활용 요청 처리에 필요한 조건이나 제공형태 및 과금, 목록 비치와 같은 재활용의 조건, 차별금지 및 공정거래 등을 규정하고 있다.[8]

이 지침의 몇몇 중요 조항들을 자세히 살펴보면, 우선 제1조 제2항에서는 이 지침이 적용되지 않는 경우를 제시하고 있다. 적용되지 않는 경우들로는 다음과 같은 것들이 있다.

(a) 공공기관이 공공업무 이외의 활동으로 생성한 공공정보
(b) 제3자가 지적재산권을 보유하고 있는 정보
(c) 회원국 내에서 국가 안보, 방위, 공공의 안전 그리고 통계적 혹은 상업적 비밀 등의 이유로 접근이 제외된 정보
(d) 공공 서비스 방송사와 산하단체, 그리고 공공 서비스 방송 위탁을 위한 기타 기관과 부속 기관이 보유한 정보
(e) 학교, 대학, 기록보존소, 연구 결과를 전달할 목적으로 설립된 조직을 포함한 연구소 등 교육·연구기관이 보유한 정보
(f) 박물관, 도서관, 기록보존소, 오케스트라, 오페라, 발레 및 극장 등의 문화 기관이 보유한 문서

여기에서 (b)의 경우는 문화원형 콘텐츠와 같다고 볼 수 있다. 제3자가 지적재산권을 가지고 있는 경우, 공공저작물이어도 공공기

관이 재이용 허가를 할 수 없는데, 문화원형 콘텐츠 역시 지적재산권이 개발업체에 있는 것이 아직 많이 남아 있다. 따라서 문화원형 콘텐츠의 활용 활성화를 위해서는 저작권 문제 해결이 시급하다.

지침 제2조에서는 "공공정보"와 "재이용"에 대한 정의를 하고 있다. 우선 "공공정보"란 매체_{종이에 기록되거나 전자적 형태로 저장되거나 청}_{각, 시각, 시청각적으로 기록 저장되거나}를 불문한 모든 종류의 콘텐츠 및 그러한 콘텐츠의 일부_{제2조 제3항}라고 정의하였으며, "재이용"이란 공공정보를 만들게 된 공무상의 최초 이용 목적 이외에 상업적, 비상업적 목적으로 공공기관이 보유한 공공정보를 개인 및 법인이 이용하는 것_{제2조 제4항}으로 정의하였다.

제3조에서는 공공기관이 보유한 공공정보의 재활용이 허락된 경우, 회원국은 이 공공정보가 이 지침의 규정조건에 따라 상업적, 비상업적으로 재활용될 수 있도록 보장해야 하며, 공공정보는 가능한 한 전자적 매체를 통하여 전달해야 한다고 규정하고 있다. 그리고 제8조에서는 공공기관이 조건 없이 공공정보의 재활용을 허락하거나 이용허락을 통해 관련 문제를 적절하게 처리하도록 일정한 제한조건을 부과할 수 있으며, 공공기관은 이 제한조건을 불필요하게 재활용의 가능성을 제약하거나, 경쟁을 억제하는데 이용해서는 안 된다고 규정하고 있으며_{제8조 제1항}, 이용허락 제도를 시행하는 회원국은 공공정보 재활용에 대한 이용허락 표준을 마련해야 하고 이 표준은 특수한 이용허락의 경우에 응용할 수 있어야 하며 디지털 형태로 이용하고 전자적으로 처리될 수 있도록 해야 한다

고 규정하고 있다제8조 제2항.

또한 회원국의 공공기관은 이용허락의 조건을 부과할 수 있지만 불필요한 조건을 배제한 최소한의 조건이어야 하고, 표준화된 약관을 사용할 것을 규정하고 있다.

공공저작물에 대한 이용허가를 하는 공공기관의 의무사항 사항들로는 차별금지, 독점적 이용허락의 금지, 비용청구 등이 있다.

차별금지는 이 지침 제10조에 나와 있는 것으로 공공정보 이용시, 유사한 이용범주 내에서는 그 이용조건이 동일해야 하며제10조 제1항, 공공기관이 공무의 범위를 벗어나 상업적 활동에 이용할 목적으로 공공정보를 재활용할 경우에는 다른 이용자들과 마찬가지로 동일한 과금과 이용 조건을 적용해야 한다고 제시했다.

독점적 이용허락의 금지는 정보산업의 발전을 목적으로 하고 있다. 만약 한 명의 이용자에게만 이용허락을 준다면 경쟁을 제한하는 결과를 가져오게 된다. 따라서 이 규칙 제11조에서는 독점적 이용허락을 원칙적으로 금지하고 있다. 본 지침 제11조 제1항에 따르면 하나 또는 그 이상의 시장 참가들이 공공정보를 이용하여 부가가치 상품을 개발하였더라도 공공정보 재활용은 시장의 모든 잠재적 활동주체에게 공개되어야 하며, 공공정보를 보유한 공공기관과 제3자 간의 계약 또는 기타 협약을 통해 독점권을 부여할 수 없다고 하였다. 그러나 공익상 서비스 제공에 독점권이 필요한 경우, 독점권 부여에 대한 이유의 타당성을 정기적으로 검토해야 하고 어떠한 경우에도 3년마다 검토해야 한다고 하였다제11조 제2항.

비용청구에 대한 규정은 이 규칙 제6조에 제시되어 있는데 제공 대금을 부과할 경우, 공공정보의 제공과 재활용 허락으로부터 발생되는 전체 수입은 수집, 생산, 재생산 및 분배비용, 합리적인 투자 대비 회수비용 등을 초과해서는 안 된다고 규정하고 있다.

EU 회원국들은 EU의 이와 같은 재활용 지침의 이행을 위해 국내법을 정비할 의무가 있다. 현재 영국, 독일, 프랑스 등이 지침의 취지를 가장 잘 구현하고 있는 국가로 언급할 수 있다. 2005년 6월 영국은 「공공정보 재활용 규칙Re-use of Public Sector Information Regulation」을 제정하였으며, 프랑스도 「행정과 국민간의 관계를 개선하기 위한 제 조치 및 행정 · 사회 · 재정적 성질의 제 규정에 관한 법률」 중 제1편 제2장에서 공공정보의 재활용에 대해 규정하였다. 독일은 2006년 12월에 「공공기관정보의 재활용에 관한 법률」을 제정, 시행하였다. 이상의 국가들을 포함하여 2008년 5월 22일 현재 EU 회원국 중 27개국의 공공저작물 재활용 지침 이행 상태는 [표 5-1]과 같다.

국가	상태	공포일	법률명
오스트리아	제정	05.11.18	연방법과 8개 지방정부법으로 수용 :Bundesgesetz über die Weiterverwendung von Informationen öfentlicher Stellen
벨기에	제정중	08.04.08	연방법과 왕실명령으로 수용 (최종법률내용 미공개)
불가리아	제정	07.06.14	Act amending the Access to Public Information Act

국가	상태	공포일	법률명
사이프러스	제정	06.10.20	Act establishing rules governing the re-use of existin information held by the public sector bodies
체코	개정	06.02.03	amending Act No 106/1999 on free access to information, as amended, Act No 121/2000 on copyright, rights connected with copyright and amending certain laws (the Copyright Act), as amended by Act No 81/2005, and Act No 128/2000 on municipalities (the Municipal Order), as amended
덴마크	제정	05.06.24	Act on the re-use of public sector information
에스토니아	기존법	00.11.15	Public Information Act
핀란드	기존법	99.05.31	Act on the Openness of Government Activities
프랑스	개정	05.06.06	concerning the freedom of access to administrative documents and the re-use of public information
독일	제정	06.12.13	Gesetz uber die Weiterverwendungv on Informationen offentlicher Stellen (Informati onsweitervenwendnugsgesetz-IWG)
그리스	제정	06.03.15	On the re-use of public sector information and the regulation of issues within the competency of the Ministry of Interior, Public Administration and Decentralisation
헝가리	개정	05.04.25	on the freedom of electronic information, on the protection of personal data and the disclosure of data of public interest
아일랜드	제정	05.07.01	European Communities (Re-Use of Public Sector Information) Regulations 2005(EU지침 그대로 수용)

국가	상태	공포일	법률명
이탈리아	제정	06.02.14	Implementation of Directive 2003/98/EC on the re-use of public sector information
라트비아	개장	05.12.22	Amendments to the Act on Freedom of Information
리투아니아	제정	05.11.10	Right of access to information from state and local authority bodies
룩셈부르크	제장	07.12.04	Loi du 4 decembre 2007 sur la reutilisation des informations du secteur publi
말타	제정	07.08.09	Re-Use of Public Sector Information Order
네덜란드	개정	미확인	Amendment of the Government Information(Public Access) Act and other Act
폴란드	기존법	04.07.02	Freedom of Economic Activity 등
포르투갈	개정	07.08.24	Governs access to and re-use of administrative documen
루마니아	제정	07.04.25	Lege privind reutilizarea informaţiilor din instituţiile publice
슬로바키아	기존법	00.05.17	Act on Free Access to Information and Amendments of Certain Act
슬로베니아	개정	05.08.12	Access to Public Information Act, Decree on the provision and re-use of public information
스페인	제정	07.11.16	on the re-use of public sector information
스웨덴	기존법	미확인	Freedom of the Press Order 등
영국	제정	05.06.07	The Re-use of Public Sector Information Regulations 2005

[표 5-1] EU 회원국의 '공공저작물 재활용 지침' 이행 상태

(2008. 5. 22 기준)[9]

이와 같은 공공저작물의 재활용과 관련한 EU의 지침을 국내의 문화원형 콘텐츠의 활용에 적용하기에는 두 가지 장애 요인이 있다. 우선 EU의 공공저작물 재활용 지침은 재활용을 활성화하기 위한 방안에 대하여 명시적으로 보장을 하고 있지 않다. 구체적인 보장은 각 회원국의 능력에 달려 있다. 둘째, 제6조에 있는 비용청구 규정이다. 비용문제는 재활용에 있어 가장 민감한 문제임에도 불구하고 비용에 관한 기준이 제시되어 있지 않다. 뿐만 아니라 제6조에 따르면 공공저작물의 재활용을 위해 고정된 공공저작물 이용수수료는 비용 지향적이어야 하고 투자에 대한 합리적인 회수를 담고 있어야 하지만, 공공 법인으로 하여금 공공저작물의 수집과 생산비용을 공공저작물재활용을 위한 수수료에 산입하도록 허용함으로써 수수료가 과중한 부담으로 작용될 여지가 있다.

제2절 영국의 「자유이용허락제도」

이번 절에서는 EU내에서 정부가 보유하고 있는 정보의 민간 활용에 가장 큰 관심을 가지고 있는 영국의 제도에 대하여 살펴보고자 한다. 영국은 이미 1986년 「정부 소유 거래 가능한 정보 : 민간부문과 정부부처를 위한 가이드라인Government-held tradeable information : Guideline for government departments with the private sector」에서 공공정보를 민간에 제공할 때 고려해야 하는 비용, 기간, 저작권, 비독점적 계약 체결, 민간과의 경쟁 금지 등의 사항을 제시한 바 있다.[10]

2000년에는 「정보공개법Freedom of Information Acts」을 제정하여 공공기관이 보유하고 있는 정보에 대한 시민의 접근권을 인정하였다. 이 법을 통해 공공기관은 2가지 의무사항을 준수해야 한다. 하나는 공표 계획을 갖추는 것이다. 공표계획은 정보 획득 방법, 수수료 부과 여부, 접수-승인-제공통지 등의 일정을 명시하는 것이다. 다른 하나는 2005년 1월부터 예외를 제외한 정보에 대해서는 요청 시 이에 반드시 응대해야 한다는 것이다. 이때 통상 최대 20일내로 응대해야 한다. 이 법은 공공기관의 공개 및 신뢰 문화를 정착시키기 위해 공공기관이 수행하는 업무, 정책 결정 이유, 공공기금의 사용 내역 등의 이해증진을 목표로 한다. 따라서 투명성과 공개가 필수로, 정보의 접근 측면이 강조되므로 정보의 재사용 혹은 정보의 상업적 활용과는 분명한 차이가 존재한다.[11]

한편, 유럽연합의 「공공부문정보 재이용 지침」을 시행하기 위하여 2005년 6월에는 「공공부문정보 재이용 규칙Re-use of Public Sector Information Regulation」을 제정하였다. 이 규칙의 주요 내용은 다음과 같다.

우선 제4조에서 재이용이란 공공기관에 의하여 보관된 문서가 작성된 공공기관의 공적업무의 최초 목적과는 다른 목적을 위하여 개인에 의하여 사용되는 것을 의미하며제1항, 자신의 공적업무를 수행하기 위하여 공공기관 내에서 문서의 사용을 위한 전송, 두 공공기관 중 어느 하나의 공적업무 수행을 위하여 한 공공기관에서 다른 공공기관으로의 문서 사용을 위한 전송은 포함되지 않는다제2항고 정의하였다.

제5조는 이 규칙이 적용되지 않는 경우를 설명한 것으로서 다음과 같은 것들이 있다.

- 공공기관의 공적업무에 포함되지 않는 문서를 제공하는 행위 (제1항 (a))
- 제3자가 그 문서에 대하여 관련 지적재산권을 소유하고 있는 경우(제1항(b))
- 공공기관에 의하여 재활용 가능성이 있다고 확인된 상황 (제2항 (a))
- 신청자에게 제공된 상황(제2항 (b))
- 1998 법령, 2000 법령 (혹은 2002 법령을 적용가능한 곳) 혹은 2004 법령 (혹은 2004 스코틀랜드 법규가 적용가능한 곳)에 따라 재활용을 요청한 것이 아니라 그 이외의 방식에 의해

접근가능한 상황(제2항 (c))

- 공공 방송시설과 그 부속시설, 그리고 프로그램 제공 조항이나 혹은 다른 공공 문서의 실행 측면에서 공공 방송시설이 제공하도록 요구받는 행동들의 실행을 위해 필요한 시설이나 그 부속시설(제3항 (a))

- 학교, 대학교, 기록보관소, 도서관, 연구결과를 전달하기 위하여 설립된 조직을 포함한 연구시설과 같은 교육 기관 및 연구 기관

- 박물관, 도서관, 기록보관소, 오페라, 발레, 극장 시설과 같은 문화시설

위에서 열거한 예외 항목들을 보면 몇몇 영국에 해당되는 특수한 상황에 대한 조항예, 제2항 (c)을 제외하고는 유럽연합의 「공공부문정보 재이용 지침」과 유사하다.

이외에 유사한 조항들로는 제12조의 재이용 조건 조항으로서 공공기관은 재활용과 관련하여 조건을 부과할 수 있지만, 조건이 부과될 경우, 조건들은 불필요하게 문서가 공개될 수 있는 방식이나 경합을 제약하여서는 안 된다는 것이다. 또한 차별금지제13조, 독점적 이용허락의 금지제14조, 비용청구제15조 등이 있다.

한편 영국정부는 공공저작물 재활용의 운영에 관한 자문과 규제를 전담하기 위해 공공분야정보실Office of Public Sector Information; 이하 OPSI을 설립함으로써 적극적인 정책의 추진이 가능하도록 하였다. OPSI는 이전의 영국 정부간행물 출판국Her Majesty's Stationery Office과

기타 공공 정보 서비스의 기능을 수행하고 있는 곳으로서 영국의 국가기록원 소속이며, 왕실 저작권Crown copyright[12]을 관리하고 있다.

OPSI는 PSI 재이용을 위한 영국 전역의 정책 책임을 맡고 있다. OPSI는 공공부분정보의 재이용을 위한 표준을 정하고 이에 대한 접근과 촉진활동을 맡고 있으며 정보관리를 총괄하는 국가기록원과 권리 및 프라이버시 정책을 총괄하는 사법부The Ministry of Justice의 기능을 보조한다. 또한 OPSI는 정보의 탐색, 사용, 공유 및 거래를 하는 대중, 정보산업, 정부, 공공부문 등에게 광의의 서비스를 제공하고 있다.[13]

OPSI의 주요 업무로는 공공저작물 재활용 규칙의 공표와 동시에 공공저작물 재활용 규칙의 효과를 설명하고 정책방향 및 공공기관이 공공부분정보 규정의 요건을 충족하는 방법 등의 세부사항을 명시한 규칙에 대한 행정지도도 공표한다. 또한 공공저작물 보유자의 정보거래활동에 대한 규제자로서의 중요한 역할을 수행하며, 공공저작물 재활용 규칙에 근거하여 제기된 이의에 대해 공공저작물 보유자를 조사할 수 있는 권한도 보유하고 있다. 정보보유기관과 수요기관 사이의 분쟁이 있을 경우에도 OPSI는 분쟁해결과정에서 중심적인 역할을 수행한다. 「공공부문정보 재이용 지침」 제18조 및 제21조에 명시된 이의 처리과정에 따라 OPSI에서 이의에 대한 조사를 수행하고, 이에 대한 신뢰를 제고하기 위하여 권고 및 재결 내용을 일반에 공개한다. 이에 대한 재심사는 언제든지 재판에 회부할 수 있음을 조건으로 '공공부분정보에 관한 자문단Advisory Panel on Public

Sectors Information'이 수행한다. 이와 관련하여 몇몇 이의신청에 대한 조사가 이루어졌으며, 그 결과 공공기관의 서비스 전달체계가 개선되었음은 물론 재활용자의 법적 지위에 대한 다양한 측면을 정비하였다. 뿐만 아니라 OPSI 내의 숙련된 전문가팀을 통해 공공저작물 재활용에 관련한 중재에 나서기도 한다. 특정 공공저작물을 독점적으로 보유하고 있는 공공기관과 거래하고자 하는 경우 그 성과에 관계없이 민간기업에게는 정식 이의신청이 불리하게 작용할 수 있기 때문이다. 따라서 중재는 합의나 타협을 도출하기 위해 관련 당사자 간의 간이회합을 포함하도록 하였으며, 쌍방당사자가 동의한 경우에는 조사를 대체할 수 있도록 하였다.[14]

이처럼 영국에서는 범정부 차원의 관리주체를 둠으로써 개별 공공기관에 분산되어 존재하는 공공저작물의 재활용을 적극적으로 장려하고 있다. 우리도 문화원형 콘텐츠의 관리와 지속적인 홍보를 위하여 영국과 같이 관리하는 주체를 따로 둠으로써 지속사업이 되어야 하고, 한국콘텐츠진흥원이 주관하고 다양한 민간기관이 참여하는 문화원형 디지털콘텐츠 사업의 결과물들을 관리하는 방식이 고려되어야 한다.

OPSI는 주요 공공저작물 제공기관이 참여하도록 함으로써 공공저작물의 재활용을 장려하고, 재활용 과정의 공정성과 투명성을 확보하기 위하여 2002년에 '정보 공정거래자 계획Information Fair Trader Scheme: 이하 IFTS'을 도입했다. IFTS는 정부 거래 자금의 정보 거래 활동 내 표준을 제고하기 위한 것이었다. IFTS 과정을 통해 OPSI

는 「공공부문정보 재이용 지침」의 준수 여부를 감시한다. 이들 책임은 시기, 과정, 비차별, 비배타성, 라이센싱 조건의 투명성, 자산 목록 생산 등을 포함한다.

IFTS에서는 운영 과정에서 다음의 5대 원칙을 강조하고 있다.

- 개방성: 공공저작물 재이용의 극대화
- 공정성: 재이용자들 간의 비차별
- 투명성: 분명한 조건 및 수수료
- 승낙: 정보 공정거래자 계획의 실행을 충족하는 내부절차
- 이의제기: 확고한 이의절차

OPSI는 주요 공공저작물 제공기관이 IFTS에 참여하도록 함으로써 공공저작물 활용과 관련한 관심을 높이고, 구제수단을 보완하며 모범사례를 공유하도록 하고 있다.

또한 주요 공공정보 거래자와 거래자금을 위하여 총 IFTS 인증 Accreditation을 고안하였다. 이는 정보 거래 활동의 완전 회계감사에 기반 하여 IFTS 원칙과 재이용 규정에 대한 최고 표준 승낙에 상응하도록 요구되거나 자발적으로 상응하려는 기구를 목표로 한다. 총 IFTS 인증은 공공정보 재이용자들이 공공정보 보유자들에 의해 공정하게 다루어질 것이라는 사실을 확신할 수 있도록 해주고 있다.[15]

한편 「공공부문정보 재이용 지침」에서는 공공기관에 대해 재이용에 이용할 수 있는 주요 문건을 공표하도록 규정하고 있다. 이

를 통해 재이용자는 어떠한 정보가 재이용에 이용될 수 있는지를 알 수 있게 된다. 이에 따라 영국 정부는 각 부서의 정보자산 등록Information Asset Register : 이하 IAR을 생산하고 OPSI에 의해 유지하도록 하였다. IAR은 메타데이터의 저장고로서 사용자가 정부 정보 자산의 세부사항을 검색·발견할 수 있도록 지원하고 있다. 보유정보는 도서목록체계에 따라 검색할 수 있으며 더블린 코어Dublin Core* 속성데이터 기준을 사용하고 있다.

문화원형 콘텐츠의 경우, 문화콘텐츠닷컴에서 검색이 가능하지만 상업적으로 이용하려는 사용자가 어떤 것을 사용할 수 있고, 사용할 수 없는지를 일목요연하게 보여주는 것이 필요하다. 문화원형 콘텐츠의 상업적 활용을 위해서는 영국과 같이 IAR을 개발하는 것이 필요하다.

2001년 OPSI는 민간분야의 재이용자와의 협의로 개발된 "영국 정부 클릭유즈 라이선싱Click-Use Licensing"를 출범시켰다. 이는 광의의 공공정보 재이용을 촉진하는 온라인 서비스로서, 목적은 정보자유법령에 의해 일반에게 공개되지 아니하는 정보는 제외하고 사용자에게 목록에 기재된 공공저작물을 신속하고 효과적으로 재생산할 수 있는 방법을 제공함으로써 포괄적인 공공저작물의 재활용을 용이하게 하는 온라인서비스를 제공하는 것이다.

클릭유즈 라이선싱의 애초의 적용범위는 행정각부 업무절차의 중심에 있는 핵심정보들이었으나, 2004년 그 기능이 확대되면서 정부가 생산한 부가가치가 있는 자료를 포함하게 되었다. 따라서 온라인상에서 이들 정보를 신속하고 능률적으로 활용할 수 있는 면허모형을 제시하여 고도의 투명성을 제공하였다는 데에 의의가 있다.[16)

클릭유즈 라이선싱이 온라인을 통한 라이선스이기 때문에 전세계적으로 사용되게 되었다. 영국의 공공정보는 그 양이 매우 방대한 것으로 유명한데, 지리적 한계에 따른 제약을 받지 않는 정보 재이용을 할 수 있게 함으로써, 매달 발급된 건수 중 약 10%는 영국 밖에서 이루어지고 있다. 이러한 클릭유즈 라이선싱의 장점은 다음과 같다.

- 서류 처리를 통하지 않음으로써 까다로운 관료적 형식주의 탈피
- 재이용자들이 자료 전반을 살펴볼 수 있도록 하는 1회적 처리
- 온라인 신청의 완비에 의한 지체 없는 처리
- 항시적 접근 가능
- 모든 재이용자는 동일한 조건하에서 운영한다는 것의 보장
- 복잡하고 난해한 법률용어가 없는 명료한 라이선스 조건

영국정부는 2010년 9월 30일 기존의 왕실 저작권과 클릭유즈 라이선싱을 열린정부라이선스Open Government License: 이후 OGL로 대체하였다. 영국은 CCL을 사용하는 것도 검토하였지만, 결국 자체

라이선스를 만들었는데, 그 이유는 저작권과 데이터베이스 권리를 동시에 취급하는 라이선스가 필요하였기 때문이다. CC는 저작권을 다루고 ODCOpen Database Commons는 데이터베이스 권리를 다룬다. 공공부문에서 발행되는 엄청난 양의 정보에 이들 두 가지 라이선스를 일일이 적용하는 것은 이를 이용하는 사용자에게나 이를 적용하는 공공부문 모두에게 부담이 될 것이었다. 따라서 따로 OGL을 제작함으로써 저작권과 데이터베이스 권리로 보호받는 정보와 콘텐트 타입, 소스코드 등을 광범위하게 다룰 수 있도록 하였다.[17]

이 영국의 OGL과 한국의 KOGL은 차이가 있다. 영국의 OGL의 기본바탕은 공공기관에 의하여 생산된 정보가 필요에 따라서 이용된 것으로 충분하므로 공공기관이 이를 엄격하게 보유할 이유는 없으며, 정보는 다수의 사람이 이용해도 다른 사람의 이용을 해하지 않으므로 공중의 자유로운 이용이 허락되어도 문제가 발생하지 않고, 납세자는 이미 정보의 이용료를 지급한 것과 다름없다는 데에 있다. 따라서 OGL은 다음과 같은 경우에 자유롭게 사용하도록 한다.[18]

1) 정보의 복사, 출판, 배포, 전송
2) 정보의 변형
3) 다른 정보와 연계하거나 자신의 생산물이나 애플리케이션에 포함하여 상업적으로 정보를 사용하는 경우

다만, 정보의 출처를 밝혀야 한다. 만약 정보 제공자가 특별하게 배포에 대한 언급을 하지 않았거나 재사용자가 여러 정보 제공자들의 정보를 사용하고 재사용자의 생산품이나 애플리케이션을 다량으로 배포하지 않을 경우라도 다음을 고려해야 한다.[19]

OGL 하에서 라이선스를 받은 공공정보는 1) 어떠한 공식적인 입장을 제시하거나 정보제공자가 재사용자 혹은 정보의 사용을 보증하는 방식으로 사용할 수 없고 2) 다른 사람들을 속이거나 정보나 정보의 출처를 잘못 알려서는 안 되며, 3) 정보의 사용이 1998년의 『데이터보호법The Data Protection Act』이나 2003년도의 『개인정보 및 전자통신에 관한 규제The Privacy and Electronic Communications (EC Directive) Regulations』를 어겨서는 안 된다.

이는 CCL을 바탕으로 만든 KOGL과는 달리 자유롭게 공공정보를 사용하도록 했다는 점에서 문화원형 콘텐츠를 자유롭게 활용하게 하는데 있어서 반드시 참조해야 한다.

아직까지 영국에서도 모든 공공기관에게 OGL을 이용할 의무를 부과하지는 않았지만, 만일 공공기관이 공공저작물에 대하여 일반적 이용허가를 하고자 한다면 그 이용을 권장하고 있다. 실제로 상당수의 공공저작물이 열린정부라이선스를 통하여 www.data.gov.uk에서 제공되고 있다.

문화원형 콘텐츠의 경우, 세계 문화원형 콘텐츠와인문화, 앙코르왓도 있고, 텍스트만 있는 것이 아니라 이미지와 동영상들이 많이 존재한다. 따라서 국내에서 뿐만 아니라 해외에서도 사용하게 될 가능성이 있다. 그런데 현재 상태로는 상업용으로 사용하기 위해서는 한국콘텐츠진흥원이나 개발업체에 직접 문의를 해야 하고 이용허락을 받아야 하기 때문에 현실적으로 국내뿐만 아니라 해외 사용 희망자는 사용하기 어렵다. 따라서 문화원형 콘텐츠를 해외에 수출하기 위해서는 영국의 OGL과 같은 제도의 도입이 필요하다.

제3절 미국의 공공저작물 공개

2011년 1월, 미국의 P2P 프로그램 이용자 10만 명이 불법다운로드와 관련하여 집단소송을 당했다. 2010년 1월 8일부터 2011년 1월 21일까지 집계한 결과, 저작권법 위반과 관련해 99,924명이 소송 중이거나 합의 중인 것으로 알려졌다. NBC Universal이 영국의 조사업체 Envisional과 조사한 결과, 전 세계 인터넷망의 23.8%가 저작권 침해와 관련되었고, 미국의 인터넷망 불법다운로드 이용비율은 17.53%로 평균보다 낮은 것으로 나타났다. 또한 NBC Universal과 Envisional의 조사 결과, 토렌트파일을 신속하고 효과적으로 다운로드하도록 해주는 프로토콜이며, P2P방식이라고도 한다.를 이용해 발생하는 불법 파일 공유 10,000건 중, 35.2%가 저작권이 있는 영화 콘텐츠였다. 이와 같은 조사에서 발견된 수치들과 현재 상황을 미루어보아 영화에 대한 수요는 충분하지만, 영화 콘텐츠를 합법적으로 공급받는 경로가 절대적으로 부족한 것으로 드러났다.[20]

미국에서는 DVD 시장이 죽고, 온라인 비디오 사이트나 스트리밍 서비스가 지속적인 인기를 얻고 있다. 2011년에 유튜브YouTube는 사이트 방문자 수에 따른 시장점유율을 환산한 결과 75.82%라는 압도적인 수치로 1위를 차지하였다. 유튜브는 저작권자의 요청이 따로 없으면, UCC에 제한을 둘 수도 없어 적극적으로 저작권 보호에 나서기도 어렵다는 특징이 있다. 또한 미국의 넷플릭스Netflix는 DVD 우편 대여에 이어 온라인 스트리밍 서비스를 하고 있으며,

스튜디오와 적극적으로 거래하게 될 것으로 예상되고 있다.[21]

이러한 상황 속에서 최근 미국에서는 Cloud-based DRM이 영상 콘텐츠의 배급을 담당하게 될 차세대 플랫폼으로 주목을 받고 있다. Cloud-based DRM이 차세대 플랫폼으로 주목받고 있는 이유는 온라인 콘텐츠 불법다운로드, 불법 파일공유 등 할리우드가 저작권 보호에 실패해온 역사의 방증이기 때문이다. 원래 DRM 기술은 저작권자의 권익을 보호하기 위해 만든 보호기술이며, 2000년대 초반부터 음반, 게임, 영화 등 디지털 포맷으로 시장에 공급되는 많은 콘텐츠에 적용되었다. 하지만 DRM은 특정 서비스 공급업체와 특정 기기가 아니면 콘텐츠를 재생하지 못하는 한계를 지녔다. 미국의 음원서비스는 2007년 소니 BMG를 마지막으로 DRM 사용을 종료했으나, 애플이 2009년 아이튠즈로 모든 음원을 DRM-free 포맷으로 제공하기 시작하였다. DRM은 저작권 보호의 명목 아래 소비자 선택권을 고려하지 않아 실패하였는데, 이에 대한 새로운 전략이 바로 Cloud-based DRM이다. 기본적으로 Cloud-based DRM은 인터넷 접속이 가능한 환경과 장비가 갖춰졌을 때의 서비스를 전제하기 때문에 서비스의 인터페이스는 인터넷 TV, 스마트폰, 안드로이드폰 등에서 사용되는 애플리케이션을 따를 가능성이 많다. 또한 기존의 온라인 비디오 스트리밍, 합법 다운로드, VOD 등이 제공하지 못했던 부가 콘텐츠로의 연결이 애플리케이션 안에서 가능하다. 따라서 서비스 제공자는 미디어 플랫폼이 되고, 애플리케이션은 다른 콘텐츠와 사용자를 연결해 서비스를 확장해주는 게이트웨

이와 같은 역할을 하게 되었다.[22] 이와 같이 미국 내에서 온라인 콘텐츠 산업이 발전하고 있는 이유는 다른 국가에 비하여 풍부한 콘텐츠를 보유하고 있기 때문이다. 미국이 이와 같이 풍부한 콘텐츠를 보유하고 있는 주요 원인은 미국은 미국정부 저작물에 대하여 인정하지 않기 때문이다.

1976년에 제정된 미국 「저작권법」 제105조에서는 "본장의 규정에 따른 저작권의 보호는 미국정부기관의 저작물에는 적용되지 않는다. 다만, 미국정부는 양도, 상속 기타의 방법으로 미국정부에 이전된 저작권을 수령하여 그 권리를 보유한다."라고 규정하고, 제101조에서는 미국정부 기관의 저작물을 "미국정부의 직원이 직무상 의무에 의하여 작성한 저작물"이라고 정의하고 있다. 여기서 미국정부란 연방정부만을 가리키며 주 또는 기타 지역 정부는 포함하지 않는다. 위 규정에 따라서 미국정부의 저작물은 미국 「저작권법」상 보호를 받지 않고 공유상태에 놓여 있기 때문에 누구나 자유롭게 이용할 수 있다. 반면에 정부의 로고 등은 별도의 법에 의하여 보호되고 있다.[23] 미국의 「저작권법」에 따르면 어떠한 종류의 공공정보도 지적재산권의 보호를 받지 못하기 때문에 연방정부는 공공정보에 대한 지적재산권자로서 어떠한 경제적 이익도 추구할 수 없으며, 누구나 연방정부 문서를 자유롭게 열람하고 복사하는 것이 가능하다. 미국의 「저작권법」은 공공정보가 가지고 있는 공공성의 속성 중 공익성이라는 측면을 가장 잘 보여주고 있는 것으로 보인다.

한편, 미국 「저작권법」은 국내적 보호만을 언급하고 있기 때문에 미국정부는 외국에서 자신의 저작물이 「저작권법」상의 보호를 받는다고 해석하고 있다. 이러한 해석에 따르면 문화원형 콘텐츠도 국내 사용자들이 사용할 때에는 비용을 청구하지 않지만, 해외에서 사용하고자 할 때에는 비용 청구가 가능하다고 볼 수 있다.

또한 미국 「저작권법」 제105조 단서의 규정에 따라서 미국정부가 제3자에게 위탁하여 작성된 저작물에 대한 저작권이 위탁계약에 따라서 미국정부에 이전되면 미국정부는 이러한 저작물에 대하여는 저작권을 보유한다. 미국의 「연방조달규정Federal Acquisition Regulation; FAR」에서는 미국정부가 외부의 제3자에 위탁하여 제작된 저작물의 저작권 처리에 관하여 규정하고 있다. 이 규정에 따르면 제3자가 저작권을 보유하는 경우에도 미국 정부는 저작물을 복제, 개작, 배포, 전시, 공연할 권리를 갖는다. 다만, 컴퓨터소프트웨어에 대하여는 공중에 배포할 권리를 갖지 못한다. 현재 문화원형 콘텐츠의 경우 저작권이 제3자에게 있기 때문에 한국콘텐츠진흥원이 저작권을 확보하기 위하여 노력하고 있으며, 미국의 이러한 제도를 따른다면 앞으로 진행되는 사업에서 저작권 확보에 대한 어려움은 없을 것이다.

앞서 언급한 것처럼 미국 「저작권법」은 연방정부의 저작물에 관하여만 언급하고 있지만 각 지방정부가 저작권을 포기하는 조치를 취하는 것이 불가능한 것은 아니다. 실제로 플로리다주와 미네소타주의 경우 주州헌법 규정의 해석상 주정부의 저작물이 저작권에 의하여 보호되지 않는다고 해석되고 있으며, 캘리포니아주의 경우 법원에서 주정부가 공공저작물에 대하여 저작권을 주장할 수 없다고 판결한 바 있고, 노스캐롤라이나주의 경우 「공공기록물 법Public Records Act」에 의하여 주정부 문서의 자유로운 이용을 허용하고 있다. 물론 미국정부의 저작물이 「저작권법」에 의하여 보호되지 않는다고 하여 모든 미국정부의 저작물이 공개되어 있다는 것은 아니다. 공개를 하지 않은 미국정부의 저작물은 당연히 이용할 수 없다.[24]

한편 연방재산의 취득 및 관리에 관하여는 「연방재산 및 행정 서비스에 관한 법률Federal Property and Administrative Services Act」이 있다. 이 법에서는 재산을 폭넓게 규정하여 무체재산발명, 고안, 저작 따위의 정신적, 지능적 창작물로서 무형의 이익을 내용으로 하는 재산도 포함시키고 있다. 그러나 이 법률에서는 기본원칙만을 규정하고 있을 뿐이어서 무체재산의 관리 및 이용허가 등에 관하여는 아무런 규정을 두고 있지 않다. 위법 및 「정보자유법Freedom of Information Act」, 기타 다른 법 등에 근거하여 연방정보의 관리에 관한 「관리예산사무국정책 A-130OMB Circular No. A-130」이 마련되어 있다. 이 정책에서는 정부 정보를 "연방정부가 또는 연방정부를 위하여 창작, 수집, 처리, 배포 기타 처분된 정보"라고 규정하고 있는데, '연방정부가 창작한 저작물'에는 저작권의 보호가 인정되지 않지만 '연방정부를 위하여' 창작된 저작물에는 저작권이 인정되므로 「관리예산사무국정책 A-130」은 저작권이 인정되는 저작물에도 적용된다. 위 정책에서는 연방정보의 관리 및 이용허가 등에 관한 원칙만을 규정하고 있을 뿐이며, 각 부처는 위 정책에 따라서 관리지침을 마련해야 한다. 「관리예산사무국정책 A-130」은 관리예산사무국Office of Management and Budget에서 제정하였다. 하지만 관리예산사무국은 연방정보의 관리에 관한 기초적인 정책을 마련했을 뿐이며 연방정부가 소유하고 있는 저작물을 직접 관리하거나 이용허락을 하는 역할을 하지 않는다. 저작물의 관리 및 이용허락은 각 부처의 책임인데, 실제로는 제대로 관리되거나 이용허락이 되고 있지는 않다고 한다.[25]

　미국의 경우 또 하나 살펴보아야 할 것이 「정보자유법Freedom of Information Act; 이후 FOIA」이다. 미국의 「정보자유법」은 1966년에 제정되어 1974년, 1976년, 1986년 및 1996년에 개정된 바 있다. 이 법은 정부조직과 공무원 등 공공기관이 생성, 보유, 관리하는 정보에 대한 일반 공개의 절차와 내용을 규정한 법으로서, 연방정부가 보유하고 있는 정보에 대한 접근을 최대한 허용하며, 국민의 세금으로 형성된 공공정보에 대하여 무상 일반 공개를 원칙으로 선언하고 있다. 이러한 「정보자유법」을 근거로 연방정부의 공공저작물을 민간사업자가 상업적으로 활용할 수 있다. 이러한 「정보자유법」 역시 문화원형 콘텐츠의 상업적 활용을 증진시키는데 참고해야 한다.

　FOIA는 사회의 고도 산업화, 정보화에 따라 정부의 기능이 적극화됨에 따라 정부가 소유하는 엄청난 양의 정보를 공개하여 일반인이 합리적으로 이를 이용케 하고자 하는 것이다. 즉, 정부행정의 비공개로 인한 정보흐름의 왜곡과 폐쇄를 바로잡아 정보의 소수 독점을 시정하고 정보의 공유를 실현하고자 하는데 입법취지가 있다.[26]

FOIA는 1974년과 1986년 개정 이후 1996년에 「전자적 정보자유법Electronic Freedom of Information Act; 이후 E-FOIA」으로 바뀌었다. E-FOIA는 컴퓨터를 사용하여 행정행위를 하는 연방정부기관이 점점 늘어남에 따라 공공의 이익을 위해 필요한 기록과 정보를 컴퓨터에 의해 저장하고 이에 대한 국민의 정보접근을 위하여 새로운 기술을 사용하여야 한다는 것을 근거로 1996년 FOIA를 개정한 것이다. 따라서 E-FOIA는 이전의 FOIA를 전자적 형태의 정보공개도 포함하도록 하였다. 이 법의 주요 내용을 살펴보면 다음과 같다.[27]

· 개별 정부기관은 요청된 정보를 제공할 수 있느냐에 대해 판단하여 제공이 가능하면 기한 내에 요청자에게 제공하여야 한다.
· 정보 요청을 요구받은 정부기관은 국가안보정보, 무역기밀, 법집행 조사파일, 개인정보, 가결문서 등에 한하여 공개를 거부할 수 있는 9가지 제한 규정을 둔다.
· 정보제공 비용의 일부는 요청자에게 부과할 수 있지만, 대부분 탐색 · 복사 비용에 해당된다.

기관은 개인에 의하여 신청된 형식이나 포맷으로 당해 기록을 쉽게 복사할 수 있으면 그 형식이나 포맷으로 기록을 제공하도록 하고, 이를 위해 각 기관은 복사할 수 있는 형식이나 포맷으로 기록을 유지하기 위한 합리적인 노력을 하도록 규정하고 있다. 여기에서 "기록"에는 행정기관이 보유하고 있는 모든 형태의 정보가 해당되며, 여기에는 "전자적 형태"도 포함한다. 국민이 자료 요청을 한 경우, 행정기관은 전자적 방법이나 형태로 자료를 검색하기 위한 충분한 노력을 해야 한다. 이 경우 검색이라 함은 수작업에 의하거나 자동화 방법에 의하거나 요청에 응할 수 있도록 정부기록을 배치하는 것을 의미한다. 제552조공공저작물 기관규칙, 의견, 명령, 기록 및 절차에서 각 기관은 일반 국민에 대한 안내를 위하여 연방관보에 관련정보를 수시로 공표하며, 각 기관은 공표된 규칙에 따라 일반 국민이 검색과 복사를 할 수 있도록 하고 있다.[28]

미국에서 공공저작물 활용과 관련된 또 다른 법으로는 「문서감소법Paperwork Reproduction Act : 이하 PRA」이 있다. 미국은 1980년에 PRA를 제정하고 1995년에 이를 개정하였다. PRA는 연방정부와 관련된 정보를 수집하는데 필요한 문서업무를 줄이기 위한 목적을 가지고 있다. 이 법률은 정보수집 관련 문서업무를 줄임으로서 정부가 업무를 보다 효율적으로 처리할 수 있도록 하고 정보 유통을 활성화시키고자 하는 것이다.

공공저작물의 개념과 관련하여, PRA에서는 공공저작물을 형태·형식에 관계없이 정부 기관이 공개·배포하거나 혹은 국민이 이용할 수 있도록 하는 모든 정보로 인식하고 있다. 이 법의 주요 내용은 다음과 같다.[29]

- 공공기관은 공공저작물이 일반에게 시의 적절하게 배포되는 것을 방해하기 위해 독점적, 제한적 조치 혹은 기타의 조치를 행해서는 안 된다.
- 공공기관은 정보의 이용, 재판매, 재배포를 제한하거나 제재해서는 안 된다.
- 공공저작물의 재판매 혹은 재배포에 대해서 수수료 혹은 로열티를 부과해서는 안 된다.
- 공공저작물의 배포에 소요되는 실질적인 비용을 초과하는 금액을 이용자에게 부과해서는 안 된다.

※ 예산관리청(OMB)은 1970년 설치되어 예산관리의 감독과 통제를 대통령의 지시하에 실시하는데, 구체적인 정부재산 관리는 정부재산법에서 정한 기준과 절차를 따르도록 한다. 정보자유법과 관련하여서도 기본적인 정부사업에 대한 공개 과정은 행정예산청의 관리 대상이지만, 정부재산법에서는 구체적으로 소요되는 시간 당 실비 책정, 정보 공개 목적에 따른 수수료 기준 등이 상세히 규정되어 있다. 정부조직법 상 그 근거를 지닌 OMB는 공공정보 상용화에서도 핵심적 역할을 담당한다. 한국데이터베이스진흥센터, 『공공정보의 상업적 활용에 관한 해외 사례 연구 보고서』, op. cit., p. 13.

「문서감소법」과 관련하여 살펴볼 법이 있는데 그것은 「정부문서제거법Government Paperwork Elimination Act; 이하 GPEA」이다. GPEA는 공공부분의 전자정부 구현을 증진시키기 위해 1998년에 제정되었다. GPEA는 연방정부가 공공으로부터 수집한 정보에 대해 일반 국민의 혜택을 보장하거나 부작용을 제한하기 위한 것으로 정부문서를 줄이기 위해 제정된 PRA와는 차이가 있다. GPEA는 연방기관이 공공에 정보 제공시 이를 용이하게 하기 위해 전자 포맷, 전자 파일, 전자 서명 등을 사용하도록 하였다. 이는 2003년까지 각 기관에서 시행하도록 하였다. 예산관리청Office of Management and Budget; OMB※은 정책의 시행과 개정에 관한 책임을 진다.[30]

미국에서 마지막으로 살펴보아야 할 법은 「OMB 통지문서 A-130OMB Circular No. A-130」이다. 예산관리청OMB의 통지문서 A-130은 정부정보의 공개에 관한 정부의 기본지침을 고시한 통지문서로서, PRA에 따라 정부차원의 정보자원관리정책의 총괄기관인 OMB가 1996년 2월에 정부의 정보자원관리의 통일성과 일관성을 유지하기 위한 정책, 표준, 지침을 개발하고, 각 기관의 타당성과 효율성을 측정하여 정보자원관리 정책의 실행을 평가하고자 공표한 것이다. OMB의 통지문서 A-130은 이후 공공저작물의 상업적 활용 등의 기본 개념으로 제시되어 왔고 최근 개정된 것은 2001년 11월이다. 통지문서 A-130에서는 공공저작물의 이용, 재배포 등에 대해 다음과 같이 규정하고 있다.[31]

- 정부정보는 가치 있는 국가자원으로서, 공공에게 정부, 사회, 경제에 대한 지식을 제공한다. 이것은 정부의 책임을 확인하고 정부의 운용을 관리하며 건전한 경제를 유지하기 위한 수단이며 시장에서는 하나의 상품이 된다.
- 정부와 일반 대중 사이의 자유로운 정보 흐름은 민주사회에서 필수적이다. 또한, 정부가 연방 문서업무를 최소화하고 정보활동 비용을 줄이고 정부정보의 유용성을 최대화하는 것도 필수적이다.
- 정부정보를 통해 얻을 수 있는 공공/민간의 이익이 공공/민간의 부담비용보다 커야 한다.

이상으로 관련 법제 현황에서도 살펴보았듯이 미국은 공공저작물에 대해서는 지적재산권을 인정하고 있지 않다. 이에 따라 미국은 민간에서 비교적 자유롭게 공공저작물을 활용할 수 있다. 그러나 공공저작물의 상업적 재활용에 있어서 기본적으로 계약관계가 포함되므로 반드시 상업적 적용의 틀이 있어야 하고 정부가 민간과 맺게 될 계약 방식과 그에 따른 정보형태에 대한 고민이 있어야 한다. 또한 보통 연방정부의 저작물에 대해서는 저작권을 인정하고 있지 않으나, 주 정부의 저작물에 대하여는 저작권을 인정하고 있으므로 공공저작물 활용에 있어서는 계약관계가 중요하다고 할 수 있다. 이와 관련한 사례로는 켄사스 정보 네트워크Information Network of Kansas와 국립 정보 컨소시엄National Information Consortium을 들 수 있다.[32]

켄사스 정보 네트워크INK는 미국 켄사스 주에서 1990년 주입법K.S.A. 74-9302을 통해 주정부와 카운티 및 기타 지방정부의 공공저작물에 대한 평등한 전자적 접근을 위하여 시작된 서비스이다. INK는 전자정부 향상의 측면에서 컴퓨터와 유선전화 네트워크를 기반으로 모든 사람들이 평등하게 공공저작물에 접근할 수 있는 기반을 제공하고자 하였다. 다만, 단순한 공익정보의 제공이 아니라 효율성을 추구하는 민간의 시장 지향적 모델을 도입하여 공공저작물을 제공하고자 하였다는 데에 그 특징이 있다.

또한 INK는 공공저작물 활용에 있어서 공공과 민간의 파트너쉽을 성공적으로 수행하기 위해 INK 산하에 실제 민간 기업

과 계약관계를 추진하는 공익기관으로서 KIC를 설립되었다. KIC
는 INK 상임위원회의 감독 하에 네트워크 관리자로서 공공저작
물 활용과 관련한 전문가 집단 및 비즈니스 리더, 교육가로서의
역할을 수행함은 물론, 시민들의 니즈를 만족시키기 위한 다양한
서비스들을 지속적으로 제공하는 역할을 담당한다. 구체적으로는
KICKansas Information Consortium를 통하여 정부정보의 배포, 저작
권 라이선스 계약공공저작물의 저작권을 원칙적으로 인정하여 정보공개법 상 무상
공개를 예외적으로 규정 및 기업정부예산에 의거하지 않고 민간 기업을 통하여 운영
등의 방식을 허용하고 있다.

INK에서 목표로 하고 있는 내용은 다음 [표 5-2]와 같다.

원칙	내용
언제나 접속가능 (Access Anytime)	캔자스 시민과 경제주체들에게 24시간 주정부의 정보와 서비스 제공
접근성 (Accessibility)	장애인을 포함한 보통 시민이 사이트에 쉽게 접속할 수 있도록 보장
최소한의 비용지출 (Cost-containment)	정부 정보와 거래가 용이한 전자적 통로를 구축하여 추가적 세금 부과 없이 사용
모범적인 사례 (Best Practices)	사용자의 프라이버시를 보호하며 정보의 사용처를 투명하게 제시하여 캔자스 정부의 사례가 웹포털을 통해 거래되는 산업계의 모범 제시
전자상거래 (Electronic commerce)	전자적으로 정부와 거래하는 방법 구축

[표 5-2] INK 대원칙

이는 공공과 민간의 성공적인 협력 모델로도 주목을 받고 있다. 공공부문에서 생산된 정보를 효율적인 방식으로 제공하는데 성공함으로써 국립공공생산성센터National Center for Public Productivity로부터 혁신상을 수상하기도 하였다. 또한 한 달 평균 600만 명 이상이 방문하는 INK의 웹사이트는 2006년 기준으로 265,000페이지 이상의 정보를 수록하고 있으며 시민과 기업에게 125종 이상의 서비스를 제공하고 있다.

문화원형 콘텐츠를 민간 사업자들에게 제공하여 활용도를 높이려고 할 때, 미국과 같이 효율성을 추구하는 민간의 시장적 모델을 도입하는 것도 우리가 고려해 보아야 할 점이다.

한편, National Information ConsortiumNIC은 민간 기업을 통해 제공되는 주정부의 공공저작물 활용 모델로서 아칸소주, 콜로라도주, 하와이주, 인디애나주, 아이다호주 등 18개의 주에서 운영되고 있다. NIC는 주정부와 연계하여 공공저작물 활용에 관한 독점적인 라이선스 활동을 하고 있다. 즉, 캔자스 주를 필두로 한 미국의 주정부는 INK와 유사한 기관을 통하여 NIC와 같은 민간기업과 독점 계약을 체결하여 공공저작물을 제공하는 업무를 완전히 아웃 소싱하는 방식을 채택하고 있는 것이다. NIC는 기업집단으로 KIC와 유사 비즈니스를 수행하고 있는 회사들의 의결권 신탁에 의해 구성되어 있다. KIC를 비롯하여 인디애나 인터랙티브Indiana Interactive, 아칸소 정보 컨소시엄Arkansas Information Consortium, 네브라스카 인터랙티브nabraska Interactive 등 4개 주에서 공공저작물 공개업무를 담당하는 4개의 민간 기업이 NIC에 자본을 투자하고 있다.

미국의 오바마 대통령은 2009년 취임과 동시에 '열린 정부Open Government'를 표방하며 정부의 투명성 및 대중의 참여 증진을 위한 의지를 구체적으로 표명했다. 오바마 대통령은 각 정부 부처 및 기관장에 두 개의 제안을 전달, 연방정부의 열린 정부라는 정책 목표 추진을 위해 함께 노력할 것을 요청하였다. 이에 따라 「정보자유법에 대한 제안Memorandum on Freedom of Information Act」을 통하여 FOIA의 실행 강화를 위해 정부 업무 과정에서 개방과 공개를 우선적으로 추구할 것을 원칙으로 정하고, FOIA 적용을 위한 새로운 가이드라인을 세우도록 주문했다. 이에 따라 2009년 3월 마련된 가이드라인에서는 보다 능동적이고 체계적인 정부의 정보 공개 방침을 강조하고 있다. 이에 따라 2009년 12월 8일, 「열린 정부 지침Open Government Directive」을 통해 공공 정보의 온라인 공개, 공공 정보의 품질 향상, 열린 정부 문화 구축 및 제도화, 열린 정부 실현을 위한 정책적 프레임워크 개발을 각 부처가 추진해야 할 구체적 활동 계획으로 제시했으며, 계획 목표에 대한 명확한 시한을 정하여 강력한 리더십 하에 범정부적 차원에서 추진하고 있다. 오바마 행정부의 data.gov.는 이러한 노력의 가장 유명한 예로 언급되고 있다. data.gov를 통해 연방정부는 각 부처와 기관의 데이터세트를 목록화해 제공하고, 시민들의 필요한 데이터로 접근성을 높이고 있다. 또한 연방정부뿐 아니라 각 주 정부 및 지역 정부 데이터세트 정보도 제공하여, 국가 공공정보를 한 눈에 찾아볼 수 있는 데이터 센터로서의 역할을 하고 있다. 2010년 9월 현재 교통, 의약품 안전, 영양, 범죄, 비만, 고용, 보건 등 다양한 분야에 걸친 총 272,677개의 데이터세트를 data.gov를 통해 제공하고 있다. 또한, 이렇게 제공된 데이터세트를 활용한 애플리케이션 개발을 적극 장려하여, 현재 이 데이터세트와 연관된 236개의 신규 애플리케이션이 개발되었다.[33]

이상으로 살펴 본 결과 미국 연방정부는 유럽과는 달리 공공정보의 상업적 활용에 관한 개별법을 제정하고 있지는 않지만 FOIA와 정보의 자유로운 활용을 보장하는 법조문으로부터 공공정보의 상업적 활용의 근거를 마련하고 있다. 특히, 연방정부의 정보에 대한 무제한적인 접근을 허용하고 정부가 생산하는 정보에 대한 저작권을 인정하지 않음으로써 공공정보의 유통을 활성화하였다.

지금까지 해외 공공저작물 관련 정책에 관하여 살펴보았다. 미국에 비해서 유럽은 공공저작물의 활용에 매우 적극적이다. 이러한 움직임은 유럽연합EU 차원에서 공식적으로 지침과 권고안을 통해서 이루어지고 있다. 이들 지침을 통해 회원국의 공공저작물 재활용 정책을 장려함으로써 궁극적으로는 EU 시장 내에서는 개별 국가적 경계 범위를 넘어 통합된 공공저작물 재활용 시장을 구축하고자 시도하고 있다.

특히, 영국의 경우 공공저작물 재활용을 위한 법제 정비 및 책임 행정기관을 지정하여 공공저작물 재활용 활성화를 위한 각종 이니셔티브를 추진하고 있다. 정보공정거래자계획 및 정보공정거래자계획 온라인을 통해 공공저작물 보유기관에 대한 평가를 실시할 수 있도록 하였다. 즉, 공개 가능한 공공저작물의 범위를 확대하고, 재활용자의 이용조건 및 이의방법에 대해 규정하도록 할 뿐만 아니라 차별적인 대우를 하지 못하도록 감시하는 기능을 하게 되었다. 또한 자산목록을 작성하여 제공함으로써 공공저작물 수요자들이 공공기관의 보유정보와 획득방법에 대해서 쉽게 알 수 있도록 하였다. 게다가 최근에는 OGL의 도입으로 공공기관에 직접 방문하지 않고 웹을 통해 무료로 필요한 공공저작물의 활용 허가를 받을 수 있도록 함으로써 공공저작물의 재활용이 획기적으로 확대될 수 있었다.

미국의 경우, 원칙적으로 공공정보의 무상공개가 이루어져야 한다는 주장이 강하다. 물론 예외들이 존재하기는 하지만 공공정보의 가치는 이용자가 보다 편리하게 자신이 찾는 특정정보를 얻을 수 있도록 돕는데 있기 때문에, 정보이용자가 상업적인 목적으로 정보를 열람하는 경우 공개 혹은 비공개라는 이분법적인 결단을 내리는 것은 옳지 않은 것으로 보고 있다. 현재 오바마 행정부는 FOIA의 실행 강화를 통하여 시민들의 필요한 데이터로 접근성을 높이는데 노력하고 있다. 이제 다음 장에서는 이러한 해외 사례들을 통하여 문화원형 콘텐츠의 활용을 활성화시키는 방안을 살펴본다.

장주

1) Commission of the European Communities. Guideline for improving the synergy between the public and private sectors in the information market, 1989.

2) 황주성, 권성미, 정준현, 김준모, 「공공정보 유통 및 이용 활성화 방안 연구—상업적 재활용을 중심으로」, 정보통신정책연구원, 2008, p. 59.

3) 이 지침은 입법화하지 못하여 실효를 거두지 못했다.

4) Commission of the European Communities, Public Sector Information : A Key Resource for Europe – Green Paper on Public Sector Information in the Information, COM(1998) 585 final, 1999, pp. 3~10 참조.

5) Ibid., p. 11.

6) Ibid., p. 12.

7) European Union, Directive 2003/98/EC of European Parliament and of the Council on the re-use of public sector information., Official Journal of the European Union, L 345, 2003. 12. 31. pp. 90~96.

8) 홍필기, 윤상오, 방민석, 「공공정보자원의 상업화 모델 개발 및 적용방안」, 「정보화정책」, 제14권 제3호, 2007, p.65.

9) 황주성, 권성미, 정준현, 김준모, op. cit., pp. 61~62.

10) 최진원, 「공공정보 이용활성화를 위한 법제도적 과제에 대한 연구」, 「정보법학」, 제16권 제1호, 한국정보법학회, 2012, p. 243.

11) 한국데이터베이스진흥원, 「공공정보 상용화 관련 해외 정책 사례 연구 (1)」, 2004, pp. 10~11.

12) 왕실 소속으로서 업무를 하는 중에 생산된 정보의 저작권이다. 따라서 장관이나 공무원들이 생산한 대부분의 정보는 왕실저작권의 보호를 받는다.

13) 한국데이터베이스진흥센터, 「공공정보의 상업적 활용에 관한 해외 사례 연구 보고서」, 2007, p. 58.

14) 황주성, 권성미, 정준현, 김준모, op. cit., pp. 68~69.

15) 한국데이터베이스진흥센터, 「공공정보의 상업적 활용에 관한 해외 사례 연구 보고서」, op. cit., p. 64.

16) 황주성, 권성미, 정준현, 김준모, op. cit., p. 73.

17) http://puffbox.com/2010/10/02/why-we-needed-the-open-gov-licence 참조

18) http://www.nationalarchives.gov.uk/doc/open-government-licence/

19) ibid.

20) 한국콘텐츠진흥원, 「2011년 글로벌 콘텐츠산업 동향 이슈별 분석」, 2012, p. 258.

21) 한국콘텐츠진흥원, 「2011년 글로벌 콘텐츠산업 동향 이슈별 분석」, op. cit., p. 259.

22) 한국콘텐츠진흥원, 「2011년 글로벌 콘텐츠산업 동향 이슈별 분석」, op. cit., pp. 260~261.

23) 이헌묵, op. cit., p. 57.

24) Ibid., pp. 58~59.

25) http://www.infotoday.com/searcher/apr09/Klein.shtml; 이헌묵, op. cit., p. 59에서 재인용

26) 한국데이터베이스진흥센터, 『공공정보의 상업적 활용에 관한 해외 사례 연구 보고서』, op. cit., p. 6.

27) 한국데이터베이스진흥원, 『공공정보 상용화 관련 해외 정책 사례 연구 (1)』, op. cit., p. 34.

28) ibid., p. 35.

29) 황주성, 권성미, 정준현, 김준모, op. cit., pp. 79~80.

30) 황주성, 권성미, 정준현, 김준모, op. cit., p. 80.

31) 한국데이터베이스진흥원, 『공공정보 상용화 관련 해외 정책 사례 연구 (1)』, op. cit., p. 38.

32) 황주성, 권성미, 정준현, 김준모, op. cit., pp. 81~83.

33) https://sites.google.com/site/gov20kr/review_book/baesuhyeon-hyumeon

제6장

문화원형 콘텐츠의
활용 방안

제6장 문화원형 콘텐츠의 활용 방안

오는 2016년에는 지식정보서비스 시장규모가 14조원에 달할 것이라는 예상이 나오고 있다. 2010년에 4조 2500억 원에 비해 3배 이상 커지는 것이다. 지식정보가 엄청난 고부가가치를 창출하는 시대가 오는 셈이다. 제5장에서 본 바와 같이 미국, 영국, 유럽연합 등 세계 여러 국가들에서 이 분야를 선도적으로 키우고 있다. 김성태 한국정보화진흥원장은 지식정보가 중요시 되는 시대를 맞아 정부가 빠르게 변화해야 한다고 강조한다. 그는 다음과 같이 말했다. "앞으로 정부 기능과 역할은 진일보해야 합니다. 개방형 국정운영을 통해 정보화가 사회 전반의 문제를 해결하고 새로운 가치를 창출할 수 있도록 바뀌어야 합니다."[1] 이는 국민의 창의성을 활용해 정책을 개발하고 사회문제를 해결하는 소위 개방적 협력을 가능하게 해야 하고 이를 위한 장을 정부가 만들어야 한다는 주장인 것이다.

김성태 한국정보화진흥원장은 이 장을 플랫폼형 정부로 표현했다. 플랫폼은 네트워크 시스템 등 서비스 인프라와 미래예측 거버넌스 등 사회 인프라의 개방적 혁신을 통해 새로운 가치를 창출하는 스마트 사회의 핵심기반이라고 설명하고, 핵심 전략으로 지식기반 인프라 개념을 제시했다.[2]

플랫폼형 정부를 만들기 위해서는 다양한 분야에 축적된 정보와 인프라를 정보화되지 않은 부분과 융합해 창의적으로 활용할 수 있도록 방안을 마련해야 한다. 즉 국민 개개인이 보유한 정보에 정부가 보유한 공공저작물, 다른 사람, 기업이 갖고 있는 정보를 묶어 새로운 비즈니스와 서비스가 창출될 수 있는 환경을 조성해야 하는 것이다.

그렇다면 문화원형 콘텐츠의 활용을 활성화하기 위해서 어떠한 방안들이 제시되어야 하는가? 본 장에서는 앞의 제3장과 제4장에서 언급한 공공저작물에 관한 국내 현황과 해외의 사례들을 분석하여 문화원형 디지털콘텐츠 사업의 민간 활용 활성화 방안을 모색해 보도록 하겠다.

제1절 콘텐츠 제작과 관리

문화원형 콘텐츠는 디지털화 되어있는 정보재이다. 이은정은 정보재의 특징을 다음과 같은 다섯 가지로 언급하였다.[3]

첫째, 정보재는 공공재적인 성격을 가진다. 정보재는 비경합성*과 비배제성**의 특징을 지니는 공공재적 성격을 가지고 있다. 공공재의 성격을 구성하는 비경합성과 비배제성은 일반적인 재화, 즉 사적재들은 가지고 있지 않는 것이다. 비경합성은 재화의 성격에 기인하는 바가 큰 반면, 비배제성은 부분적으로 법적 · 제도

* 비경합성이란 어떤 한 사람에 의한 재화의 소비 또는 사용이 다른 사람에 의한 동일한 재화의 소비 또는 사용에 부정적으로 작용하지 않는다는 것을 의미한다.

** 비배제성이란 어떤 한 사람에 의한 재화의 소비 또는 사용이 다른 사람에 의한 동일한 재화의 소비 또는 사용을 배제하지 않는다는 것을 의미한다.

적인 제한에 의해서도 결정된다. 정보재는 재화의 성격상 비경합성을 가진다. 즉 한 개인이 특정한 정보나 지식을 소비하거나 사용하는 것이 다른 사람이 동일한 정보를 소비하거나 사용하는 것에 아무런 부정적 영향을 미치지 않는다. 그러나 정보재가 특정한 형태로 되어 있을 경우에는 부분적으로 경합성을 가질 뿐만 아니라 배제성을 가질 수도 있다. 문화원형 콘텐츠의 경우, 창의성에 영감을 줄 수 있는 스토리나 동영상의 내용 등은 비경합성이나 비배제성을 가질 수 있으나, 복원된 이미지나, 캐릭터 이미지, 동영상을 그대로 사용할 경우에는 경합성과 배제성을 가질 수 있다.

둘째, 정보재의 생산에는 규모의 경제가 있다.[4] 정보재는 생산량이 증가할수록 평균비용이 감소하는 규모의 경제 특성을 지닌다. 왜냐하면 정보재의 경우 첫 번째 단위를 생산하기 위한 고정비용이 매우 높고, 두 번째 이후의 단위를 생산하기 위한 가변비용이 거의 없기 때문에 재생산비용이 아주 적기 때문이다.[5] 따라서 정보재는 몇 번이고 재생산이 가능하다는 특징을 지닌다. 문화원형 콘텐츠의 경우에도 처음 문화원형을 연구하고 콘텐츠를 생산하는 비용은 매우 높지만, 이를 활용하여 만든 정보재들은 상대적으로 비용이 낮다. 따라서 문화원형 콘텐츠를 민간에서 생산할 수 있는 가능성이 적으므로 공공기관에서 고정비용을 학계와 민간에 제공하고 이에 대한 결과물을 민간에서 쉽게 활용할 수 있다면, 문화원형에 대한 정보들이 시민들에게 널리 알려질 수 있다.

셋째, 정보재는 실제로 사용하기 전에는 그 가치를 판단하기가 힘들다는 불투명성의 특징을 지닌다.[6] 문화원형 콘텐츠의 경우에도 실제로 활용되어 다른 형식으로 생산되어 소비자가 직접적으로 소비 · 사용하기 전까지 그것이 얼마나 재미있고 유용한지 알 수가 없다. 문화원형 콘텐츠와 같은 특징을 가지는 재화는 경험재라고 불린다.

넷째, 정보재는 변환이 용이하다. 정보재는 수정 또는 보완하기가 매우 편리하다. 문화원형 콘텐츠는 디지털로 생산되고 소비되기 때문에 수정이 용이하여 민간에서 활용하기가 편리하다.

다섯째, 정보재는 정보소비자의 능력, 노력에 비례한다. 동일한 정보라고 이용자가 어떻게 가공하여 이용하느냐에 따라 자료의 유용성에 큰 차이가 있다. 문화원형 콘텐츠의 경우에도 민간에서 어떻게 활용하느냐에 따라 큰 차이를 보일 수 있다. 스토리를 토대로 새로운 스토리를 만들어낼 수도 있고, 텍스트와 원형 이미지를 사용하여 애플리케이션을 만들어 단순히 정보를 재가공하여 보여줄 수도 있다.

이와 같은 특성을 가진 정보재와 문화산업의 특성과 유사점이 많다. 문화산업은 1) 사회구성원의 정체성과 생활양식에 영향을 끼치고 2) 공공재의 성격이 강하며 3) 유행 상품이어서 수명이 짧고 4) 타 산업에 비해 창구효과가 높다는 특성 때문에 고부가가치 산업으로 인식되고 있다. 정보재와 문화산업의 특징을 보았을 때, 문화원형 콘텐츠 역시 공공재의 성격이 강하며, 창구 효과가 높기 때문에 초기 제작비용이 매우 높다.

지금까지 문화원형 디지털콘텐츠 사업은 한국콘텐츠진흥원에서

학계나 연구 기관과 컨소시엄을 이룬 산업체에 문화원형 콘텐츠를 개발하도록 지원을 하고, 그 결과물에 대한 라이선스를 한국콘텐츠진흥원과 개발업체가 공동으로 가지게 되는 구조로 되어있다. 그리고 문화원형콘텐츠가 문화콘텐츠닷컴에서 유통이 되면 발생한 수익은 개발업체가 가지도록 하였다. 그러나 공공재로서의 특성을 가진 문화원형 콘텐츠가 지금보다 더욱 더 많이 활용되고 활성화되기 위해서는 초기부터 정부기관인 한국콘텐츠진흥원이 모든 생산 비용과 관리 비용을 부담하도록 하고, 사업의 주관기관과 참여기관은 개발만하고 라이선스는 한국콘텐츠진흥원이 갖도록 하는 것이 필요했다. 그렇지 않으면 최소한 앞서 미국의 사례에서 보았듯이 미국의 연방조달규정FAR처럼 외부의 제3자에 위탁하여 제작된 저작물의 저작권을 제3자가 보유하는 경우에도 미국 정부가 저작물을 복제, 개작, 배포, 전시, 공연할 권리를 갖는 것 처럼 해야 한다.

제2절 콘텐츠 제도 개선

앞에서 여러 번 언급하였듯이 문화원형 콘텐츠의 활용이 미진한 가장 큰 이유는 저작권 문제와 가격정책에 있다. 현재 한국콘텐츠진흥원은 문화원형 콘텐츠에 대한 저작권 확보를 위하여 노력 중이다. 그런데 이후에도 계속 가격을 책정하거나 KOGL을 통하여 상업적 이용 금지를 한다면 여전히 문화원형 콘텐츠의 활용과 활성화에는 적지않은 어려움이 따를 것이다. 본 절에서는 제5장에서 언급한 외국의 사례를 바탕으로 민간이 문화원형 콘텐츠를 상업용으로 활용하는데 문제가 되는 법령들을 살펴보면서 공공저작물을 자유롭게 쓸 수 있는 방안들을 제시하도록 하겠다.

(1) 「저작권법」개정 및 「정보공개법」의 강화

정부는 「정보공개법」을 제정하였지만 이 법의 취지는 이용자들의 '접근'을 보장하는 것이어서 공공저작물의 상업적 이용을 위해 필요한 복제 및 재생산은 법적으로 보장되어 있지 않다. 또한 공공저작물들이 「저작권법」의 보호를 받고 있기 때문에 Alright 시스템에서 보다시피 많은 공공기관들이 공공저작물의 판매로부터 잠재적인 수입을 보장받으려는 경향이 있다. 이와 같은 공공기관들의 행동은 「정보공개법」과 갈등을 일으킬 수 있는 요인이 많다. 따라서 정부는 미국과 같이 공공저작물에 대해서는 「저작권법」의 대상이 되지 않도록 개정을 하거나 영국과 같이 「정보공개법」을 강화시켜서 공공저작물에 대한 저작권은 인정을 하면서 무상의 정보공개를 할 수 있도록 해야 한다.

(2) 약관에 의한 이용허락

공공저작물의 공개와 배포는 주로 웹상에서 이루어진다. 따라서 공공저작물을 자유롭게 쓰게 하려면 약관이 정하는 바에 따를 수 밖에 없다. 그런데 「국가를 당사자로 하는 계약에 관한 법률」※, 「지방자치단체를 당사자로 하는 계약에 관한 법률」, 「국유재산법」※※, 「공유재산 및 물품 관리법」은 일반경쟁에 의한 계약방법과 수의계약만을 인정하고 있고, 일반경쟁에 의한 계약방법과 수의계약은 모두 개별적 계약을 전제로 하고 있으므로 약관에 의한 이용허락을 원천적으로 봉쇄하고 있다. 이러한 점에서 약관에 의한 공공저작물의 이용허락이 가능하도록 규정할 필요가 있다. 영국의 OGL은 웹상에서 쉽게 라이선스를 발급하고 있는데, 명시적으로 약관에 동의하지 않더라도 자유이용허락의 대상인 저작물을 이용하는 것만으로 자유이용에 동의한 것으로 간주하도록 할 수도 있다.

(3) 무상의 이용허락

현재 문화원형 콘텐츠의 활용을 저해하는 근본적인 요소는 유료화 정책이다. 즉, 문화원형 콘텐츠를 선 구매한 후에야 활용할 수 있기 때문에 투자효과에 대한 확신이 없는 상태에서는 활용이 거의 이루어지고 있지 않다. 문화산업의 특성상 그 효과는 활용한 이후에야 확인될 수 있으므로, 선 상품화 이후에 이익을 분배하는 방식을 도입하여 문화원형 콘텐츠의 자유로운 활용 확대를 하는 것도 하나의 방안이 될 수 있겠다.[7]

그러나 문제점을 해결하기 위한 가장 좋은 방식은 개별적 이용허락이 없더라도 일반 대중들이 공공저작물을 자유롭게 이용할 수 있도록 일반적인 이용허락이 허용되거나 미국「저작권법」처럼 공공저작물에 대한 저작권이 폐지되어야 할 것이다. *** 「공공저작물 저작권 관리 지침」제2조 제6호에서는 '자유이용허락'을 "공공기관이 미리 정한 이용목적과 이용 형태의 범위 안에서 일반 국민자연인 및 법인을 포함한다이 공공저작물에 대하여 개별적 이용허락을 받을 필요 없이 자유롭게 이용할 수 있도록 하는 것을 말한다."고 정의하고 있

*** 영국정부는 1998년 왕실저작권을 어떻게 관리할 것인지에 관하여 7가지의 방안을 마련하고 이에 대하여 전문가들의 의견을 받았다. 그 결과 전문가들이 가장 선호하는 방법은 국유저작권을 폐지하고 정부가 소유하고 있는 모든 저작물을 공유저작물로 하자는 것이었지만 이러한 주장은 국유저작권을 유지하자는 주장과 조율할 수 없는 극단적인 방안이기 때문에 이를 채택하기는 어려웠다. 대신에 영국정부는 국유저작권은 유지하되 이를 1개의 기관에 집중하고, 자유이용허락의 방법으로 신속하게 정보를 제공하는 방향으로 정책을 마련하게 되었다. http://www.opsi.gov.uk/advice/crown-copyright/future-management-of-crown-copyright.pdf.

※ 「공공저작물 저작권 관리 지침」
에서는 자유이용허락에 대한 규정
을 두고 있지만, 국유 또는 지방자
치단체가 소유하고 있는 저작권에
대하여는 뒤에서 보는 바와 같이
현행법상 자유이용허락이 불가능
하기 때문에 국가 또는 지방자치단
체 이외의 공공기관을 대상으로 하
여 규정된 것이다.

는데※, 이러한 자유이용허락은 공공저작물의 이용활성화가 종국에는 산업발전에 기여할 것이란 결론을 전제로 하고 있다.[8]

영국과 같은 자유이용허락을 도입하는 데에도 「국유재산법」 및 「공유재산 및 물품 관리법」에서 공공저작물의 이용허락에 있어서 이용료를 부과하는 것을 원칙으로 하고 있기 때문에, 문화원형 콘텐츠의 활용에 어려움이 생긴다. 무상의 이용허락은 자유이용허락의 필수적인 요소이므로 이용료를 부과하는 원칙이 문화원형 콘텐츠에 있어서는 배제되어야 한다.

여기서 국내의 「기술의 이전 및 사업화 촉진에 관한 법률」을 보면 이 법의 목적제1조은 공공연구기관에서 개발된 기술이 민간부문으로 이전되어 사업화되는 것을 촉진하고, 민간부문에서 개발된 기술이 원활히 거래되고 사업화될 수 있도록 관련 시책을 수립·추진함으로써 산업전반의 기술경쟁력을 강화하여 국가경제의 발전에 이바지하는 것이다. 여기서 "기술"이라 함은 「특허법」 등 관련 법률에 따라 등록된 특허·실용신안·디자인·반도체 집적회로의 배치 설계 및 소프트웨어 등 지적재산과 그 기술이 집적된 자본재 및 관련 정보를 뜻한다. 위 법에 의하면 정부로 하여금 기술이전 사업화 촉진계획을 수립 및 시행하도록 하고제5조, 이에 관한 주요사항을 심의 조정하기 위하여 산자부에 기술이전사업화 정책심의회를 두게 하고

제6조, 그 기반을 확충하기 위해 기술이전 사업화 정보를 등록, 제공하게 하고제7조, 실태조사를 하며제8조, 한국기술거래소를 설립, 운영하게 하고제9조 있다. 또한 공공연구기관의 기술이전 사업화전담조직을 설치, 운영하도록 하고 이를 지원하며제11조, 한편 민간부문에서 사업화를 촉진하기 위하여 사업화를 전문적으로 수행하는 회사에 대한 육성, 지원책을 강구하도록제12조 하고 있다. 그 외 다양한 기술이전 사업화 촉진사업을 추진하되, 특히 공공기술 이전의 촉진을 위한 여러 규정을 두고 있다.

이 법 규정 중 특히 지적재산에 관한 다음 규정들은 공공저작물의 민간활용과 관련해 참고할 필요가 있다.

○ 제24조공공연구개발성과의 귀속 등 ①~③…생략…

④공공연구기관은 제3항의 규정에 따라 귀속된 공공기술을 직접 이용하거나 관련 법률에 따라 이용이 제한되는 등 특별한 사유가 있는 경우를 제외하고는 기업 등이 이용할 수 있도록 노력하여야 한다. 이 경우 공공연구기관은 공공기술을 이용하게 함에 있어서 필요한 조건을 붙일 수 있으며, 공공기술의 이용자로부터 기술료를 징수할 수 있다.

⑤공공연구기관은 제4항의 규정에 따라 공공기술의 이용을 허락하려는 경우에는 공공기술을 이용하려는 기업 등에 대하여 균등한 기회를 보장하여야 한다. 다만, 공공기술의 개발에 투자한 기업 등에 대하여는 대통령령이 정하는 기간 동안 우선권을 부여할 수 있다.

○ 제31조지적재산권 등의 무상양여 ①정부는 산업발전을 위하여 특히

필요한 경우에는 「국유재산법」의 규정에 불구하고 대통령령이 정하는 바에 따라 연구개발성과로서 국가에 귀속된 지적재산권의 실시권자에 대하여 실시료의 전부 또는 일부를 면제하거나 그 연구개발과제의 연구 개발자와 그 연구개발사업의 투자자에 대하여 그 지적재산권을 무상으로 양여할 수 있다.

이 법에 따르면 공공연구개발성과를 기업 등이 이용할 수 있도록 노력하여야 하며, 공공기술의 이용자로부터 기술료를 징수할 수 있지만 국가에 귀속된 지적재산권의 실시권자에 대하여 실시료의 전부 또는 일부를 면제하거나 그 연구개발과제의 연구 개발자와 그 연구개발사업의 투자자에 대하여 그 지적재산권을 무상으로 양여할 수 있도록 하였다. 이와 같은 관점을 문화원형 콘텐츠에 적용시켜 볼 수 있겠다.

※ 제35조(사용허가기간) ① 행정재산의 사용허가기간은 5년 이내로 한다. 다만, 제34조제1항제1호의 경우에는 사용료의 총액이 기부를 받은 재산의 가액에 이르는 기간 이내로 한다. ② 제1항의 허가기간이 끝난 재산에 대하여 대통령령으로 정하는 경우를 제외하고는 5년을 초과하지 아니하는 범위에서 종전의 사용허가를 갱신할 수 있다. 다만, 수의의 방법으로 사용허가를 할 수 있는 경우가 아니면 1회만 갱신할 수 있다.

(4) 이용허락기간의 폐지

「국유재산법」※과「공유 및 물품 관리법」은 국유재산과 공유재산의 이용허락에 대하여 기한을 정하고 제한된 범위에서 이를 갱신할 수 있도록 규정하고 있다. 문화원형 콘텐츠를 지속적으로 민간기업에서 활용하기 위해서는 이용허락기간이 있으면 안 된다. 이용허락기간을 정하지는 않지만 이용허락 조건에 부합되지 않으면 이용허락을 종료시키는 방향으로 해야 문화원형 콘텐츠를 활용하는데 제약을 덜 수 있다.

(5) 이용허락의 지역적 범위 설정

미국 「저작권법」은 연방공무원이 업무상 창작한 저작물에 대하여 저작권을 인정하지 않지만 외국에서는 여전히 저작권이 인정되는 것으로 해석하고 있다.[9] 이러한 이유로 미국의 연방저작물이라고 하더라도 외국에서는 자유롭게 사용할 수 없다. 반면에 영국의 열린정부라이선스에서는 이용허락의 지역적 범위를 제한하지 않기 때문에 전 세계의 누구나 적법하게 영국정부의 저작물을 자유롭게 이용할 수 있다. 그러나 문화원형 콘텐츠는 정부의 비용이 많이 투입되고 해외 콘텐츠도 공개하고 있기 때문에 미국의 방식을 취하는 것이 바람직하다.

(6) 개작 및 변형의 허용

공공저작물의 산업적 이용의 필수적 요소는 개작의 허용이다. 공공저작물의 산업적 이용의 수요처는 디지털콘텐츠업체이고 이러한 디지털콘텐츠업체는 공공저작물을 그대로 이용하기보다는 이를 가공하여 제3자에게 제공하는 경우가 많을 것이다. 그런데 「저작권법」제22조에서는 저작자에게 2차적 저작물작성권이 있다고 명시하고 있고, 동법 제11조에서는 저작인격권으로서 동일성유지권을 규정하고 있으므로 공공저작물의 자유이용허락을 위해서는 이용자가 공공저작물을 개작 또는 변형할 수 있도록 할 필요가 있다.

(7) 출처표시

공공저작물의 이용자는 공공저작물임을 표시하여 콘텐츠의 신뢰도를 높이고자 할 것이므로 출처표시의무는 의무라기보다는 오히려 이용자의 희망사항이라고 하는 것이 적합할 것이다. 현재 문화체육관광부는 공공누리를 통하여 표준적인 출처표시를 제시하였다. 출처표시에서 유의하여야 할 사항은 출처표시의 정도를 넘어서 이용자가 공적지위에 있는 것처럼 보이게 하거나 공공기관의 대리인이거나 이용자의 콘텐츠가 공공기관의 승인을 얻은 것처럼 보이게 하는 등 타인을 오인 또는 혼동하게 하는 이용방법을 금지시켜야 한다는 것이다. 더불어 공공저작물을 사회적으로 용인되지 않는 방법으로 이용하는 것도 금지시킬 필요가 있다. 아래의 금지사항의 예시이다.

- 이용자를 공공기관의 대리인으로 오인시키는 방법
- 이용자의 콘텐츠가 공공기관으로부터 승인을 얻은 것으로 오인시키는 방법
- 이용자의 사업이 공공기관으로부터 공식적으로 인가를 받은 것으로 인식될 수 있는 방법
- 이용자의 사업이 공공기관의 사업 또는 공공기관을 대행하는 사업으로 인식될 수 있는 방법
- 기타 제3자를 오인 또는 혼동케 할 수 있는 방법

■ 선량한 풍속 기타 공서양속*에 반하는 방법

(8) 재이용허락의 허용

「국유재산법」**과 「공유재산 및 물품 관리법」은 원칙적으로 재이용허락을 금지하고 있다. 그러나 공공저작물의 경우에는 이를 가공하여 타인이 이용할 수 있도록 하는 것이 주된 산업적 이용형태가 될 것이므로 재이용허락을 할 수 있도록 하는 것은 공공저작물의 산업적 이용에 있어서 필수적 요소이다. 그런데 「저작권법」제46조 제2항과 제3항을 종합하면 이용허락을 받은 자는 재이용허락을 받지 않으면 재이용허락을 할 수 없는 것으로 해석되므로 문화원형 콘텐츠에 관해서는 이용자가 재이용을 허락할 수 있다는 점을 명시할 필요가 있다.

(9) 자유이용허락이 금지되는 공공저작물

「행정정보 공개에 관한 법령」에 의하여 공공저작물이 제공되었다고 하여 이용허락이 있는 것은 아니므로 이용을 하고자 하는 자는 별도의 이용허락을 받아야 한다. 그런데 행정정보의 제공은 이용허락에 선행하기 때문에 「행정정보 공개에 관한 법령」에서 제공을 금지하거나 제공에 대하여 제한을 가하고 있다면 자유이용허락

* 공공의 질서와 선량한 풍속을 아울러 이르는 말. 법률 사상의 지도적 이념으로, 법률 행위 판단의 기준이 되는 사회적 타당성이 인정되는 도덕관이다.

** 제30조(사용허가) ② 제1항에 따라 사용허가를 받은 자는 그 재산을 다른 사람에게 사용·수익하게 하여서는 아니 된다.

이 불가능하게 된다. 앞서 본 바와 같이 많은 행정법령에서 행정정보 제공을 금지하거나 제공의 상대방을 제한하거나 제공에 있어서 심사절차를 거치게 하는 등의 제한을 가하고 있다. 이러한 개별 행정법령은 「국유재산법」이나 「공유재산 및 물품 관리에 관한 법률」과는 달리 다양한 개별적 사정에 따라서 제정된 것이므로 공공저작물의 관리 및 이용에 관한 규정에서 일괄적으로 특별규정을 만드는 것은 사실상 불가능해 보인다. 이러한 규정에 대하여는 주무부처에서 반드시 필요한 규정인지 여부를 재검토해 줄 것을 요청하는 방법을 통하여 해결해야 할 것으로 보이며, 필요한 경우에도 규정형식을 통일시키는 방안을 강구해야 한다. 공공저작물의 관리 및 이용에 관한 규정에서 자유이용허락이 불가능한 공공저작물을 별도로 규정하는 방식보다는 다른 행정법령에서 공개를 금지하고 있는 행정정보에 대하여 자유이용허락을 할 수 없다는 소극적 방식의 규정이 관련 행정법령과의 모순 또는 충돌을 막는 방법이라고 할 수 있다.

이상으로 문화원형 콘텐츠 활용을 활성화하는데 필요한 제도적 방안들을 살펴보았다. 이제 마지막으로 제3절에서는 문화원형 콘텐츠의 유통 모델 및 마케팅 방안에 대하여 살펴보도록 하겠다.

제3절 유통 모델과 마케팅

홍필기, 윤상오, 방민석은 공공정보자원의 상업화 모델을 제시하면서 공공정보의 상업화 모델을 고찰하기 위해서는 공공정보의 비용 구성을 먼저 고려하는 것이 필요하다고 하였다.[10] 정보DB의 구축비용은 고정비용과 가변비용으로 구분할 수 있는데, 초기 고정비용이 큰 경우가 일반적이며 정보의 가치보존을 위해 현행화 등 유지관리를 위한 운영비용이 지속적으로 소요된다.

초기 고정비용과 추후 운영비용 전체를 납세자가 공동으로 부담하면 공공부문 정보화가 진행될수록 재정 부담이 증가하기 때문에 사회 전체적으로 재정의 균형배분이 어려워지게 된다. 따라서 홍필기, 윤상오, 방민석은 정보공급과 서비스 전달 과정에서 수혜자로부터 일정한 비용회수는 수익자부담의 형평 원칙, 국가재정의 균형적인 배분을 통한 지속적인 정보화 및 사회발전에 중요하다고 하였다. 이에 따라서 그들은 지식정보관리 체계가 정보의 생성에서 폐기까지 정보의 생명주기 전 과정을 통하여 이루어져 있듯이, 공공정보자원의 상업화도 정보의 생성에서 활용 및 부가가치 단계에 이르는 과정별 접근이 필요하다고 보았다. 상업화의 단계는 공공정보를 생성하기 위한 자금 확보 단계, 수집된 공공정보의 관리와 운영과정에서의 수혜자 비용부담 단계, 경제적 가치를 갖는 공공정보의 상업적 활용을 통한 수익창출 단계로 구분할 수 있다. 일반적인 의미에서 공공정보의 상업화는 세 번째 단계인 수익창출 단계를 의미하는 경우가 많으며, 그 단계에서 여러 가지 시행방식에 따라 더욱 세분화된 분류가 가능하다.

공공정보를 제공하는 방식은 정보생산기관이 직접 정보제공업무까지 수행하는 방식과 대행기관으로 민간 사업자를 선정하여 위탁판매를 하는 방식으로 구분할 수 있다. 호주, 캐나다 등 외국의 통계기관의 경우 마케팅과를 두어 직접 통계자료의 판매 업무를 수행하는 정보생산기관이 직접 정보제공업무까지 수행하는 방식을 사용하고 있다.[11]

홍필기, 윤상오, 방민석은 각 단계별 모델을 자금 확보 모델, 비용회수 모델, 수익창출 모델로 구분하였다.[12]

우선 자금 확보 모델은 공공정보를 디지털화하는 과정에서 민간부문까지 참여시켜 자금을 조달하고, 추후 자금조달 참여기관이 구축된 정보를 이용할 때 혜택을 주거나 디지털화된 정보를 상품화하여 수입창출 기회를 주는 상업화 모델이다. 이 모델은 정보의 공공재적 특성 때문에 사회적으로 바람직한 수준보다 낮게 제공되는 비효율성을 개선하기 위한 수단으로서, 보건이나 안전 등에 관한 정보가 이에 속한다. 이러한 정보 비효율성을 개선하기 위해 법률분야, 부동산분야 등에 정보중개 산업이 존재하기도 한다. 초기비용의 규모가 크거나 정보구축이나 활용에 다양한 기관들의 협조가 필수적일 경우 공공부문은 신뢰할 수 있는 주체로서 자금 확보 기능과 조정기능을 통하여 비용을 낮추는 역할을 할 수도 있고, 정보가 구축된 후 주요 이용분야나 기관에 대한 예측이 가능할 때

이러한 상업화 모델이 이용될 수 있다. 이용분야나 기관은 추후 다양한 분야로 확대될 가능성을 항상 갖고 있으며 이 경우 자금조달 참여기관과 비 참여기관과의 차별화 문제에 대하여 정책방향이 우선 수립되어야 한다. 이 모델은 공공부문의 정보를 구축하거나 디지털화하는 과정에서 민간부문의 전문성과 유연성을 자연스럽게 활용할 수 있는 장점이 있으며, 규제가치에 비하여 상업가치가 클 경우 디지털화된 공공정보에 대한 라이선스를 주어 수입을 지속적으로 창출하여 정보의 양과 질의 확대를 위한 재정적인 안정성에 기여할 수 있다. 정보의 양과 질의 향상과 재정의 안정적인 확보는 향후 더욱 많은 공공정보를 창출 및 디지털화하는 선순환 구조를 만들 수 있는 가능성이 있다. 그러나 이 모델은 다양한 이해관계자들의 참여 여부 결정과 참여조직간 비용부담원칙과 역할에 대한 합의를 도출하기가 쉽지 않아 정부의 조정자 역할이 필요하다.

두 번째 모델은 비용회수 모델이다. 이 모델은 공공정보의 이용자에게 공공정보 제공에 소요되는 비용만을 부담시키는 모델에 기초를 둔다. 공공정보를 제공하는 과정에서 소요되는 인쇄비, 복사비 혹은 디스켓 비용 등 정보를 다른 미디어에 옮기는 비용 정도를 사용자에게 부과하는 것에서 나아가 최근에는 공공정보의 유지관리에 드는 비용까지를 이용자에게 부과하는 경향도 나타나고 있다.

이 모델의 기본적 전제는 공공정보를 활용하여 특정 기업이나 국민이 경제적 이익을 얻을 때 공공정보 이용에 대한 수수료를 통하여 수혜자가 비용의 일정부분을 부담하는 것이 공평하다는 것이다. 공공기관으로부터 각종 증명서 등 서류발급에 지불하는 비용은 정보에 대한 접근비용보다는 정보를 프린트하거나 인쇄하는 등의 미디어 비용의 성격이 크다. 비용 회수 모델에서는 비용회수의 범위를 미디어 비용에 한정할 것인지 아니면 관리비용의 일부를 포함할 것인지에 대한 문제와, 적정한 비용과 요금을 산정하는 것이 핵심 이슈이다. 비용회수의 수단으로 각종 서비스에 대한 수수료는 공공정보의 유료화와 개념상으로는 구분이 가능하지만 비용을 회수하는 시행단계에서는 구분하기가 쉽지 않다.

마지막 모델은 수익창출 모델이다. 공공정보에 대한 자금 확보와, 공공정보 이용자에 대한 수수료 부과 단계를 거쳐 공공정보의 경제적 가치를 본격적으로 실현시켜 수익을 창출하는 단계가 공공정보 상업화의 가장 높은 단계이다. 이것은 직접 공공정보 자체를 하나의 상품으로 팔거나, 공공정보를 부가가치 정보로 재가공하여 파는 것을 의미한다. 이때 정부가 공공정보를 직접 판매하는 방식보다는, 정부 산하기관이나 민간 정보제공사업자와 라이선스 계약을 체결하여 이들이 최종소비자들에게 판매하고 그 수익 중 일부를 공공 기관에 계약료로 납부하는 방식이 일반적이다.

이상의 모델을 해외의 사례와 비교해 보면 우선 EU의 경우에는 자금확보모델과 수익창출모델을 혼합한 공공정보 상업화 모델이라고 볼 수 있다. 유럽은 공공정보의 상업화에 매우 적극적인 태도를 보이고 있다. 앞에서 살펴본 「공공부문정보의 재이용 지침」에서는 민간사업자가 공공기관의 정보를 재이용하여 상업적으로 활용할 수 있는 법적 근거를 마련하고 있는데, 살펴본 바와 같이 이 지침에서는 공공정보에 기초한 범유럽 정보 상품과 서비스의 창출을 촉진하고, 민간사업자가 부가가치 정보 상품과 서비스 개발을 위하여 국경을 초월하여 공공정보의 효과적인 활용을 제고할 수 있도록 하고 있다. 또한 EU 지역 내의 시장에서 경쟁의 왜곡을 방지하는 등의 목적으로, 공공정보 재이용 요청 처리에 필요한 조건이나 제공형태나 과금, 목록 비치와 같은 재이용의 조건, 차별금지 및 공정거래 등을 규정하고 있다.

유럽모델의 특징은 공공정보의 생산기관에 정부가 보조금을 주어 정보생산을 촉진하고, 이들이 민간사업자 및 국민들에게 공공정보를 제공하고 대금을 부과할 때는 공공정보의 수집 · 생산 · 재생산 및 분배비용뿐만 아니라 합리적인 투자대비 회수비용까지를 포함하도록 하고 있다는 점이다.

즉, 공공정보의 생산기관이 공공정보의 이용자로부터 정보이용비용 수준 이상의 비용을 부과하는 것이 제도적으로 보장되어 있다. 이때 공공정보 생산기관에 정부가 보조해 주는 재정의 규모에 따라서 생산된 공공정보에 대한 사용자 비용 부과의 수준이 다르게 된다. 따라서 유럽식 모델은 자금조달모델과 수익창출모델을 혼용하고 있다고 볼 수 있다.

영국의 경우는 부분적 수익창출 모델에서 비용회수모델로 바뀌고 있다고 볼 수 있다. 영국 정부는 공공정보에 대한 클릭유즈 라이선스 제도를 도입하여 원천자료 라이선스와 부가가치자료 라이

선스로 구분하고 원천자료에 대해서는 무료로 제공하며 부가가치
자료에 대해서는 별도의 요금을 징수했었다. 그러나 OGL을 도입
하고 난 이후에는 이러한 구분을 하고 있지 않다.

미국의 경우에는 비용회수모델이라고 볼 수 있다. 미국은 전통
적으로 자본주의 가치의 지배하에 민간의 자유로운 활동과 시민
권이 보장되어 왔다. 이러한 전통에 따라 국민들의 세금으로 구축
한 공공정보의 소유권은 정부가 아니라 일반국민들에게 있다는 인
식이 일반적이며, 이것은 법체계에도 그대로 반영되어 있다. 미국
의 「문서감축법」은 공공기관이 공공정보를 국민들에게 직접 제공
하든 민간사업자를 통해서 제공하든 독점하지 못하도록 하고, 정
부가 공공정보의 사용, 재판매, 재배포를 제한하거나 규제하는 것
을 금지하고 있다. 즉, 정부는 공공정보에 대해서 저작권 주장을
못하도록 하는 정책을 갖고 있으며, 정부정보의 재판매 혹은 재배
포에 대한 수수료나 로얄티를 받는 것을 금지하고, 정부기관이 국
민들에게 공공정보 사용요금으로 배포비용 이상을 부과하는 것을
금지하고 있다.

또한 「정보자유법」에 의해 일부 예외를 제외하고는 모든 국민
들은 연방정부가 보유하고 있는 어떠한 정보라도 제공을 요청할
수 있고, 이에 정부는 응해야 하는 의무가 있다. 또한 정보자유법
은 개방적이고 민주적인 정부건설을 위하여 정부는 국민들에게 공
공정보를 무료로 또는 최소한의 복사비용만 받고 제공하도록 규
정하고 있다.

따라서 미국의 공공정보에 대한 기본정책은 정부가 나서서 공공정보를 생산하는 데 1차적인 목적이 있으며, 이를 무료로 국민들에게 배포하여 활용성을 높이고 관련 산업과 경제발전을 유도하는 것에 2차적인 목적이 있다. 다만, 공공정보 이용과정에서 발생하는 인쇄비, 복사비, 디스켓 사용료 등 최소한의 비용을 사용자에게 부담시키는 것은 허용되고 있다. 따라서 미국의 공공정보 상업화 모델은 정보전달비용을 회수하는 가장 낮은 단계인 비용회수모델로 볼 수 있으며 공공정보 자체에 대한 비용회수모델 단계까지 이르지는 않고 있다.

대한민국의 경우에는 어떤 단일 모델이라기보다는 혼합모델이라고 볼 수 있다. 즉 여러 가지 모델을 혼용하여 상황에 맞게 적용하고 있다고 할 수 있다. 첫 번째로는 자금 확보를 위한 민관협력 모델이다. 문화원형 디지털콘텐츠 사업의 경우 민간부문을 참여시켜 공동투자와 수입을 공유하는 유연한 파트너 관계를 개발 및 발전시킬 것을 주요 전략으로 명시하고 있다. 이러한 협력관계를 통하여 민간부문의 경험과 유연성을 활용하는 것은 물론, 보다 다양하고 많은 상품 개발을 돕기 위해 정보제품의 라이선스를 통하여 수입을 지속적으로 창출하는 중요한 기능을 기대하고 있다. 한국콘텐츠진흥원은 참가한 민간부문에게 일정 기간 동안 라이선스 사용에 관한 권리를 활용할 수 있도록 하고 있는데 이러한 방식에는 비용회수 요소가 포함되어 있다.

또 다른 모델은 가격차별화 모델이다. 문화원형콘텐츠의 경우

텍스트와 같은 단순 소개나 스토리는 무료로 제공하고 있는 반면, 이미지, 동영상과 같은 멀티미디어 콘텐츠를 상업화하는 데에는 유료화하고 있다. 공공누리에서 제공하는 정보는 자유이용허락 표시 제도를 도입하고 있지만, 대부분 상업적으로 이용하기 위해서는 라이선스 비용을 지불하고 있다.

그러나 제3장에서 살펴 본 현재 문화산업 산업의 현황을 보았을 때, 문화콘텐츠의 생산이 점점 개인이나 중소기업에서 이루어지고 있다. 따라서 문화원형콘텐츠를 활용하기 위해서는 미국과 같은 낮은 단계인 비용회수모델이 적합하다. 콘텐츠 구매 비용이 높을 시에는 개인이나 중소기업에서 구매를 하여 재생산하기가 어렵기 때문이다. 따라서 개인이나 중소기업은 개발비 정도를 부담하고 원천 소스에는 수수료 정도만 부담한다면 문화원형 콘텐츠가 널리 활용될 수 있을 것이다.

한편, 홍필기, 윤상오, 방민석은 해외 주요 국가별 공공정보자원 상업화 모델들을 바탕으로 우리나라에 적용가능한 상업화 모델들을 제시하였다. 공공정보의 상업화 모델을 개발하기 위해서는 공공정보의 생성부터 사용에 이르는 과정별 가치사슬 모델을 설정하는 것이 필요한데, 공공정보의 상업화에 대한 가치사슬 모델은 [그림 6-1]과 같다.

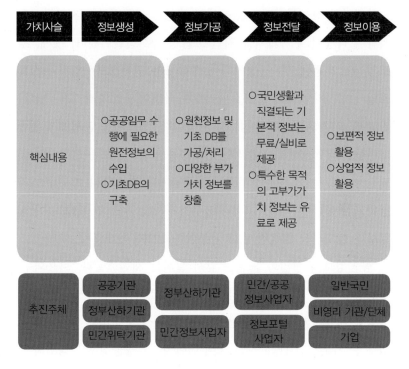

가치사슬	정보생성	정보가공	정보전달	정보이용
핵심내용	○공공임무 수행에 필요한 원전정보의 수입 ○기초DB의 구축	○원천정보 및 기초 DB를 가공/처리 ○다양한 부가가치 정보를 창출	○국민생활과 직결되는 기본적 정보는 무료/실비로 제공 ○특수한 목적의 고부가가치 정보는 유료로 제공	○보편적 정보 활용 ○상업적 정보 활용
추진주체	공공기관 정부산하기관 민간위탁기관	정부산하기관 민간정보사업자	민간/공공 정보사업자 정보포털 사업자	일반국민 비영리 기관/단체 기업

[그림 6-1] 공공정보의 상업적 활용에 대한 가치사슬 모형

먼저 공공정보의 가치사슬은 정보생성, 정보가공, 정보전달, 정보 이용의 과정을 거친다. 첫째, 정보 생성의 과정에서는 정부를 비롯한 공공기관이나 정부산하기관이 직접 또는 민간기관에 위탁을 통해서 공공임무 수행에 필요하거나 공익성과 보존성이 높은 원천 정보를 수집하고 이를 DB화 한다. 이러한 정보는 원천자료로서의 성격이 강하며, 그 자체로서는 활용성이나 가치성이 높지 않은 경우가 많다. 둘째, 정보가공 과정에서는 정부산하 전문기관이나 민간정

보사업자가 정보생성과정을 통해서 생산된 기초자료를 재가공·처리하여 다양한 부가가치를 지닌 고급정보로 만들어낸다. 셋째, 정보의 전달과정에서는 공공기관이 직접 또는 민간정보사업자나 정보포털사이트 사업자와 계약을 맺어 일반국민이나 비영리기관·단체, 기업 등 최종사용자에게 정보를 제공한다. 정보이용 단계에서 일반국민들은 국민생활에 기본적인 기초정보나 공익정보는 정부사이트, 민간사이트 등을 통해서 무료로 제공받거나 최소한의 수수료만 지급하고 이용할 수 있다. 그러나 고부가가치를 지닌 고급정보는 공공정보라 할지라도 일정한 비용을 부담하고 이용하게 된다.

공공정보의 상업화 모델은 앞서 살펴본 재원조달과, 비용회수, 수입창출 등의 요소가 혼합되어 있는 것이 일반적이다. 공공정보 상업화를 시행하기 위한 모델은 각 가치사슬상의 주체와 역할, 책임, 의무 등 기본적인 관리구조를 갖추어야 한다. 공공정보의 상업화 수행 모델은 상업화 모델에 참여하는 공공기관과 민간기관 주체의 역할에 따라 크게 네 가지 유형으로 나눌 수 있다. 공공기관이 직접 공공정보를 생산하고 이를 상업화하는 모델, 공공기관이 기초정보를 생산하고 이를 민간기관과 계약을 맺어 제공하고 민간기관이 이러한 기초정보를 가공하여 소비자에게 판매하는 모델, 민간기관과 공공기관이 공동으로 기초정보를 생산하고, 기본적인 정보는 정부가 제공하고 부가가치 정보는 정보 생산에 참여한 민간기관이 상업화하는 모델, 정부가 민간기관에게 공공정보의 생산부터 가공과 전달에 이르는 모든 과정을 위탁하고 민간기관이 공공정보를 상업화

하는 모델이 있다. 이러한 네 가지 모델을 좀 더 구체적으로 살펴보면 다음과 같다.[13]

1) 모델 Ⅰ : 공공기관 직접 상업화

공공기관이 직접 상업화하는 모델에서, 정보생성의 주체는 정부나 공공기관이다. 공공기관은 생산된 기초정보 중에서 국민생활과 직결되고 공공성이 높은 정보는 직접 실비 수준의 수수료를 받거나 무료로 홈페이지 등을 통해서 최종소비자에게 제공한다. 반면에 정부는 산하기관이나 별도의 법인을 통하여 기초정보를 재가공한 고부가가치 정보를 생산하도록 한다. 그리고 별도의 법인이나 산하기관은 이렇게 생산한 고부가가치 정보를 최종소비자에 직접 판매한다. 또한 경우에 따라서는 고부가가치 정보의 활용성을 높이기 위하여 이용자가 집중되는 민간포털사이트와 계약을 맺어 정보를 판매하고 그 수익을 일정비율로 나누는 방식이 있다.

이 모델의 장점은 일반국민에게 기초정보를 기존과 같이 무료로 또는 최소비용으로 제공하면서도 고부가가치 정보에 대해서는 일정비용을 부과함으로써 수익자 부담의 원칙을 실현하고, 공공정보 판매수익을 통하여 정보 유지관리 비용을 확보하며, 정보 추가 구축을 위한 재정확보에 유리하다는 점이다. 그러나 정부 등 공공기관이 국민세금으로 구축한 공공정보를 유료로 판매하는 것에 대한 비판이 제기될 가능성이 높다.

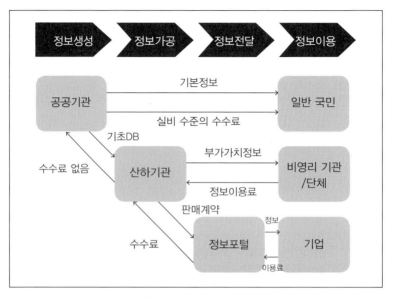

[그림 6-2] 공공기관 직접 상업화 모델

2) 모델 Ⅱ : 민간계약 상업화라이선스 방식

두 번째 모델은 실제 유럽에서 가장 많이 도입하고 있으며, 우리 나라 기상청 등에서도 도입하고 있는 모델로서 민간계약 상업화 방 식이다. 이 방식은 공공기관이 공적 재원을 동원하여 국민생활과 행 정업무처리에 반드시 필요한 대규모 원천정보를 생산해 내고, 이들 정보 중에서 기본적인 정보는 일반국민들에게 무료로 또는 실비 수 준의 비용만으로 제공한다. 반면에 대규모 기초 자료 중 민간부문의 특화 수요가 있는 정보에 대해서는 계약을 체결하여 민간정보사업 자에게 제공하고, 민간정보사업자는 이러한 기초정보를 고부가가치 정보로 재가공하여 최종사용자에게 유료로 판매하고 그 수익금 중 일부를 공공기관에 납부하는 것이다. 이 방법이 공공기관 직접 상업화 방식과 다른 점은 고부가가치 정보의 가공 및 판매를 민간정보사업자가 수행한다는 점이다. 이때 공공기관과 민간정보사업자 사이에는 공공정보의 제공과 판매수익의 배분 등에 대한 계약의 체결이 필수적이다. 그리고 민간정보사업자는 생산한 고부가가치 정보의 판매를 제고하기 위하여 민간포털사이트와 다시 계약을 맺어 판매를 하고 그 수익금을 일정 비율로 나눌 수 있다.

이 모델의 장점은 민간정보사업자의 양성을 통해서 정보 콘텐츠 산업을 육성하고 산업경쟁력 강화에 기여할 수 있다는 점이다. 또한 민간정보사업자가 기초공공정보를 고부가가치 정보로 가공함으로써 공공정보의 가치를 증진시킬 수 있고, 판매수익의 일부를 공공기관이 확보함으로써 공공정보의 생산·유지·관리에 필요한 예산의 일부를 확보할 수 있다는 점이다. 그러나 이 방법도 역시 공공정보의 상업화에 대한 부정적인 인식과 함께, 민간사업자와의 계약 및 공공정보의 상업적 판매를 위한 법·제도적 정비가 선결되어야만 한다. 특히 민간정보사업자와의 계약 시 독점계약, 경쟁계약, 허가제 등 다양한 방식이 존재할 수 있고, 공공정보의 유료화 시 적정요금의 책정문제, 유료화를 통해서 얻은 수익금에 대하여 민간 정보사업자와 정부간의 배분문제 등이 선결되어야 한다. 또한 공공정보의 상업화를 위해서는 공공정보에 대한 저작권 문제도 해결될 필요가 있다.

이 모델의 대표적인 예로서는 영국과 캐나다 그리고 우리나라 기상청 등이 있다. 영국은 기초정보와 부가가치 정보에 대한 라이선스 계약을 차별화하여 부가가치 정보에 대해서만 민간기관과 계약을 맺어 상업화를 실시하고 있으며, 우리나라 기상청도 기본적인 기상정보는 무료로 제공하고 특정 소비자를 위한 일부 기상정보는 민간예보사업자와 계약을 체결하여 유료로 제공하고 있다. 캐나다 통계청의 경우에도 기본정보는 통계청이 홈페이지를 통해서 직접 판매하고, 한편으로는 민간사업자와 계약을 맺어 기초통계정보를 민간 사업자에게 제공하고 있으며, 통계청과의 계약에 의해 통계정보 배급면허를 확보한 민간사업자는 이 정보를 가공하여 일반국민과 기업에게 상업적으로 판매하고 있다. 판매방식은 정보배급업자가 직접 판매하기도 하고 다시 판매 대리업자와 계약을 체결하여 재판매를 시키기도 한다.

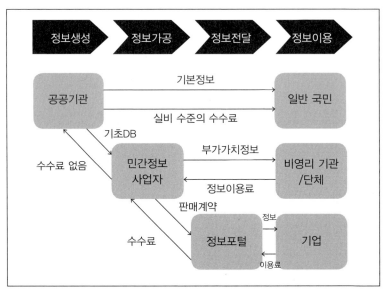

[그림 6-3] 민간계약 상업화 방식

3) 모델 Ⅲ : 민·관 공동생산 상업화

민관 공동생산 상업화 모델은 정보의 생성단계부터 민간 기업을 참여시켜 일정한 비용과 역할을 부담시키는 방안이다. 그리고 참여 기업에게는 생산된 정보에 대한 상업화 권한을 부여하는 것이다. 반면 정보생성과정에 참여하지 않은 민간정보사업자에 대해서는 '민간계약 상업화 모델' 방식을 적용하여, 정부와 계약을 체결하고 공공정보를 재가공해서 판매하고 수익금을 배분하도록 한다.

이 모델의 가장 큰 장점은 공공정보의 생산에 필요한 비용의 일부를 민간기관이 부담함으로써 정부예산을 절감할 수 있으며, 민간기관의 정보생산 전문성과 노하우를 적극 활용할 수 있다는 점이다. 또한 이렇게 함으로써 공공정보의 품질과 부가가치를 높이고 이를 통해서 공공정보의 활용성을 제고할 수 있다. 또한 민간부문의 정보 콘텐츠 산업을 활성화시킬 수 있는 가능성도 충분히 내포하고 있다. 이 방법의 단점은 공공정보 생산과정에서부터 민간기관을 참여시킴으로써 상업화 가능성이 높은 공공정보를 중심으로 디지털화가 이루어져 공익성이나 보존가치가 높은 공공정보의 디지털화가 우선순위에서 밀려날 가능성이 크다는 점이다. 또한 정보생성과정에 참여시키는 민간기업의 선정과 관련하여 제도화된 기준과 원칙이 마련되지 않을 경우 특혜나 독점시비가 제기될 가능성이 있다.

이 방식의 대표적인 예로서는 캐나다와 우리나라의 NGIS 사업을 들 수 있다. 캐나다 정부는 공공부문과 민간부문이 공동으로 디지털화 사업을 하도록 촉진하고 있으며 우리나라도 NGIS 사업에서 아직은 일부 수치지도 경우에만 적용되는 것이지만 국토지리원 등 다양한 공공기관이 초기 정보개발비용을 분담Funding하고 참여기관 은 무료로 지도를 사용하고 기타 기관이나 개인은 일정한 비용을 지불해야 지도를 구매할 수 있도록 하고 있다.

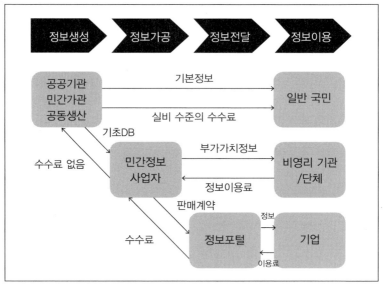

[그림 6-4] 민관 공동생산 상업화 모델

4) 모델 Ⅳ : 민간 완전위탁 상업화

네 번째는 민간 완전위탁 상업화 모델이다. 이 방식은 정보의 생 산단계부터 민간부문에게 위탁을 주고, 생산된 공공정보에 대해서도 위탁기관이 판매하도록 하는 모델이다. 또한 위탁생산 기관은 생산된 공공정보를 다시 민간정보사업자에게 계약을 맺어 판매할 수도 있다. 여기에서 정보의 생산비용은 정부와 위탁 민간기관이 공동 부담하도록 하거나, 부가가치나 상업화 가능성이 높은 정보일 경우 민간기관에서 전담하도록 할 수 있다. 이러한 방식은 정보의 성격이 공공성을 갖고 있어 민간으로 완전이양은 불가능하지만, 정부가 반드시 생산하고 관리해야 할 필요가 없는 정보를 대상으로 할 수 있다. 이때 정부의 역할은 공공정보가 적정하게 생산되고 적정가격으로 국민들에게 제공될 수 있도록 관리감독과 통제를 행사하는 것에 한정할 수 있다.

이 모델의 장점은 정부업무를 민간으로 이관시킴으로써 정부규모를 줄이고, 공공정보의 부가가치와 활용도를 높일 수 있다는 점이다. 반면에 단점으로는 완전 민간이관의 요구가 제기될 가능성이 크며, 정부의 통제가 적절하게 이루어지지 않을 경우 공공 정보의 지나친 상업화로 인한 부작용이 발생할 수도 있다.

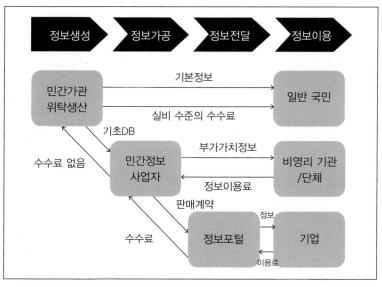

[그림 6-5] 민간위탁 상업화 모델

이상의 논의를 종합하여 네 가지의 상업화 모델의 장단점을 평가해 보면 다음과 같다. ⅰ) 재정적인 측면에서 공공정보의 구축비용은 모델 Ⅰ과 모델 Ⅱ는 정부가 구축비용을 전담하기 때문에 재정부담이 크지만 모델 Ⅲ와 모델 Ⅳ는 민간부문이 참여하거나 전담하므로 정부 재정 부담을 훨씬 덜 수 있다. ⅱ) 유지관리비용은 모든 모델에서 최소한의 수수료를 징수하기 때문에 모델별로 큰 차이가 없다. ⅲ) 수익창출의 측면에서는 상업화의 강도에 따라서 모델 Ⅰ에서 모델 Ⅳ로 갈수록 더 커진다. ⅳ) 민간정보산업의 육성 측면에서는 모델 Ⅰ은 거의 기능을 못하지만 모델 Ⅱ는 부분적으로 정보 제공 산업을 활성화시킬 수 있으며, 모델 Ⅲ과 모델 Ⅳ는 민간정보산업의 육성에 큰 기여를 할 수 있을 것으로 평가된다. ⅴ) 공공정보의 적용범위에서는 모델 Ⅰ은 모든 공공정보에 적용이 가능하나 모델 Ⅳ로 갈수록 적용시킬 수 있는 공공정보의 범위가 축소된다. ⅵ) 공공정보가 갖는 공익성의 유지 측면에서도 모델 Ⅰ은 우수하나 모델 Ⅳ로 갈수록 떨어진다. ⅶ) 공공정보 상업화에 대한 국민들의 반감이나 저항 측면에서도 모델 Ⅰ은 큰 문제가 없으나 모델 Ⅳ로 갈수록 크게 대두할 가능성이 높다. 이상의 평가결과를 종합해보면 상업성 측면에서는 모델 Ⅲ이나 모델 Ⅳ가 우수하다고 할 수 있으나, 공공정보의 공익성 측면에서는 모델 Ⅰ이나 모델 Ⅱ가 보다 장점을 갖는다. 이것은 어느 모델을 획일적으로 적용할 수 없으며, 공공정보의 성격과 고객집단의 특성에 따라서 각 모델을 다양하게 적용해야 함을 의미한다.

문화원형 콘텐츠의 경우에는 정보 생성을 현재와 같이 민간기관에 위탁생산을 하는 것이 바람직하다. 그러나 정보의 가공과 정보의 전달은 국가에서 운영하는 특수목적회사SPC를 설립하여 운영하는 것이 좋을 것이다. 특수목적회사는 문화원형 콘텐츠를 관리하고 가공하여 회사가 가지고 있는 포털에 서비스하고 홍보까지 담당한다. 이러한 예로는 서울관광마케팅 주식회사가 있다. 서울시에서 출자한 주식회사형 지방 공기업인 서울관광마케팅 주식회사는 2008년에 설립되어 서울의 독특한 관광브랜드를 구축하고 홍보를 하고 있다. 서울관광마케팅 주식회사의 주요 업무는 서울의 관광 마케팅, 컨벤션 등의 마케팅, 관광개발 및 투자 등의 역할을 담당한다. 현재 한국문화콘텐츠진흥원은 문화원형 디지털콘텐츠화 사업을 하고 있기는 하지만 이외에도 많은 사업을 하고 있기 때문에, 문화원형콘텐츠를 개발할 개발업자를 찾고, 그 결과물을 관리하며, 마케팅할 전문 기관이 필요하다. 따라서 필자는 문화원형콘텐츠의 활용 활성화를 위하여 문화원형콘텐츠 전문 SPC를 만들 것을 제안한다.

지금까지 필자가 제안하는 모델을 나타내면 [그림 6-6]과 같다.

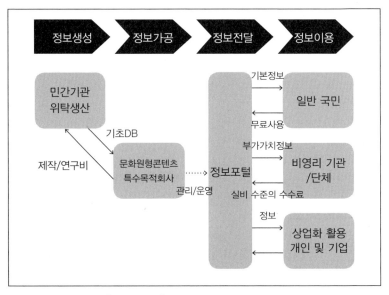

[그림 6-6] 민간위탁 상업화 모델

미국의 INK의 사례에서도 볼 수 있듯이 효율성을 추구하는 민간의 시장 지향적 모델을 도입함으로서 이용자의 니즈를 충족시키고 불만 사항을 개선하는 한편, 문화원형 콘텐츠의 활용 활성화를 위하여 지속적으로 홍보를 한다면 그 성과는 대단할 것이다. 이러한 문화원형콘텐츠 전문 SPC에는 문화원형 콘텐츠의 관리와 홍보, 유통을 담당하지만 만들어진 문화콘텐츠에 대한 정확성을 위해 상시 자문기구를 두어야 한다. 자문기구의 역할은 제작된 문화원형 콘텐츠의 정확성을 검토하는 동시에 오래되어 활용도가 없어지거나 정보가 바뀐 콘텐츠를 선별하는 역할도 해야 한다. 이러한 자문기구의 자문에 따라 서비스가 되는 문화원형 콘텐츠의 범위가 정해질 수 있다.

장주

1) "지식기반 인프라로 '플랫폼형 정부' 만들어야", 전자신문, 18면, 2011년 11월 21일자

2) Ibid.

3) 이은정, op. cit., pp. 15~17 참조.

4) 방석현, 『정보체계론』, 대명출판사, 1992, p. 24.; 이은정, op. cit., pp. 16, 재인용.

5) 이를 창구 효과(Window effect)이라 부른다.

6) 윤기호, 『정보재의 특징, 판매방식 및 정책이슈』, 『정보통신정책』, 정보통신연구원, p. 2~3.; 이은정, op. cit., pp. 16, 재인용.

7) 한국콘텐츠진흥원, 『문화원형 디지털콘텐츠화 사업의 평가와 향후 발전방향』, op.cit.. p. 16.

8) 이헌묵, op. cit., pp. 50~51.

9) http://www.cendi.gov/publications/04-8copyright.html#toc30

10) 홍필기, 윤상오, 방민석, op. cit. pp. 62~63.

11) 이은정, 『통계정보 유로화정책에 관한 연구–유로화의 가능성과 방향설정을 중심으로–』, 석사 학위논문, 서울대학교 행정학과, 1999, p. 10.

12) 홍필기, 윤상오, 방민석, op. cit. pp. 63~64.

13) 홍필기, 윤상오, 방민석, op. cit. pp. 69~73.

제7장

———

에필로그

제7장 에필로그

　스마트폰, 태블릿 PC의 등장으로 콘텐츠의 이용이 증대하고 있다. 스마트폰, 태블릿 PC는 전화, 인터넷, 컴퓨터, 텔레비전 기능이 하나의 단말로 결합하여 고선명, 이동성, 양방향성을 보장하면서 미래형 단말기로 주목받고 있다. 이에 따라 멀티스크린 방식의 새로운 콘텐츠 소비 행태가 확산되고 있으며, 앱스토어에서는 콘텐츠 이용의 롱테일 법칙이 적용되고 있다. 방대해진 콘텐츠 유통에 보조를 맞추어 콘텐츠 생산이 일어나야 하지만 콘텐츠의 생산은 이에 따라가지 못하고 있다. 따라서 국내외적으로 방대한 양의 원천자료들을 보유하고 있는 공공저작물의 재활용이 중요해지고 있다.

　정부는 2000년대 초부터 콘텐츠의 중요성을 인식하기 했으며, 2002년부터 한국콘텐츠진흥원을 통하여 문화원형 디지털콘텐츠 사업을 추진해왔다. 이는 한국의 역사, 문화, 예술, 민속, 지리 등 다양한 분야의 우리의 문화원형을 디지털콘텐츠화하여 문화콘텐츠 산업에 필요한 창작 소재를 제공하기 위한 것이다. 이 사업을 통해서, 우리 전통 문화에 숨어 있는 이야깃거리나 우리 고유의 색채, 우리 고유의 소리 등을 디지털화하여 문화콘텐츠 산업의 기획, 시나리오, 디자인, 상품화의 산업 단계에서 필요한 독창적인 창작 및 기획 소재가 제공되고 있다.

　2003년 문화원형디지털콘텐츠사업의 결과물이 나오게 되면서,

2004년부터는 '문화콘텐츠닷컴'을 개설해서 운영하고 있다. 문화콘텐츠닷컴에 수록된 다양한 사진과 동영상, 음향, 애니메이션 등은 수업을 위한 콘텐츠로 이용되어 왔고, 문화산업계에서도 문화콘텐츠 기획자 및 제작자, 문화산업 관련자 등의 이용자들이 필요한 소재를 구매해서 상품화할 수 있었다.

사실 문화콘텐츠의 실질적인 경쟁력은 재미있고 창의적인 소재 발굴에 달려있다고 할 수 있다. 예로부터 이어져 온 문화 전통은 그 같은 창의력과 경쟁력의 보고이자 잠재적 자원이라 할 수 있다. 문화원형 디지털콘텐츠 사업은 애니메이션, 음악, 출판, 전자책, 만화, 캐릭터, 게임, 방송영상, 영화, 모바일, 인터넷 등 문화산업의 창작 소재를 발굴해 내서 활용할 수 있게 해 주기 위한 것이다. 뿐만 아니라 역사, 민속, 문학 등의 인문학 및 순수예술 분야와 기초학문 분야에 인문학의 응용이라는 점에서 활력을 불어넣어 왔다.

그러나 지금은 그 가치가 평가 절하되어 신규 사업이 끊어지다시피 하고 있다. 그 이유는 국가에서 투입한 예산에 비하여 활용이 적었기 때문에 시장가치면에서 불필요한 사업이라는 것이다. 또한 현행 공공저작물에 대한 민간활용 정책이 부족하였고, 공공저작물이 일반저작물과 같이 법적으로 취급되어 「저작권법」의 영향을 받아왔기 때문이다. 그러나 이 사업은 발생하고 있는 몇몇 문제점들을 꾸준히 보완하면서 지속적으로 진행하여야 할 국가적인 사업이다.

이 사업의 여러 문제점들 중 가장 큰 문제점이라고 지적되어온 것은 바로 이 사업을 수익사업으로 바라본 것이었다. 따라서 원자료에 대한 가치보다는 원자료를 토대로 한 1차 콘텐츠를 제작하여 판매를 하게 하려는 것이 주된 목적이었다. 또한 사업의 초점이 문화원형의 발굴보다는 콘텐츠화가 된 상품과 이 상품을 판매하는 것으로 옮겨졌다. 그러나 비시장가치면에서 보면 문화원형을 계속 발굴하고 발굴된 문화원형을 가지고 콘텐츠화 하는 예들을 지속적으로 보여주면서 꾸준히 활용할 수 있도록 하는 것이 더욱 중요하다.

현재의 기술발달은 새로운 라이프스타일을 가져다주었으며 많은 프로슈머들이 활동할 수 있도록 해 주었다. 프로슈머들은 자신이 소비자인 동시에 생산자 역할을 하기 때문에 문화원형 콘텐츠를 큰 부담없이 활용할 수 있게 해 준다면 이를 활용한 많은 창의적인 문화상품들이 나올 수 있을 것이다.

기술의 발달은 시장의 개념마저 변화시키고 있다. 예전에 물리적 공간이었던 시장이 접속을 통하여 문화적 체험을 파는 시장으로 바꾀고 있으며, 제러미 리프킨이 언급하였듯이 문화적 자본주의를 향해 나아가고 있다. 따라서 문화콘텐츠 산업이 중요한 산업이 될 것이고, 이에 대한 준비는 반드시 필요하다. 이러한 의미에서 문화원형 디지털콘텐츠 사업은 중요한 의미를 가지고 있고 지속적으로 진행을 하면서 그 결과물들을 시민들에게 공개하여 지속적인 활용이 이루어질 수 있도록 해야 한다.

문화원형 콘텐츠는 국가가 많은 예산을 들여 제작한 공공저작물이다. 공공저작물이기 때문에 생산주체는 공공기관이지만, 공개성과 공익성을 가지고 있다. 문화원형 콘텐츠는 문화콘텐츠닷컴을 통하여 콘텐츠들이 공개가 되어 있지만, 이를 활용하는 데에는 제도적 제약들이 많이 있다.

최근 정부는 공공저작물들을 공개하여 민간에서 활용을 할 수 있도록 많은 노력을 하고 있다. 그럼에도 불구하고 공공저작물들의 양에 비하여 그 활용은 많지 않다. 그 이유는 우선 제도적인 면에 있다.

국내에서는 공공저작물의 저작권이 공공기관에 있다고 해석을 하고 있으며, 이에 따라 상업적으로 사용하기 위해서는 해당 기관과 연락을 하여 비용을 지불하도록 되어 있다. 정부는 공공저작물의 활용을 위해 「공공저작물 민간활용 촉진 종합계획」도 세우고, 자유이용허락제도의 일환인 공공누리KOGL도 만들었다. 그러나 많은 공공저작물들이 '상업적 이용 금지'에 포함되어 있고, 비용지불기준이 명확하지 않으며 비용에 대한 부담을 느끼기 때문에 활용을 못하고 있는 실정이다. 문화원형 콘텐츠도 문화원형닷컴 및 공공누리 홈페이지에서 서비스를 하고 있지만 '상업적 이용 금지' 때문에 상품화하기 위하여 한국콘텐츠진흥원 담당자나 각 개발 기관에 연락을 취해야 하는 번거로움과 비용지불 때문에 활용과 활성화가 잘 이루어지지 않고 있다.

유럽연합은 「공공부문정보의 재이용 지침」을 통하여 각 회원국들에게 공공정보를 활용할 수 있도록 하라고 권고를 하고 있으며, 그 회원국 중 하나인 영국은 이미 오래 전부터 공공정보의 활용을 위한 노력들을 해왔다.

영국은 대한민국과 같이 공공저작물이 공공기관의 저작물이라고 보아왔다. 따라서 공공저작물을 활용하기 위해서는 일정한 절차와 비용을 지불해야만 했다. 그러나 최근에 와서는 OGL을 통하여 누구나 쉽게, 상업적이든 비상업적이든, 웹상에 공개된 공공저작물을 활용할 수 있도록 하였다.

미국의 경우는 대한민국이나 영국의 경우와는 다르다. 미국에서는 공공저작물을 저작권이 없다고 보는 견해이기 때문에 공개된 공공저작물은 누구나 쉽게 사용할 수 있도록 되어 있다.

다른 국가들은 공공저작물에 저작권을 부여하건 하지 않건 간에 공공성이라는 개념 하에 이는 무상으로 누구나 쉽게 자료를 받아 사용할 수 있도록 하고 있다. 그러나 우리의 경우는 오히려 저작권법 때문에 상업적 이용을 어렵게 만들고 있는 것이다.

따라서 문화원형 콘텐츠가 자유롭게 활용되기 위해서는 생산할 때부터 제작기관과의 계약상에 결과물들이 국가저작물임을 밝혀야 한다. 지금까지는 저작권을 공동으로 분배하였기 때문에 현재 다시 저작권 때문에 예산을 투입하고 있다. 이러한 문제는 한국콘텐츠진흥원과 제작기관이 공동으로 제작비를 투입하였기 때문에 발생한 것이다. 따라서 앞으로 제작 기관은 한국콘텐츠진흥원에서 사업을 발주 받아 국가 예산만으로 사업을 진행하도록 해야 한다.

또한 제도적으로 문화원형 콘텐츠의 상업적 이용을 저해하는 요소들을 개정하여야 한다. 현재 국내의 실정이나 인식으로는 미국과 같이 공공저작물의 저작물을 인정하지 않도록 하기는 어려울 것으로 보인다. 따라서 영국과 같이 자유이용허락제도를 도입하여야 하며, 사실 공공누리가 그러한 노력의 일환이기는 하지만, 상업적으로도 무제한적으로 사용하기 위해서는 현존하는 법들의 개정이 필요하다.

그리고 문화원형 콘텐츠가 민간에서 더욱 많이 활용할 수 있도록 하기 위해서는 특수목적회사를 설립하여 콘텐츠에 대한 지속적인 홍보와 해외 마케팅 등을 담당해야 하며, 이 특수목적회사 내에 전문가 집단을 두어 기록물들을 관리하듯이 콘텐츠의 정확성과 공개 여부를 결정할 수 있도록 하여야 한다.

이 책은 여러 공공저작물 중에서 문화원형 콘텐츠에 초점을 맞추었다. 그러나 국내에는 많은 국영 연구소, 국립 박물관, 공공기관들이 많기에 그 기관들이 생산하는 저작물들을 시민들이 자유롭게 활용할 수 있도록 한다면, 한국의 문화콘텐츠 산업은 더욱 발전할 수 있을 것이다.

앞으로 국내 공공저작물의 활용에 대한 연구가 많이 이루어지고, 공공저작물의 더 많은 활용을 위해 제도적, 현실적인 변화들이 있기를 바라면서 이 책을 마무리하고자 한다.

[부록 1] 유럽연합의 「공공부문정보의 재이용 지침」

Directive 2003/98/EC of the European Parliament and of the Council
of 17 November 2003
on the re-use of public sector information

THE EUROPEAN PARLIAMENT AND THE COUNCIL OF THE
EUROPEAN UNION,

Having regard to the Treaty establishing the European Community,
and in particular Article 95 thereof,

Having regard to the proposal from the Commission(1),

Having regard to the opinion of the European Economic and Social
Committee(2),

Having regard to the opinion of the Committee of the Regions(3),

Acting in accordance with the procedure set out in Article 251 of the
Treaty(4),

Whereas:

(1) The Treaty provides for the establishment of an internal market
and of a system ensuring that competition in the internal market
is not distorted. Harmonisation of the rules and practices in
the Member States relating to the exploitation of public sector
information contributes to the achievement of these objectives.

(2) The evolution towards an information and knowledge society
influences the life of every citizen in the Community, inter alia,

by enabling them to gain new ways of accessing and acquiring knowledge.

(3) Digital content plays an important role in this evolution. Content production has given rise to rapid job creation in recent years and continues to do so. Most of these jobs are created in small emerging companies.

(4) The public sector collects, produces, reproduces and disseminates a wide range of information in many areas of activity, such as social, economic, geographical, weather, tourist, business, patent and educational information.

(5) One of the principal aims of the establishment of an internal market is the creation of conditions conducive to the development of Community-wide services. Public sector information is an important primary material for digital content products and services and will become an even more important content resource with the development of wireless content services. Broad cross-border geographical coverage will also be essential in this context. Wider possibilities of re-using public sector information should inter alia allow European companies to exploit its potential and contribute to economic growth and job creation.

(6) There are considerable differences in the rules and practices in the Member States relating to the exploitation of public sector information resources, which constitute barriers to bringing out the full economic potential of this key document resource.

Traditional practice in public sector bodies in exploiting public sector information has developed in very disparate ways. That should be taken into account. Minimum harmonisation of national rules and practices on the re-use of public sector documents should therefore be undertaken, in cases where the differences in national regulations and practices or the absence of clarity hinder the smooth functioning of the internal market and the proper development of the information society in the Community.

(7) Moreover, without minimum harmonisation at Community level, legislative activities at national level, which have already been initiated in a number of Member States in order to respond to the technological challenges, might result in even more significant differences. The impact of such legislative differences and uncertainties will become more significant with the further development of the information society, which has already greatly increased cross-border exploitation of information.

(8) A general framework for the conditions governing re-use of public sector documents is needed in order to ensure fair, proportionate and non-discriminatory conditions for the re-use of such information. Public sector bodies collect, produce, reproduce and disseminate documents to fulfil their public tasks. Use of such documents for other reasons constitutes a re-use. Member States' policies can go beyond the minimum standards established in this Directive, thus allowing for more extensive re-use.

(9) This Directive does not contain an obligation to allow re-use of documents. The decision whether or not to authorise re-use will remain with the Member States or the public sector body concerned. This Directive should apply to documents that are made accessible for re-use when public sector bodies license, sell, disseminate, exchange or give out information. To avoid cross-subsidies, re-use should include further use of documents within the organisation itself for activities falling outside the scope of its public tasks. Activities falling outside the public task will typically include supply of documents that are produced and charged for exclusively on a commercial basis and in competition with others in the market. The definition of "document" is not intended to cover computer programmes. The Directive builds on the existing access regimes in the Member States and does not change the national rules for access to documents. It does not apply in cases in which citizens or companies can, under the relevant access regime, only obtain a document if they can prove a particular interest. At Community level, Articles 41 (right to good administration) and 42 of the Charter of Fundamental Rights of the European Union recognise the right of any citizen of the Union and any natural or legal person residing or having its registered office in a Member State to have access to European Parliament, Council and Commission documents. Public sector bodies should be encouraged to make available for re-use any

documents held by them. Public sector bodies should promote and encourage re-use of documents, including official texts of a legislative and administrative nature in those cases where the public sector body has the right to authorise their re-use.

(10) The definitions of "public sector body" and "body governed by public law" are taken from the public procurement Directives (92/50/EEC(5), 93/36/EEC(6) and 93/37/EEC(7) and 98/4/EC(8)). Public undertakings are not covered by these definitions.

(11) This Directive lays down a generic definition of the term "document", in line with developments in the information society. It covers any representation of acts, facts or information - and any compilation of such acts, facts or information - whatever its medium (written on paper, or stored in electronic form or as a sound, visual or audiovisual recording), held by public sector bodies. A document held by a public sector body is a document where the public sector body has the right to authorise re-use.

(12) The time limit for replying to requests for re-use should be reasonable and in line with the equivalent time for requests to access the document under the relevant access regimes. Reasonable time limits throughout the Union will stimulate the creation of new aggregated information products and services at pan-European level. Once a request for re-use has been granted, public sector bodies should make the documents available in a timeframe that allows their full economic potential to be exploited.

This is particularly important for dynamic content (e.g. traffic data), the economic value of which depends on the immediate availability of the information and of regular updates. Should a licence be used, the timely availability of documents may be a part of the terms of the licence.

(13) The possibilities for re-use can be improved by limiting the need to digitise paper-based documents or to process digital files to make them mutually compatible. Therefore, public sector bodies should make documents available in any pre-existing format or language, through electronic means where possible and appropriate. Public sector bodies should view requests for extracts from existing documents favourably when to grant such a request would involve only a simple operation. Public sector bodies should not, however, be obliged to provide an extract from a document where this involves disproportionate effort. To facilitate re-use, public sector bodies should make their own documents available in a format which, as far as possible and appropriate, is not dependent on the use of specific software. Where possible and appropriate, public sector bodies should take into account the possibilities for the re-use of documents by and for people with disabilities.

(14) Where charges are made, the total income should not exceed the total costs of collecting, producing, reproducing and disseminating documents, together with a reasonable return on investment,

having due regard to the self-financing requirements of the public sector body concerned, where applicable. Production includes creation and collation, and dissemination may also include user support. Recovery of costs, together with a reasonable return on investment, consistent with applicable accounting principles and the relevant cost calculation method of the public sector body concerned, constitutes an upper limit to the charges, as any excessive prices should be precluded. The upper limit for charges set in this Directive is without prejudice to the right of Member States or public sector bodies to apply lower charges or no charges at all, and Member States should encourage public sector bodies to make documents available at charges that do not exceed the marginal costs for reproducing and disseminating the documents.

(15) Ensuring that the conditions for re-use of public sector documents are clear and publicly available is a pre-condition for the development of a Community-wide information market. Therefore all applicable conditions for the re-use of the documents should be made clear to the potential re-users. Member States should encourage the creation of indices accessible on line, where appropriate, of available documents so as to promote and facilitate requests for re-use. Applicants for re-use of documents should be informed of available means of redress relating to decisions or practices affecting them. This will be particularly important for SMEs which may not be familiar with interactions with public

sector bodies from other Member States and corresponding means of redress.

(16) Making public all generally available documents held by the public sector — concerning not only the political process but also the legal and administrative process — is a fundamental instrument for extending the right to knowledge, which is a basic principle of democracy. This objective is applicable to institutions at every level, be it local, national or international.

(17) In some cases the re-use of documents will take place without a licence being agreed. In other cases a licence will be issued imposing conditions on the re-use by the licensee dealing with issues such as liability, the proper use of documents, guaranteeing non-alteration and the acknowledgement of source. If public sector bodies license documents for re-use, the licence conditions should be fair and transparent. Standard licences that are available online may also play an important role in this respect. Therefore Member States should provide for the availability of standard licences.

(18) If the competent authority decides to no longer make available certain documents for re-use, or to cease updating these documents, it should make these decisions publicly known, at the earliest opportunity, via electronic means whenever possible.

(19) Conditions for re-use should be non-discriminatory for comparable categories of re-use. This should, for example, not

prevent the exchange of information between public sector bodies free of charge for the exercise of public tasks, whilst other parties are charged for the re-use of the same documents. Neither should it prevent the adoption of a differentiated charging policy for commercial and non-commercial re-use.

(20) Public sector bodies should respect competition rules when establishing the principles for re-use of documents avoiding as far as possible exclusive agreements between themselves and private partners. However, in order to provide a service of general economic interest, an exclusive right to re-use specific public sector documents may sometimes be necessary. This may be the case if no commercial publisher would publish the information without such an exclusive right.

(21) This Directive should be implemented and applied in full compliance with the principles relating to the protection of personal data in accordance with Directive 95/46/EC of the European Parliament and of the Council of 24 October 1995 on the protection of individuals with regard to the processing of personal data and of the free movement of such data(9).

(22) The intellectual property rights of third parties are not affected by this Directive. For the avoidance of doubt, the term "intellectual property rights" refers to copyright and related rights only (including sui generis forms of protection). This Directive does not apply to documents covered by industrial property rights,

such as patents, registered designs and trademarks. The Directive does not affect the existence or ownership of intellectual property rights of public sector bodies, nor does it limit the exercise of these rights in any way beyond the boundaries set by this Directive. The obligations imposed by this Directive should apply only insofar as they are compatible with the provisions of international agreements on the protection of intellectual property rights, in particular the Berne Convention for the Protection of Literary and Artistic Works (the Berne Convention) and the Agreement on Trade-Related Aspects of Intellectual Property Rights (the TRIPS Agreement). Public sector bodies should, however, exercise their copyright in a way that facilitates re-use.

(23) Tools that help potential re-users to find documents available for re-use and the conditions for re-use can facilitate considerably the cross-border use of public sector documents. Member States should therefore ensure that practical arrangements are in place that help re-users in their search for documents available for re-use. Assets lists, accessible preferably online, of main documents (documents that are extensively re-used or that have the potential to be extensively re-used), and portal sites that are linked to decentralised assets lists are examples of such practical arrangements.

(24) This Directive is without prejudice to Directive 2001/29/EC of the European Parliament and of the Council of 22 May 2001 on

the harmonisation of certain aspects of copyright and related rights in the information society(10) and Directive 96/9/EC of the European Parliament and of the Council of 11 March 1996 on the legal protection of databases(11). It spells out the conditions within which public sector bodies can exercise their intellectual property rights in the internal information market when allowing re-use of documents.

(25) Since the objectives of the proposed action, namely to facilitate the creation of Community-wide information products and services based on public sector documents, to enhance an effective cross-border use of public sector documents by private companies for added-value information products and services and to limit distortions of competition on the Community market, cannot be sufficiently achieved by the Member States and can therefore, in view of the intrinsic Community scope and impact of the said action, be better achieved at Community level, the Community may adopt measures, in accordance with the principle of subsidiarity as set out in Article 5 of the Treaty. In accordance with the principle of proportionality, as set out in that Article, this Directive does not go beyond what is necessary in order to achieve those objectives. This Directive should achieve minimum harmonisation, thereby avoiding further disparities between the Member States in dealing with the re-use of public sector documents.

HAVE ADOPTED THIS DIRECTIVE:

CHAPTER I GENERAL PROVISIONS

Article 1

Subject matter and scope

1. This Directive establishes a minimum set of rules governing the re-use and the practical means of facilitating re-use of existing documents held by public sector bodies of the Member States.

2. This Directive shall not apply to:

(a) documents the supply of which is an activity falling outside the scope of the public task of the public sector bodies concerned as defined by law or by other binding rules in the Member State, or in the absence of such rules as defined in line with common administrative practice in the Member State in question;

(b) documents for which third parties hold intellectual property rights;

(c) documents which are excluded from access by virtue of the access regimes in the Member States, including on the grounds of:

– the protection of national security (i.e. State security), defence, or public security,

– statistical or commercial confidentiality;

(d) documents held by public service broadcasters and their subsidiaries, and by other bodies or their subsidiaries for the fulfilment of a public service broadcasting remit;

(e) documents held by educational and research establishments, such as schools, universities, archives, libraries and research facilities including, where relevant, organisations established for the transfer of research results;

(f) documents held by cultural establishments, such as museums, libraries, archives, orchestras, operas, ballets and theatres.

3. This Directive builds on and is without prejudice to the existing access regimes in the Member States. This Directive shall not apply in cases in which citizens or companies have to prove a particular interest under the access regime to obtain access to the documents.

4. This Directive leaves intact and in no way affects the level of protection of individuals with regard to the processing of personal data under the provisions of Community and national law, and in particular does not alter the obligations and rights set out in Directive 95/46/EC.

5. The obligations imposed by this Directive shall apply only insofar as they are compatible with the provisions of international agreements on the protection of intellectual property rights, in particular the Berne Convention and the TRIPS Agreement.

Article 2

Definitions

For the purpose of this Directive the following definitions shall apply:

1. "public sector body" means the State, regional or local authorities,

bodies governed by public law and associations formed by one or several such authorities or one or several such bodies governed by public law;

2. "body governed by public law" means any body:

(a) established for the specific purpose of meeting needs in the general interest, not having an industrial or commercial character; and

(b) having legal personality; and

(c) financed, for the most part by the State, or regional or local authorities, or other bodies governed by public law; or subject to management supervision by those bodies; or having an administrative, managerial or supervisory board, more than half of whose members are appointed by the State, regional or local authorities or by other bodies governed by public law;

3. "document" means:

(a) any content whatever its medium (written on paper or stored in electronic form or as a sound, visual or audiovisual recording);

(b) any part of such content;

4. "re-use" means the use by persons or legal entities of documents held by public sector bodies, for commercial or non-commercial purposes other than the initial purpose within the public task for which the documents were produced. Exchange of documents between public sector bodies purely in pursuit of their public tasks does not constitute re-use;

5. "personal data" means data as defined in Article 2(a) of Directive 95/46/EC.

Article 3

General principle

Member States shall ensure that, where the re-use of documents held by public sector bodies is allowed, these documents shall be re-usable for commercial or non-commercial purposes in accordance with the conditions set out in Chapters III and IV. Where possible, documents shall be made available through electronic means.

CHAPTER II REQUESTS FOR RE-USE

Article 4

Requirements applicable to the processing of requests for re-use

1. Public sector bodies shall, through electronic means where possible and appropriate, process requests for re-use and shall make the document available for re-use to the applicant or, if a licence is needed, finalise the licence offer to the applicant within a reasonable time that is consistent with the time-frames laid down for the processing of requests for access to documents.

2. Where no time limits or other rules regulating the timely provision of documents have been established, public sector bodies shall process the request and shall deliver the documents for re-use to the applicant or, if a licence is needed, finalise the licence offer to the applicant within a timeframe of not more than 20 working days after its receipt. This timeframe may be extended by another 20 working days for extensive or complex requests. In such cases

the applicant shall be notified within three weeks after the initial request that more time is needed to process it.

3. In the event of a negative decision, the public sector bodies shall communicate the grounds for refusal to the applicant on the basis of the relevant provisions of the access regime in that Member State or of the national provisions adopted pursuant to this Directive, in particular Article 1(2)(a), (b) and (c), or Article 3. Where a negative decision is based on Article 1(2)(b), the public sector body shall include a reference to the natural or legal person who is the rightholder, where known, or alternatively to the licensor from which the public sector body has obtained the relevant material.

4. Any negative decision shall contain a reference to the means of redress in case the applicant wishes to appeal the decision.

5. Public sector bodies covered under Article 1(2)(d), (e) and (f) shall not be required to comply with the requirements of this Article.

CHAPTER III CONDITIONS FOR RE-USE

Article 5

Available formats

1. Public sector bodies shall make their documents available in any pre-existing format or language, through electronic means where possible and appropriate. This shall not imply an obligation for public sector bodies to create or adapt documents in order to comply with the request, nor shall it imply an obligation to provide

extracts from documents where this would involve disproportionate effort, going beyond a simple operation.

2. On the basis of this Directive, public sector bodies cannot be required to continue the production of a certain type of documents with a view to the re-use of such documents by a private or public sector organisation.

Article 6

Principles governing charging

Where charges are made, the total income from supplying and allowing re-use of documents shall not exceed the cost of collection, production, reproduction and dissemination, together with a reasonable return on investment. Charges should be cost-oriented over the appropriate accounting period and calculated in line with the accounting principles applicable to the public sector bodies involved.

Article 7

Transparency

Any applicable conditions and standard charges for the re-use of documents held by public sector bodies shall be pre-established and published, through electronic means where possible and appropriate. On request, the public sector body shall indicate the calculation basis for the published charge. The public sector body in question shall also indicate which factors will be taken into account in the calculation of charges for atypical cases. Public sector bodies shall ensure that applicants for re-use of documents are informed of available means of redress relating to decisions or practices affecting them.

Article 8

Licences

1. Public sector bodies may allow for re-use of documents without conditions or may impose conditions, where appropriate through a licence, dealing with relevant issues. These conditions shall not unnecessarily restrict possibilities for re-use and shall not be used to restrict competition.

2. In Member States where licences are used, Member States shall ensure that standard licences for the re-use of public sector documents, which can be adapted to meet particular licence applications, are available in digital format and can be processed electronically. Member States shall encourage all public sector bodies to use the standard licences.

Article 9

Practical arrangements

Member States shall ensure that practical arrangements are in place that facilitate the search for documents available for re-use, such as assets lists, accessible preferably online, of main documents, and portal sites that are linked to decentralised assets lists.

HAPTER IV NON-DISCRIMINATION AND FAIR TRADING

Article 10

Non-discrimination

1. Any applicable conditions for the re-use of documents shall be non-discriminatory for comparable categories of re-use.

2. If documents are re-used by a public sector body as input for its commercial activities which fall outside the scope of its public tasks, the same charges and other conditions shall apply to the supply of the documents for those activities as apply to other users.

Article 11

Prohibition of exclusive arrangements

1. The re-use of documents shall be open to all potential actors in the market, even if one or more market players already exploit added-value products based on these documents. Contracts or other arrangements between the public sector bodies holding the documents and third parties shall not grant exclusive rights.

2. However, where an exclusive right is necessary for the provision of a service in the public interest, the validity of the reason for granting such an exclusive right shall be subject to regular review, and shall, in any event, be reviewed every three years. The exclusive arrangements established after the entry into force of this Directive shall be transparent and made public.

3. Existing exclusive arrangements that do not qualify for the

exception under paragraph 2 shall be terminated at the end of the contract or in any case not later than 31 December 2008.

CHAPTER V FINAL PROVISIONS

Article 12

Implementation

Member States shall bring into force the laws, regulations and administrative provisions necessary to comply with this Directive by 1 July 2005. They shall forthwith inform the Commission thereof.

When Member States adopt those measures, they shall contain a reference to this Directive or be accompanied by such a reference on the occasion of their official publication. Member States shall determine how such reference is to be made.

Article 13

Review

1. The Commission shall carry out a review of the application of this Directive before 1 July 2008 and shall communicate the results of this review, together with any proposals for modifications of the Directive, to the European Parliament and the Council.

2. The review shall in particular address the scope and impact of this Directive, including the extent of the increase in re-use of public sector documents, the effects of the principles applied to charging and the re-use of official texts of a legislative and administrative

nature, as well as further possibilities of improving the proper functioning of the internal market and the development of the European content industry.

Article 14

Entry into force

This Directive shall enter into force on the day of its publication in the Official Journal of the European Union.

Article 15

Addressees

This Directive is addressed to the Member States.

Done at Brussels, 17 November 2003.

For the Parliament

P. Cox

The President

For the Council

G. Alemanno

The President

(1) OJ C 227 E, 24.9.2002, p. 382.

(2) OJ C 85, 8.4.2003, p. 25.

(3) OJ C 73, 26.3.2003, p. 38.

(4) Opinion of the European Parliament of 12 February 2003 (not
    yet published in the Official Journal), Council Common Position

of 26 May 2003 (OJ C 159 E, 8.7.2003, p. 1) and Position of the European Parliament of 25 September 2003 (not yet published in the Official Journal). Council Decision of 27 October 2003.

(5) OJ L 209, 24.7.1992, p. 1. Directive as last amended by Commission Directive 2001/78/EC (OJ L 285, 29.10.2001, p. 1).

(6) OJ L 199, 9.8.1993, p. 1. Directive as last amended by Commission Directive 2001/78/EC.

(7) OJ L 199, 9.8.1993, p. 54. Directive as last amended by Commission Directive 2001/78/EC.

(8) OJ L 101, 1.4.1998, p. 1.

(9) OJ L 281, 23.11.1995, p. 31.

(10) OJ L 167, 22.6.2001, p. 10.

(11) OJ L 77, 27.3.1996, p. 20.

[부록 2] 영국의 「열린정부라이센스」

You are encouraged to use and re-use the Information that is available under this licence, the Open Government Licence, freely and flexibly, with only a few conditions.

Using information under this licence

Use of copyright and database right material expressly made available under this licence (the 'Information') indicates your acceptance of the terms and conditions below.

The Licensor grants you a worldwide, royalty-free, perpetual, non-exclusive licence to use the Information subject to the conditions below.

This licence does not affect your freedom under fair dealing or fair use or any other copyright or database right exceptions and limitations.

You are free to:

· copy, publish, distribute and transmit the Information;
· adapt the Information;
· exploit the Information commercially for example, by combining it with other Information, or by including it in your own product or application.

You must, where you do any of the above:

acknowledge the source of the Information by including any attribution statement specified by the Information Provider(s) and, where possible, provide a link to this licence;

If the Information Provider does not provide a specific attribution statement, or if you are using Information from several Information Providers and multiple attributions are not practical in your product or application, you may consider using the following:

Contains public sector information licensed under the Open Government Licence v1.0.

ensure that you do not use the Information in a way that suggests any official status or that the Information Provider endorses you or your use of the Information;

ensure that you do not mislead others or misrepresent the Information or its source;

ensure that your use of the Information does not breach the Data Protection Act 1998 or the Privacy and Electronic Communications (EC Directive) Regulations 2003.

These are important conditions of this licence and if you fail to comply with them the rights granted to you under this licence, or any similar licence granted by the Licensor, will end automatically.

Exemptions

This licence does not cover the use of:

personal data in the Information;

Information that has neither been published nor disclosed under information access legislation (including the Freedom of Information Acts for the UK and Scotland) by or with the consent of the Information Provider;

departmental or public sector organisation logos, crests and the Royal Arms except where they form an integral part of a document or dataset;

military insignia;

third party rights the Information Provider is not authorised to license;

Information subject to other intellectual property rights, including patents, trademarks, and design rights; and

identity documents such as the British Passport.

No warranty

The Information is licensed 'as is' and the Information Provider excludes all representations, warranties, obligations and liabilities in relation to the Information to the maximum extent permitted by law.

The Information Provider is not liable for any errors or omissions in the Information and shall not be liable for any loss, injury or damage of any kind caused by its use. The Information Provider does not guarantee the continued supply of the Information.

Governing Law

This licence is governed by the laws of the jurisdiction in which the Information Provider has its principal place of business, unless otherwise specified by the Information Provider.

Definitions

In this licence, the terms below have the following meanings:

'Information'

means information protected by copyright or by database right (for example, literary and artistic works, content, data and source code) offered for use under the terms of this licence.

'Information Provider'

means the person or organisation providing the Information under this licence.

'Licensor'

means any Information Provider which has the authority to offer

Information under the terms of this licence or the Controller of Her Majesty's Stationery Office, who has the authority to offer Information subject to Crown copyright and Crown database rights and Information subject to copyright and database right that has been assigned to or acquired by the Crown, under the terms of this licence.

'Use'

as a verb, means doing any act which is restricted by copyright or database right, whether in the original medium or in any other medium, and includes without limitation distributing, copying, adapting, modifying as may be technically necessary to use it in a different mode or format.

'You'

means the natural or legal person, or body of persons corporate or incorporate, acquiring rights under this licence.

About the Open Government Licence

The Controller of Her Majesty's Stationery Office (HMSO) has developed this licence as a tool to enable Information Providers in the public sector to license the use and re-use of their Information under a common open licence. The Controller invites public sector bodies owning their own copyright and database rights to permit the use of their Information under this licence.

The Controller of HMSO has authority to license Information subject to copyright and database right owned by the Crown. The extent of the Controller's offer to license this Information under the terms of this licence is set out in the UK Government Licensing Framework.

This is version 1.0 of the Open Government Licence. The Controller of HMSO may, from time to time, issue new versions of the Open Government Licence. However, you may continue to use Information licensed under this version should you wish to do so.

These terms have been aligned to be interoperable with any Creative Commons Attribution Licence, which covers copyright, and Open Data Commons Attribution License, which covers database rights and applicable copyrights.

Further context, best practice and guidance can be found in the UK Government Licensing Framework section on The National Archives website.

[참고문헌]

1) 국내문헌

(1) 논문 및 도서

○국가과학기술위원회, 미래기획위원회, 「신성장동력 비전 및 발전전략, 특별보고」, 2009. 1. 13.

○고동원, 권영준, 「공공정보 이용의 활성화를 위한 법적 개선 방안」, 『성균관법학』, 제23권 제2호, 성균관대학교법학연구소, 2011.

○김교빈, 「문화원형의 개념과 활용」, 『인문콘텐츠』, 제6호, 인문콘텐츠학회, 2005.

○김기덕, 「콘텐츠의 개념과 인문콘텐츠」, 『인문콘텐츠』, 제1호, 인문콘텐츠학회, 2003.

○_____, 「문화원형의 층위와 새로운 원형 개념」, 『인문콘텐츠』, 제6호, 인문콘텐츠학회, 2005.

○김기헌, 「문화원형 디지털콘텐츠화 사업의 발전방안 연구」, 중앙대학교 예술대학원, 석사학위논문, 2010.

○김도종, 「문화자본주의와 문화산업」, 『철학과 현실』, 통권 제72호, 철학문화연구소, 2007.

○김동욱, 「공공 정보자원 개방과 활용」, 『지역정보화』, 통권 제59호, 한국지역정보개발원, 2009.

○김동욱, 윤건, 「정보공유에 관한 연구-CCL 논의를 중심으로-」, 『한국지역정보화학회지』, 한국지역정보화학회, 제13권, 제4호, 2010.

○김만석, 「컨버전스 시대 전통문화원형의 문화콘텐츠화 전략」, 북코리

아, 2010.

○ 김상욱, 「공공정보서비스 관리 모델 개발 연구」, 『산업과 경영』, 제24권 제1호, 충북대학교 산업경영연구소, 2011.

○ 김성록, 「공공정보 민간활용 촉진 종합계획」, 『지역정보화』, Vol. 63, 2010.

○ 김영순 외, 『문화콘텐츠 마케팅의 이해』, 북코리아, 2010.

○ 김영철 외, 「모바일 콘텐츠 활성화를 위한 국가 공공정보 개방 · 활용 플랫폼 정책 연구」, 『정보과학회논문지』, 제29권 제6호 통권 제265호, 한국정보과학회, 2011.

○ 김우식, 이재진, 「공공정보자원의 민간 활용 방안 연구」, 『한국문헌정보학회지』, 제33권 제2호, 한국문헌정보학회, 1999.

○ 김재광, 「공공정보의 상업적 이용 관련법제 연구」, 『경희법학』, 제44권 제2호, 경희대학교 법학연구소, 2009.

○ 김용주, 「지식정보사회에서의 지식의 의미와 학교교육」, 『교육철학』, 제22권, 2002.

○ 김평수 외, 『문화콘텐츠 산업론』, 커뮤니케이션북스, 2012

○ 리철, 「공공부문 정보시스템의 활용도 제고에 관한 연구 : 창업보육 네트워크시스템(BI-Net)을 중심으로」, 박사학위논문, 전남대학교, 2010.

○ 문화체육관광부, 한국데이터베이스진흥원, 『공공정보 민간활용 가이드라인』, 2010.

○ 문화체육관광부, 『2004 문화산업백서』, 2004.

○ 문화콘텐츠학회, 『문화콘텐츠 입문』, 북코리아, 2006.

○ 박현, 유경준, 곽승준, 「문화 · 과학시설의 가치추정 연구」, 한국개발연구원, 2004.

○ 배대헌, 「공공정보, 公益에서 公有(public domain)로 옷을 갈아입다 : 공공정보의 활용을 위한 저작물 公有 문제 검토」, 『IT와 법연구』, 제5집, 경북대학교 IT와 법연구소, 2011.

○ 백승국, 『문화기호학과 문화콘텐츠』, 다할미디어, 2004.

○ 빌퀘인 저, 프로맥스 편집부 역, 『프로슈머 파워』, 나라, 2003.

○ 송대희, 「공공기관의 공공성과 민영화」, 『재정포럼』, 2009.

○ 심상민, 「문화원형 디지털콘텐츠화 사업의 산업적 활용방안을 위한 기초연구−콘텐츠 비즈니스 모델 개발을 중심으로」, 『인문콘텐츠』, 제5권, 인문콘텐츠학회, 2005.

○ 심승구, 「한국 술 문화의 원형과 콘텐츠화 − 술 문화의 글로벌콘텐츠를 위한 담론체계 탐색 −」, 『인문콘텐츠학회 학술심포지움 인문콘텐츠학회 2005 학술 심포지움 발표 자료집』, 인문콘텐츠학회, 2005.

○ 옥성수, 『문화원형 디지털콘텐츠화사업의 경제적 가치 분석』, 한국문화관광연구원, 2007.

○ _____, 「문화원형디지털콘텐츠화사업의 총가치 추정−조건부가치평가법의 적용」, 『인문콘텐츠』, 제13권, 인문콘텐츠학회, 2008.

○ 유동환, 「문화콘텐츠닷컴 사이트 분석과 활성화 방안 제안」, 『인문콘텐츠』, 제5권, 인문콘텐츠 학회, 2005.

○ 이상훈, 『디지털 기술과 문화콘텐츠 산업』, 진한도서, 2003.

○ 이승훈, 「근대와 공공성 딜레마−개념과 사상을 중심으로」, 『민주사회와 정책연구』, 통권 13호, 민주사회정책연구원, 2008.

○ 이은정, 「통계정보 유로화정책에 관한 연구−유로화의 가능성과 방향설정을 중심으로−」, 석사학위논문, 서울대학교 행정학과, 1999.

○ 이헌묵, 「공공기관이 보유하고 있는 저작물의 자유이용허락에 관한 법

제도 연구」, 『문화, 미디어, 엔터테인먼트 법』, 5권 1호, 중앙대학교 문
화미디어엔터테인먼트법연구소, 2011.

○이흥재, 『지식정보시대의 문화정책 방향』, 한국문화정보센터, 2003,
p. 4.

○임명환, 『문화콘텐츠 산업의 동향과 전망 및 기술혁신 전략』, 『전자통신
동향분석』, 제24권 제2호, 한국전자통신연구원, 2009.

○임의영, 「공공성의 유형화」, 『한국행정학보』, 제44권 제2호, 한국행정
학회, 2010.

○임학순, 「문화원형 디지털콘텐츠의 교육콘텐츠 창작소재 활성화를 위
한 정책모델 연구」, 『인문콘텐츠』, 제6호, 인문콘텐츠학회, 2005.

○_____, 「우리문화원형 디지털콘텐츠화 사업의 산업적 활용도 증진
을 위한 정책방안 개발」, 『한국사회와 행정연구』, 제16권, 서울행정학
회, 2006.

○정보통신산업진흥원, 『해외 공공정보자원의 상업적 활용사례와 국가지
식정보자원의 발전방향에 대한 전략』, 2005.

○_____, 『공공정보자원관리의 혁신방안 연구』, 2006.

○_____, 『공공정보 상용화에 관한 입법 연구』, 2008.

○정승균, 『유비쿼터스 혁명과 프로슈머 마케팅』, 엔타임, 2007.

○정준현, 「공공정보의 재활용을 위한 법제제안」, 『IT미디어법 연구』, 창
간호, 단국대학교 법학연구소 , 2008.

○제러미 리프킨, 『소유의 종말』, 민음사, 1판 38쇄, 2008.

○조한상, 『공공성이란 무엇인가』, 책세상, 초판 2쇄, 2010.

○최진원, 「공공정보 이용활성화를 위한 법제도적 과제에 대한 연구」, 『정
보법학』, 제16권 제1호, 한국정보법학회, 2012.

○ 최혜실 외, 『문화원형 창작소재 개발 중장기 로드맵』, 2005.

○ 추기능, 『연구보고서 2008-지식기반경제의 이해』, 한국발명진흥회, 2008.

○ 한국데이터베이스진흥센터, 『공공정보 상용화 관련 해외정책사례 연구 (1)』, 2004.

○ _____, 『공공정보의 상업적 활용에 관한 해외 사례 연구 보고서』, 2007,

○ _____, 『공공정보가 디지털 경제를 움직인다 : 공공정보의 민간 활용 가이드라인』, 2007.

○ 한국콘텐츠진흥원, 『문화원형 창작소재 성과조사·분석 연구』, 2009.

○ _____, 『문화원형 디지털화 사업의 평가와 향후 발전방향』, 『코카포커스』, 통권 50호, 2012.

○ 한국행정연구원, 『아시아문화개발원 설립 운영에 관한 연구』, 2007.

○ 황주성, 권성미, 정준현, 김준모, 『공공정보 유통 및 이용 활성화 방안 연구-상업적 재활용을 중심으로』, 『경제·인문사회연구회 협동연구총서』, 정보통신정책연구원, 2008.

○ 홍성태, 『시민적 공공성과 한국 사회의 발전』, 『민주사회와 정책연구』, 제13호, 민주사회정책연구원, 2008.

○ 홍필기, 윤상오, 방민석, 『공공정보자원의 상업화 모델 개발 및 적용방안』, 『정보화정책』, 제14권 제3호, 2007

(2) 국가 법령 및 계획안

「국가정보화 기본법」

「국유재산법」

「공공기관의 정보공개에 관한 법률」

「공공저작물 제공 지침」

「공공저작물 저작권 관리 지침」

「국유재산법」

「공유재산법」

「공유재산 및 물품 관리법」

「문화산업진흥 기본법」

「발명진흥법」

「저작권법」

「전자정부법」

「콘텐츠산업 진흥법」

○국가정보화전략위원회, 「공공정보 민간활용 촉진 종합계획(안)」, 2010.03.10.

○문화체육관광부, 「CT R&D 기획단, 문화기술(CT) R&D 기본계획(안)」, 2008. 12. 29.

○문화체육관광부 고시 2010-41호, 「공공저작물 저작권 관리 지침」 제2조 제2호

○행정안전부, 「공공정보 22종, 모바일용 앱 개발에 가능한 형태로 민간개방 – 국가공유자원포털(Data.go.kr) 통해 서비스 –」, 보도자료, 2012. 4. 4.

(3) 언론자료

"공공기관 보유 저작물 공개해 민간 콘텐츠산업 성장 도와", 전자신문, 19면, 2011년 12월 26일자

"공공성이란 무엇인가?", 매일노동뉴스, 2006년 8월 20일자

"문화원형 디지털화 사업 "속 빈 강정 전략" 지적", 디지털타임즈, 2010. 10. 5일자

"서울버스 개발자 유주완 군 "원하면 무보수로 기능 추가개발"-경기도 애플 정보차단 해프닝에", 디지털타임즈, 2009. 12. 20일자

"지식기반 인프라로 '플랫폼형 정부' 만들어야", 전자신문, 18면, 2011년 11월 21일자

2) 해외 자료

Commission of the European Communities, Guideline for improving the synergy between the public and private sectors in the information market, 1989.

Commission of the European Communities, Public Sector Information: A Key Resource for Europe - Green Paper on Public Sector Information in the Information, COM(1998) 585 final, 1999.

European Union, Directive 2003/98/EC of European Parliament and of the Council on the re-use of public sector information., Official Journal of the European Union, L 345, 2003. 12. 31. pp. 90-96.

HM Treasury, Charges for Information: When and How-Guidance for government departments and other crown bodies, 2001.

Office of Public Sector Information, The Re-use of Public Sector Information: A Guide to the Regulations and Best Practice, 2005.

Public Sector Information, PUBLIC SECTOR INFORMATION -
UNLOCKING COMMERCIAL POTENTIAL, 2005.

3) 참고 웹사이트

http://stats.oecd.org/

http://www.nationalarchives.gov.uk/

http://blog.daum.net/_blog/BlogTypeView.do?blogid=0K9Z0&articleno=4&_
bloghome_menu=recenttext#ajax_history_home

https://www.knowledge.go.kr/

http://webarchive.nationalarchives.gov.uk/

http://www.legislation.gov.uk/

http://moonsoonc.tistory.com

http://www.dt.co.kr

http://www.data.gov.uk

http://eaves.ca

http://www.cendi.gov

http://www.infotoday.com/

http://freegovinfo.info

www.whitehouse.gov/

http://www.e.govt.nz

http://www.opsi.gov.uk/

http://ec.europa.eu

http://puffbox.com/2010/10/02/why-we-needed-the-open-gov-licence

문화원형 콘텐츠의 재발견

ⓒ 2015 우동우

2015년 11월 20일 초판 인쇄
2015년 11월 30일 초판 발행

지은이 | 우동우
펴낸이 | 안우리
펴낸곳 | 스토리하우스

편　집 | 권연주
디자인 | 이주현 · 이수진
등　록 | 제324-2011-000035호
주　소 | 서울시 영등포구 영등포동 8가 56-2
전　화 | 02-2636-6272　**팩　스** | 0505-300-6272
이메일 | whayeo@gmail.com
ISBN | 979-11-85006-17-8 03300

이 도서의 국립중앙도서관 출판예정도서목록(CIP)은 서지정보유통지원시스템 홈페이지(http://seoji.nl.go.kr)와
국가자료공동목록시스템(http://www.nl.go.kr/kolisnet)에서 이용하실 수 있습니다.
(CIP제어번호 : CIP2015031130)

값: 14,800원